LE CHIEN DE SOCRATE
*est le deux cent dix-septième livre
publié par Les éditions JCL inc.*

Données de catalogage avant publication (Canada)

Blais, Martin, 1924-
   Le chien de Socrate
   Comprend des réf. bibliogr.
   ISBN 2-89431-217-2
   1. Valeurs sociales. 2. Morale sociale. 3. Justice sociale. 4. Philosophie et civilisation. I. Titre.

HM681.B52 2000   303.3'72   C00-940378-7

© **Les éditions JCL inc.**, 2000
Édition originale: avril 2000

Le Chien de Socrate

Un philosophe dépèce l'actualité

Illustration de la page couverture:
JACQUES LOUIS DAVID
La Mort de Socrate (1787)

© **Les éditions JCL inc.**, **2000**
930, rue Jacques-Cartier Est, CHICOUTIMI (Québec) G7H 7K9
Tél.: (418) 696-0536 – Téléc.: (418) 696-3132 – www.jcl.qc.ca
ISBN 2-89431-217-2

MARTIN BLAIS

Le Chien
de Socrate

Un philosophe dépèce l'actualité

LES ÉDITIONS JCL

DU MÊME AUTEUR

Philosophie du pouvoir, Montréal, Éditions du Jour, 1970, 157 pages.

Participation et contestation; l'homme face aux pouvoirs, Montréal, Beauchemin, 1972, 136 pages.

L'échelle des valeurs humaines (1ʳᵉ édition), Montréal, Beauchemin, 1974, 200 pages.

Réinventer la morale, Montréal, Fides, 1977, 159 pages.

L'échelle des valeurs humaines (2ᵉ édition), Montréal, Fides, 1980, 216 pages.

L'anatomie d'une société saine (Les valeurs sociales), Montréal, Fides, 1983, 248 pages.

Une morale de la responsabilité, Montréal, Fides, 1984, 248 pages.

L'autre Thomas d'Aquin, Montréal, Boréal, 1990, 316 pages.

L'œil de Caïn. Essai sur la justice, Montréal, Fides, 1994, 288 pages.

Sacré Moyen Âge! Montréal, Fides, 1997, 225 pages.

Nous reconnaissons l'aide financière du gouvernement du Canada par l'entremise du Programme d'Aide au Développement de l'Industrie de l'Édition (PADIÉ) pour nos activités d'édition. Nous bénéficions également du soutien de la SODEC et, enfin, nous tenons à remercier le Conseil des Arts du Canada pour l'aide accordée à notre programme de publication.

« Si on supprime du même coup
les vérités dangereuses à proclamer
et les vérités désagréables à entendre,
je n'aperçois pas un troisième groupe. »

Léon Bloy

Remerciements

Auteur d'un ouvrage sur la justice – *L'œil de Caïn* –, je serais mal venu d'oublier aujourd'hui les personnes amies qui m'ont fait d'excellentes suggestions pour que *Le Chien de Socrate* ait fière allure. La reconnaissance, en effet, appartient à la famille de la justice.

En lisant la version qui suit, certaines d'entre elles s'étonneront peut-être que je n'aie pas tenu compte de telle ou telle de leurs suggestions. C'est exact; et normal, je pense : j'ai toujours enseigné qu'il faut prendre conseil, mais que la décision finale revient à la personne qui assumera la responsabilité.

Voici la liste de ces personnes : M. le juge Gilles Plante, du Tribunal du travail; M. Marc Gagné, professeur au département des littératures de l'Université Laval; M. Arthur Bourdeau, professeur de philosophie, retraité du cégep et de l'Université du Québec à Chicoutimi; M. Roland Bourdeau, professeur de français au cégep de Chicoutimi; M. Nestor Turcotte, professeur de philosophie, retraité du cégep de Matane; M. Normand Tremblay, professeur de philosophie, retraité du collège Mérici; M. Simon Larocque, professeur de français, retraité de la Commission scolaire de Beauport; enfin, Monique, ma conjointe, qui a scruté plus d'une version de ce texte.

TABLE DES MATIÈRES

Avant-propos

Un philosophe dépèce l'actualité

Socrate est reconnu comme le philosophe par excellence; le saint patron de la confrérie, en quelque sorte. Avant sa venue, les *amis de la sagesse* vivaient les yeux rivés au ciel, scrutant les phénomènes célestes[1]. C'est ainsi que Thalès de Milet, le plus ancien d'entre eux, en sortant de chez lui pour contempler les astres, tomba dans un puits... « Une petite servante thrace, toute mignonne et pleine de bonne humeur, se mit, dit-on, à le railler de mettre tant d'ardeur à savoir ce qui est au ciel, alors qu'il ne s'apercevait pas de ce qu'il avait devant lui et à ses pieds[2]. » Prêchant d'exemple, Socrate exhorta ces beaux rêveurs à donner la préférence aux mouvements des hommes sur les mouvements des astres. Définissant lui-même sa mission, Socrate se compare à un taon attaché par le Dieu au flanc de la Cité, comme au flanc d'un cheval puissant et de bonne race, mais que sa puissance même rend trop lourd et qui a besoin d'être réveillé. Il réveille chaque citoyen, le stimule, lui adresse des reproches, n'arrêtant pas un instant, ni le jour ni la nuit. Avec une apparente suffisance, Socrate concluait : « Si vous me faites périr, il ne vous sera pas facile d'en trouver un autre : je suis un cadeau du Dieu au peuple[3]. »

Le premier, au dire de Cicéron, il invita la philosophie à descendre du ciel (on dirait aujourd'hui *des nuages*), l'installa dans les villes, l'introduisit dans les foyers et lui imposa l'étude de la vie, des mœurs, des choses qui conviennent aux humains ou qui tournent à leur détriment[4]. S'il réécrivait ce texte aujourd'hui, Cicéron le compléterait par des visites d'hôpitaux et de maisons d'enseignement; des rencontres avec des patrons, des chefs syndicaux et des chômeurs. Dans les foyers, la philosophie s'intéresserait à la télévision, à la radio, aux journaux.

Nulle velléité de me présenter comme une réincarnation de Socrate. Comme son chien, ça devrait aller. Fidèle à son maître, le chien de Socrate va se retrouver partout, chez tous, le jour et la nuit – surtout le jour –; rôdant sur les collines parlementaires et les collines de Rome; mordant, à l'occasion, un ministre ou un premier ministre; menaçant de tous ses crocs les riches et les puissants; aboyant devant les centrales syndicales; grattant les portes des écoles; tournant autour des hommes et des femmes, des jeunes et des vieux pour traquer les lâches et les incompétents. Tout entre dans ses préoccupations ou plutôt dans sa gueule.

Le choix de mes thèmes et surtout la manière de les traiter s'expliquent par le point de vue qui est le mien. Un sociologue, un travailleur social, un psychologue ou un économiste en auraient retenu d'autres; par hasard auraient-ils été les mêmes qu'ils les auraient traités du point de vue de leur discipline. Ici, ils seront traités du point de vue du philosophe.

Mais qu'est-ce au juste que la philosophie? Quand est-on en philosophie ou n'y est-on plus, étant ailleurs : en sociologie, en psychologie, en anthropologie? Ce n'est pas toujours évident, même pour la gent philosophante. Mon premier doyen, à la faculté de philosophie de l'Université Laval, Émile Simard, auteur de deux savants ouvrages de philosophie des sciences, m'avouait un jour – en enfonçant dans sa vieille pipe les cinq derniers centimètres de son cigare : « Ah! si on savait ce que c'est que la philosophie! » Malgré ce troublant aveu, il en avait sûrement une idée assez précise.

Dans la même veine, un ami m'apprenait que les responsables de la coordination de la philosophie dans les cégeps du Québec n'ont jamais réussi à s'entendre sur une définition de leur matière d'enseignement. Le vieux Bertrand Russell n'en serait pas étonné. À la question : *Lord Russell, qu'est-ce donc que la philosophie?* il répondait : « Voilà une question bien controversée. Je ne crois pas que deux philosophes puissent vous donner la même réponse[5].» Il ajoutait : « Philosopher, c'est spéculer sur des sujets où une connaissance exacte n'est pas encore possible.» Ce « pas encore» laissait entendre qu'un jour toutes les questions philosophiques auront été incorporées aux différentes sciences exactes. En attendant ce jour, voici ma conception de la philosophie.

Tout d'abord, la notion de philosophie a beaucoup évolué depuis sa naissance en Grèce, environ six cents ans avant notre ère. À l'origine, cette discipline englobait toutes les connaissances. Thalès de Milet cherchait des explications dans la nature, là où le peuple ne voyait que l'intervention arbitraire des dieux : un dieu du vent, un dieu du feu, un dieu de l'amour; des dieux derrière toutes les manifestations de la nature. Thalès s'intéressait à tous les phénomènes naturels : éclipses, pluie, vent, tonnerre... Quelques siècles plus tard, Aristote, en écrivant son *Histoire des animaux* et *Les parties des animaux*, par exemple, ne doutait pas qu'il sécrétait de la philosophie. Au Ier siècle de notre ère, Sénèque était convaincu, lui aussi, de faire de la philosophie en rédigeant ses *Recherches sur la nature*, qui poursuivaient celles de Thalès.

Au XIIIe siècle, la théologie fondée sur la révélation se constitua comme science. Remarquez l'expression *fondée sur la révélation*, car la théologie naturelle, élaborée à la lumière de la raison, continua de faire partie de la philosophie. La philosophie devait donc se distinguer de cette théologie sacrée pour ne pas être reléguée dans l'oubli à une époque où les théologiens étaient plus nombreux que les philosophes, plus connus et bien appuyés par l'Église.

En bref, la philosophie, élaborée à la lumière de la raison, se caractérisait par son exigence d'évidence; la raison ne se rendait que contrainte par l'évidence; fondée sur la révélation, la théologie sacrée acceptait des vérités inaccessibles à la raison : un Dieu en trois personnes, la création, l'incarnation, la rédemption, par exemple. On a beaucoup parlé de la philosophie médiévale comme d'une servante de la théologie : *ancilla theologiæ*, mais c'est une calomnie. La théologie s'est servie de la philosophie, comme elle s'est servie de la grammaire, mais jamais la philosophie ne s'est définie comme la servante de la théologie.

La dernière mutation s'est produite lors de l'avènement des sciences : sciences expérimentales, sciences naturelles ou d'observation, etc. Face aux sciences, la philosophie a été contrainte, une fois de plus, de défendre son territoire, d'exposer sa méthode, d'identifier ses problèmes.

De nos jours, mille questions ne peuvent se résoudre qu'en laboratoire ou sur le terrain : on ne cherche pas autour d'une table le remède au cancer, le mode de reproduction des crevettes ou les causes profondes du suicide. Les autres questions, celles qu'on ne peut résoudre ni sur le terrain ni en laboratoire, mais par la discussion, appartiennent à la philosophie : les valeurs, le sens de la vie, les objectifs de l'éducation, la place de la technique, le sens de la recherche scientifique, la violence, l'euthanasie. Bref, la plupart des grandes questions de l'heure et de toujours sont d'ordre philosophique.

Pour bien des professionnels de la philosophie, cette discipline s'identifie à l'histoire de la philosophie. Autour des questions que je soulève, ils aligneraient des opinions : les unes pour, les autres contre, d'autres plus ou moins pour ou plus ou moins contre. En philosophie, l'inventaire des opinions des devanciers ou des contemporains constitue une première étape. Mais on fait vraiment œuvre de philosophe quand on critique ces opinions, puis qu'on prend position. Le philosophe qui se borne à recueillir des opinions ressemble à un malade qui collectionnerait les diagnostics sans chercher celui qui semble le bon ni appliquer la médication qu'il suggère. Le meilleur philosophe ne peut pas ni ne doit répondre à toutes les questions. « Par malheur, note Valéry, il y a dans chaque philosophe un mauvais génie qui répond, et répond à tout[6].» Moi, je répondrai à toutes les questions que je vais soulever non pas à cause d'un « mauvais génie» qui m'habiterait, mais parce que j'éviterai les questions auxquelles je n'ai pas encore de réponse.

J'ai cueilli mes thèmes dans l'actualité; j'indique – afin qu'ils puissent sauter dans l'arène – les auteurs des affirmations que je critique; les émissions de radio ou de télévision qui me les ont présentées; le journal dans lequel je les ai lues. L'ordre de présentation n'a rien de rigoureux : je l'ai plus d'une fois modifié. C'est pourquoi, je ne serais pas étonné que peu de lecteurs, après avoir pris ou non connaissance de ce texte d'introduction, respectent l'ordre qui suit.

Chapitre 1

Le mariage homosexuel

Après le congrès du Parti libéral du Canada de mars 1998, on lisait dans *Le Soleil* du lundi 23 mars : « Le seul débat d'importance a eu lieu lors de l'adoption d'une résolution invitant le gouvernement libéral à reconnaître les mariages entre personnes de même sexe, tout comme il reconnaît, dans la répartition des prestations, les mariages entre personnes de sexe opposé. » On s'étonne que les congressistes n'aient pas trouvé d'autres sujets pour des débats d'importance. Entrons quand même dans ce débat en examinant trois questions : 1) l'homosexualité naturelle; 2) le mariage homosexuel du point de vue légal; 3) le mariage homosexuel du point de vue moral.

L'homosexualité naturelle

Quand on appartient à l'espèce humaine, on arbore forcément un faisceau de caractéristiques : on est social, sujet de droits, on enterre ses morts, on porte des gris-gris, etc. Par contre, d'autres caractéristiques découlent du fait qu'on a une nature particulière, une complexion particulière : de sexe masculin ou féminin, enclin à la colère, prédisposé au cancer, bâti pour vivre cent ans, poilu comme un singe, etc.

Il est possible que certaines personnes, en raison de leur complexion naturelle particulière, soient inclinées vers les personnes du même sexe qu'elles. Seule la science pourrait un jour trancher une telle question en isolant non pas le gène de l'homosexualité, mais un ou des gènes qui influent sur ce comportement. S'il arrivait que la science tranchât en faveur des homosexuels, le respect traditionnel de la morale pour la nature devrait incorporer ce territoire. On admettrait l'existence de personnes homosexuelles de naissance et l'on trouverait normal qu'elles se comportent en conséquence, c'est-à-dire qu'elles suivent leurs inclinations naturelles conformément aux exigences de la droite raison homosexuelle, règle de la moralité homosexuelle.

Si l'on se place du point de vue de l'espèce humaine, il est évident que l'homosexualité est contraire à la nature. En effet, l'espèce humaine refuse l'homosexualité au nom même de sa survie, comme l'individu s'oppose au jeûne perpétuel pour la même raison, sa survie. L'homosexualité, c'est la mort de l'espèce humaine, comme le jeûne perpétuel est la mort de l'individu.

Cependant, la survie de l'espèce humaine n'exige pas que tout le monde y contribue par la génération. Assurer la survie de l'espèce, c'est une de ces tâches imposées à tous en général, non à chacun en particulier. D'ailleurs, à cause de l'explosion démographique, la procréation a cessé d'être un devoir pour devenir une liberté à contrôler. Par contre, les actes nécessaires à la survie de l'individu s'imposent à chacun : mon voisin propage l'espèce à la place de son évêque et de son pape, mais il ne peut pas manger ni respirer pour eux.

Du strict point de vue de la survie de l'espèce, la portion homosexuelle du genre humain entretient un rapport analogue à celui du groupe qui se fait eunuque pour le royaume des cieux : prêtres, religieux, religieuses. Bref, l'homosexualité n'est pas plus contraire à la survie de l'espèce que ne l'est la virginité.

Si l'on descend de l'espèce aux individus, le paysage change. L'immense majorité, selon toute apparence, se trouve bien dans les bras d'une personne du sexe opposé; les autres semblent bien dans les bras d'une personne du même sexe. Contre nature, la situation de ces dernières personnes? Du point de vue de la nature de l'espèce au sens indiqué ci-dessus, oui; du point de vue de la nature de l'individu, attention! Il vaut mieux suspendre son jugement et attendre que les recherches se poursuivent, comme je viens de le dire.

Le *Catéchisme de l'Église catholique* – *CEC* par la suite – consacre trois paragraphes à l'homosexualité. Personne ne s'attend d'y trouver une approbation de cette tendance et des comportements qui en découlent. Cependant, le § 2358 contient des opinions plus nuancées qu'on aurait pu imaginer : « Un nombre non négligeable d'hommes et de femmes présentent des tendances homosexuelles foncières. Ils ne choisissent pas leur condition homosexuelle; elle constitue pour la plupart d'entre eux une épreuve. » Ces personnes ne peuvent-elles pas être dites homosexuelles de naissance? Si oui, il faut en tirer les conséquences.

Malgré les nuances qu'il apporte, le *CEC* condamne sans appel : « S'appuyant sur la Sainte Écriture, qui les présente comme des dépravations graves, la Tradition a toujours déclaré que « les actes d'homosexualité sont intrinsèquement désordonnés ». Ils sont contraires à la loi naturelle. (Je consacrerai un chapitre à cette notion, aussi floue que celle de conditions gagnantes!) Ils ferment l'acte sexuel au don de la vie. Ils ne procèdent pas d'une complémentarité affective et sexuelle véritable. Ils ne sauraient recevoir d'approbation en aucun cas » (§ 2357). Arrêtons-nous sur trois formules de cette déclaration : « dépravation », actes « intrinsèquement désordonnés » et « actes d'homosexualité ».

Au sens vieilli du terme, une dépravation est une « déviation contraire à la nature ». L'homosexualité en est-elle une? Du point de vue de l'espèce, oui; du point de vue de l'individu, pas nécessairement, car il est possible que des personnes soient homosexuelles de naissance. Je pense à tel homosexuel qui, après plusieurs traitements, ne sent rien de changé en lui, comme s'il s'était fait traiter contre le sommeil ou contre la faim. Il m'est impossible de penser que tel homme que je connais comme homosexuel souffre d'une « dépravation grave ». Il est homosexuel comme un autre est hétérosexuel et daltonien.

Qu'est-ce qu'un acte « intrinsèquement désordonné »? Intrinsèquement, c'est-à-dire en soi, dans son essence, dit le *Petit Robert*. *En soi* est corrélatif de *par accident*. En soi, uriner est un acte bon, mais il est contraire au bon sens d'uriner sur les invités, à l'occasion d'un banquet, comme fit un jour le cynique Diogène, à qui un convive désinvolte avait lancé un os. Un acte est « intrinsèquement » désordonné quand il n'existe aucune circonstance qui le permette. Le meurtre – homicide injuste – est intrinsèquement mauvais : il n'est jamais permis de tuer injustement un être humain. Cependant, l'homicide n'est pas un acte « intrinsèquement désordonné » : dans certaines circonstances, il est permis de tuer un être humain.

Le *CEC* affirme que les « actes d'homosexualité » sont intrinsèquement désordonnés, mais il ne s'aventure pas à définir l'« acte d'homosexualité » ni n'en donne des exemples. C'est se faciliter par trop la tâche. Tout acte d'un homosexuel n'est pas nécessairement d'homosexualité : quand un homosexuel mange ou boit, il pose des actes humains. L'acte d'homosexualité est un acte qu'un homosexuel pose parce qu'il est homosexuel, c'est-à-dire un acte qui découle de « son attrait pour une personne du même sexe ». Un homme qui en embrasse un autre conformément à la coutume de son pays ne pose pas un acte d'homosexualité; s'il l'embrassait à cause de son attrait pour les personnes du même sexe, c'en serait un. Selon le *CEC*, ce dernier baiser serait « intrinsèquement » immoral. Pourtant, s'il existe des êtres humains naturellement homosexuels, comment peut-on leur interdire d'exprimer leur amour de quelque manière? Il en est des actes d'homosexualité comme des actes d'hétérosexualité : certains sont intrinsèquement désordonnés, d'autres ne le sont pas. Chez les homosexuels comme chez les hétérosexuels, il existe des manières conformes à la raison – et donc morales – de se manifester son amour. Ces actes conformes à la raison ne sont pas contraires à la loi morale naturelle.

Le *CEC* affirme que « les actes homosexuels ferment « l'acte sexuel » au don de la vie ». L'homosexualité, tout comme la virginité, devrait être une renonciation au don de la vie. Mais comment le *CEC* peut-il affirmer que les actes homosexuels ferment l'acte sexuel au don de la vie? L'acte sexuel, c'est le coït, accouplement du mâle et de la femelle. Les homosexuels – hommes ou femmes – ne ferment pas l'acte sexuel au don de la vie puisqu'ils sont physiquement incapables de poser cet acte à l'intérieur de leurs couples.

Comment se comporter à leur égard? « Ils doivent être accueillis avec respect, compassion et délicatesse. On évitera à leur égard toute marque de discrimination injuste », enseigne le *CEC* (§ 2358). Le mot *compassion* a de quoi surprendre : selon le *Petit Robert*, la compassion est « un sentiment qui porte à plaindre et partager les maux d'autrui ». Si le *CEC* a raison de dire que « la plupart » des homosexuels considèrent leur condition comme « une épreuve », la compassion est de mise envers ceux-là; envers les autres, elle serait une insulte. Un homosexuel de naissance n'a pas plus à rougir de son homosexualité qu'un daltonien de son daltonisme ou un albinos de son albinisme.

Comment les personnes homosexuelles doivent-elles vivre leur homosexualité? « Les personnes homosexuelles sont appelées à la chasteté » (*CEC*, § 2359). D'accord, mais chacun doit la pratiquer selon son état. La chasteté conjugale diffère de la chasteté des célibataires qui aspirent à vivre en couple et elle diffère de la chasteté religieuse. Il est interdit à la religieuse, qui a renoncé au mariage, de chercher à séduire, puis d'opposer un refus au désir qu'elle a éveillé. Les homosexuels doivent pratiquer, eux aussi, la chasteté selon leur état; une chasteté qui diffère de la chasteté hétérosexuelle. Il leur appartient de l'inventer : il est aussi difficile pour les hétérosexuels de comprendre les homosexuels et de leur dicter une morale, qu'il est difficile pour les laïcs de comprendre les religieux et de leur dicter une morale. À la lumière de l'expérience, les plus raisonnables d'entre les homosexuels sont en mesure d'élaborer la morale sexuelle qui convient à leur état.

Il est normal que le mot *chasteté* vous ait agacé. Ce mot est mort ou, du moins, il se meurt, dirait Paul Valéry. À cause des croque-morts de la morale, qui en ont déterré la racine latine *castigare*, qu'ils ont rendue par châtier. Pourtant, en latin, *castigare* a trois sens : 1) blâmer, réprimander; 2) corriger : on corrige un texte; la comédie corrige les mœurs en faisant rire : *Castigat ridendo mores*; 3) contenir : la police contient les manifestants; on contient sa douleur; on contient un cheval fringant. Le sens de *châtier*, qui évoque les peines corporelles, n'apparaît pas dans le mot latin *castigare*. Les prédicateurs d'une chasteté qui châtie le corps par le jeûne et d'autres mortifications corporelles auraient pu donner à cette vertu un visage sympathique. En effet, chez les Grecs, le sexe était considéré comme un « petit animal autonome » à l'intérieur du gros animal humain. *Castigare* signifie alors tenir les cordeaux raides à un cheval fringant. L'inclination au plaisir sexuel est, sans conteste, l'une des plus difficiles à harnacher; la qualité qui permet de régler cette inclination porte le nom de chasteté.

Le mariage homosexuel du point de vue légal

Tout gouvernement légifère pour assurer le bon fonctionnement de la société qu'il dirige. Ce qui ne lui semble pas important de ce point de vue, il l'ignore. Il s'ensuit qu'un gouvernement peut faire des lois qui permettent des comportements que la morale désavoue ou ne pas légiférer sur des comportements que la morale prescrit. La loi ne doit pas interdire tout ce que la morale interdit ni prescrire tout ce que la morale prescrit. Le législateur sage s'en tient surtout aux fautes contre la justice, car ce sont elles qui perturbent le plus le bon fonctionnement de la société. Les législateurs ne sont pas des moralistes, et il n'est pas nécessaire qu'ils en soient pour être de bons législateurs : un code de lois n'est pas un traité de morale.

Si donc un gouvernement jugeait opportun pour le bon fonctionnement de la société de permettre aux personnes du même sexe de contracter mariage, il pourrait le faire sans se soucier des hurlements des citoyens qui trouveraient une telle loi immorale. Bien d'autres lois sont immorales. « Ce qu'il y a de plus insensé, affirme Cicéron, c'est de croire que tout ce qui est réglé par les institutions ou les lois des peuples est juste[7].» Le gouvernement n'est pas le gardien de la moralité, si ce n'est par accident dans le cas des actes que la morale interdit ou prescrit et qu'il interdit ou prescrit, lui aussi, pour le bon fonctionnement de la société. C'est ainsi que la loi et la morale interdisent le vol, le meurtre, le viol, mais pour des raisons différentes. La loi les interdit parce que ces actes perturbent le bon fonctionnement de la société; la morale les interdit parce que ces actes tournent au détriment de la personne qui les commet. Par contre, la loi n'interdit pas l'amour libre; elle n'interdit plus l'avortement, ni, entre adultes consentants, l'homosexualité.

Le *Code civil* québécois stipule, à l'article 365, que le mariage ne peut être contracté qu'entre un homme et une femme. Le mariage de deux hommes ou de deux femmes, d'un homme avec plusieurs femmes ou de plusieurs hommes avec une seule femme serait donc présentement illégal au Québec. Si, un jour, le mariage des homosexuels était légalisé, on modifierait cet article et tous ceux qui en dépendent. Du point de vue légal, l'affaire n'est pas plus compliquée. Si les homosexuels exercent une pression suffisante sur le gouvernement, s'ils font assez de bruit, le gouvernement leur accordera le droit légal au mariage. Ce genre d'union serait appelé *mariage* par analogie avec le mariage que nous connaissons présentement. Inacceptable? Personne ne s'étonne outre mesure quand il lit dans *Le Coran* :

« Ô hommes! épousez ce qui vous paraîtra bon d'entre les femmes, deux ou trois ou quatre[8]. »

Mais, puisqu'on ne parle que de « répartition des prestations », il n'est pas nécessaire de revendiquer immédiatement le
droit au mariage. Entre la situation actuelle et le mariage, il y a
l'union de fait. Aussi, les rares gouvernements qui ont accordé
aux homosexuels les avantages pécuniaires demandés n'ont pas
jugé nécessaire de légaliser le mariage des personnes de même
sexe : ils ont parlé de « conjoints de même sexe ou de couples
de même sexe » par opposition « aux couples formés par un
homme et une femme » et ils les ont placés sur le même pied
que les conjoints de fait hétérosexuels. Les législateurs peuvent
avoir des raisons d'agir ainsi. Pour « reconnaître les mariages
entre personnes de même sexe », comme le demandait la résolution du congrès libéral, il faudrait invoquer des motifs plus
valorisants que les raisons pécuniaires.

Il est possible que les couples homosexuels n'en veuillent
pas davantage; que leur suffise une reconnaissance de l'union
de fait avec les avantages pécuniaires qui en découlent. Avant
d'adopter une résolution invitant le gouvernement libéral à reconnaître les mariages entre personnes du même sexe, les participants au congrès de mars 1998 auraient dû demander qu'on
reconnaisse d'abord l'union de fait. Reconnaître le mariage, c'est
une tout autre affaire.

Le mariage homosexuel du point de vue moral

Qui pourrait décrire, sans hésiter ou même en hésitant, le
fameux point de vue moral sans cesse rappelé? Distinguons-le
d'avec le point de vue légal. Le législateur considère tout un
peuple et il élabore les lois susceptibles de le faire fonctionner
le mieux possible ou le moins mal possible. Quant au moraliste,
il considère finalement l'individu et les décisions concrètes que
ce dernier doit prendre plusieurs fois par jour. La morale, en

effet, est une science qui cherche ce qui convient à l'être humain en général, puis, en dernier ressort, à chaque individu en particulier, dans le concret de son existence. Qu'est-ce qu'un moraliste dirait à une personne homosexuelle désireuse de se marier?

Il parcourrait avec elle l'histoire du mariage hétérosexuel. Pour bien comprendre le problème du mariage des homosexuels, il est utile, sinon nécessaire, de le placer sur la toile de fond du mariage hétérosexuel, qui se situe dans le champ de la puissante inclination sexuelle. Si l'on jette un regard sur la planète, on constate que l'immense majorité des gens – non pas 50 % + 1, mais 90 % – vivent, dans une relation hétérosexuelle, leur amour pour une autre personne, et ils veulent avoir des enfants.

Dans *Le mystère humain de la sexualité*, Marc Oraison affirme que chaque individu participe à la pérennité de l'espèce; qu'il est comme pris dans cet immense dynamisme qui le dépasse; que les individus sont en quelque sorte hantés par la copulation sexuelle pour entretenir une existence collective qui les dépasse infiniment[9]. Nietzsche abondait dans le même sens : « Que je considère les hommes avec bonté ou malveillance, je les trouve toujours, tous tant qu'ils sont et chacun en particulier, occupés d'une même tâche : se rendre utiles à la conservation de l'espèce[10]. »

Un petit nombre d'individus renoncent au mariage hétérosexuel pour des motifs qu'ils jugent supérieurs : sacerdoce, vie religieuse ou service à la communauté. Au Moyen Âge, par exemple, un professeur de philosophie ou de théologie ne devait pas se marier afin d'être tout entier à ses étudiants. D'autres ne s'engagent pas dans le mariage hétérosexuel parce que cette voie ne les attire pas : indifférence en face du sexe opposé ou attrait pour les personnes du même sexe.

Suivons le mariage hétérosexuel dans son évolution historique. Tout est parti bien simplement de l'inclination naturelle – dans la plupart des cas – d'un sexe vers le sexe opposé et du désir de se donner une descendance. La nature n'enseignait pas aux humains comment procéder, tandis que les animaux savaient presque tout par instinct : comment se nourrir, comment s'accoupler, quand s'accoupler, comment mettre bas, comment élever leurs petits. Les humains ont dû multiplier les expériences : les unes heureuses, d'autres moins heureuses, d'autres malheureuses. Après des dizaines de milliers d'années et de tâtonnements, ils cherchent encore les formules idéales.

Fustel de Coulanges nous apprend que la famille antique a été formée par la religion. Chaque famille a ses dieux – les ancêtres; chaque famille a son culte. La lignée ne devait pas s'interrompre, car les morts de la famille tomberaient dans l'oubli. « En vertu de ces opinions, le célibat devait être à la fois une impiété grave et un malheur : une impiété, parce que le célibat mettait en péril le bonheur des mânes [âmes des morts] de sa famille; un malheur, parce que le célibataire ne devait recevoir lui-même aucun culte après sa mort[11]. » Plus tard, des lois interdirent le célibat. Cicéron rapporte que les magistrats chargés, entre autres occupations, de contrôler les mœurs des citoyens, ne devaient pas permettre le célibat[12].

Avec l'arrivée du christianisme, la situation change radicalement : des filles repoussent l'époux choisi par leur père et gardent la virginité « en vue du royaume de Dieu[13] ». À une époque où le pouvoir du père était absolu, ces filles adoptaient une attitude révolutionnaire : elles ébranlaient le fondement même de la société. C'est pourquoi des pères de famille usèrent du droit de vie et de mort que la loi leur conféra jusqu'à la fin du IVe siècle[14].

Plusieurs formules de mariage hétérosexuel ont été proposées et expérimentées : un homme et plusieurs femmes; rarement, quelques hommes et une seule femme; les femmes et les enfants en commun, par exemple. Une formule s'est imposée comme étant la meilleure pour atteindre les fins que l'on recherchait dans le mariage : un seul homme et une seule femme unis pour la vie.

Thomas d'Aquin est d'une franchise sans pareille quand il argumente en faveur d'un mariage qui unit ainsi pour la vie un seul homme avec une seule femme[15]. Tout d'abord, il semble inné chez tous les animaux qui pratiquent le coït d'évincer impitoyablement les concurrents. L'homme, comme tout animal, entend jouir à son gré du plaisir du coït comme du plaisir du boire et du manger. Or cette liberté serait perturbée si un homme disposait de plusieurs épouses ou une femme de plusieurs maris : chacun ou chacune devrait parfois trépigner dans l'attente de son tour...

On invoque encore l'amour d'amitié susceptible de se développer à un degré éminent entre une épouse et son mari, parce que les échanges y sont portés au maximum. On a dit de bien belles choses de l'amitié : un ami est un autre soi-même; c'est dans l'adversité que l'on connaît ses vrais amis; l'amitié est « une embarcation assez grande pour porter deux personnes par beau temps, mais une seule en cas de tempête[16] ». Pourtant, on connaît aussi ses vrais amis dans la bonne fortune. Quand il vous arrive quelque chose de merveilleux, la seule personne, presque toujours, qui se réjouit autant que vous-même, c'est le conjoint – épouse ou époux. Le conjoint se transforme facilement en un autre soi-même, mais les autres soi-même se comptent sur les doigts d'une seule main d'un vieux menuisier... Inutile d'évoquer les difficultés de vivre sous un même toit ou sous des toits différents avec deux conjoints – un homme avec deux femmes ou une femme avec deux hommes. Léon Bloy a résumé ces expériences en une de ces formules dont il avait le secret : « L'amour écume au seul mot de partage et la jalousie est sa maison. »

Contre la polyandrie – plusieurs maris, une seule épouse –, on fait valoir le désir naturel chez un homme de connaître l'enfant dont il est le père, et le désir naturel chez la mère de connaître ses enfants et le père de ses enfants. L'enfant éprouve le même désir naturel de connaître son père et sa mère. Or ce désir naturel serait frustré chez la mère si elle était mariée à plusieurs hommes – advenant la naissance d'un enfant, elle ignorerait qui en est le père. Ce désir naturel serait frustré chez le père, qui ignorerait s'il est père et de quel enfant il est père. Enfin, ce désir naturel serait frustré chez les enfants, qui ne seraient certains que de leur mère.

L'immense majorité des couples désirent avoir des enfants, et les enfants procurent de grands avantages pour chacun des conjoints et pour leur couple : ils font pratiquer des vertus dont leurs parents se croyaient incapables. De plus, ils renforcent, sans le rendre incassable, on ne le sait que trop, le lien entre les époux. Trois siècles avant notre ère, Aristote avait constaté que les unions stériles se brisent plus facilement que les unions fécondes.

Les avantages d'une union indissoluble se sont vite imposés. Ils proviennent, d'abord, de l'enfant à naître : de sa procréation et de son éducation. Les enfants dépendent de plus en plus longtemps de leurs parents. Ils ne s'installent plus sur une terre pour se marier à dix-huit ans et engendrer une ribambelle d'enfants. Les avantages de l'indissolubilité proviennent, ensuite, de la préservation des richesses que le couple a amassées sur les plans matériel – c'est évident – et spirituel : « Rien ne vaut le trésor de tant de souvenirs communs » (Saint-Exupéry), accumulés en quinze, vingt ou vingt-cinq ans de vie commune.

Depuis des millénaires, la formule idéale de la vie à deux, pour l'immense majorité des êtres humains, a donc semblé la suivante : un homme et une femme qui s'aiment, qui veulent cheminer ensemble la vie durant et avoir des enfants. Voilà le mariage traditionnel – institution de nature – sur lequel repose la famille, origine et fondement de la société civile. Avant que ne soit inventé le mariage à l'église ou à l'hôtel de ville, ce mariage naturel se contractait dans la famille. Il me semble que deux personnes homosexuelles capables de quelque objectivité comprennent d'emblée que l'institution du mariage ainsi entendu n'est pas faite pour elles.

On arrive à la même conclusion en partant des avantages que les personnes homosexuelles ont fait valoir récemment : des avantages d'ordre pécuniaire – rente au conjoint survivant, REER légué à l'abri de l'impôt, etc. Ces avantages d'ordre pécuniaire ne découlent pas de la nature du mariage tel que défini ci-dessus. Il est arrivé et il arrive encore de nos jours qu'une femme et un homme perdent des avantages économiques en se mariant. Certains couples optent alors pour l'union de fait. Inutile de dire que les personnes homosexuelles ne revendiquent pas le droit au mariage quand il est pécuniairement désavantageux. C'est une raison additionnelle de ne pas reconnaître le droit naturel ou moral au mariage quand le motif mis de l'avant est quelque chose d'aussi accidentel qu'un avantage pécuniaire. Tous les autres avantages de la vie à deux sont accessibles sans un mariage réglé par l'État ou par l'Église.

Les personnes homosexuelles dénoncent la discrimination dont elles sont victimes. Qu'en est-il au juste? Le *CEC* dit que l'on doit éviter à l'égard des personnes homosexuelles « toute marque de discrimination injuste ». Au sens courant du terme, le mot *discrimination*, sans qualificatif, évoque déjà un comportement injuste; au sens littéraire du terme, il signifie une distinction, qui peut être juste ou injuste. La *Charte des droits et libertés de la personne* du Québec (Chapitre I,1) emploie le mot *discrimination* au sens courant du terme, c'est-à-dire sans qualificatif. Le *CEC* ne l'entend pas ainsi; c'est pourquoi il ajoute l'épithète *injuste*. Les malades diffèrent des bien portants; tenir compte de cette différence, c'est de la « discrimination juste », dirait le *CEC*; la Charte québécoise dirait que ce n'est pas de la discrimination. Quand on veut être clair, il faut employer le mot *discrimination* sans qualificatif et en faire un comportement injuste.

Voici un principe à buriner dans sa mémoire à propos de l'omniprésente discrimination : Il n'est pas injuste de traiter différemment ce qui est différent. Or un couple hétérosexuel, c'est différent d'un couple homosexuel, quoi qu'en pense le député de Sainte-Marie-Saint-Jacques : « Vous savez, entre un petit couple gai et un petit couple hétéro, il n'y a pas grande différence : tous deux rêvent d'une jolie maison avec un petit jardin. » Le député conviendrait qu'il y a « grande différence » si, voulant élever des lapins, il en achetait un couple et découvrait que le vendeur lui a donné deux mâles ou deux femelles, au lieu d'un mâle et d'une femelle.

Jusqu'à tout récemment, le couple humain, c'était un homme et une femme; le couple animal, un mâle et une femelle. L'usage va s'imposer d'étendre le sens du mot *couple* à deux hommes ou à deux femmes; il ne s'ensuivra pas qu'un couple formé d'un homme et d'une femme sera identique à un couple formé de deux femmes ou de deux hommes. Il n'y aura donc pas nécessairement de discrimination à traiter différemment ces couples différents. C'est pourquoi je me suis étonné que le juge Jacques Vaillancourt, dans un jugement rendu le 13 novembre 1998, demande à la Régie des rentes du Québec de modifier deux articles de sa loi, qu'il jugeait « discriminatoires », et de verser aux conjoints survivants de même sexe la rente qu'elle verse aux conjoints survivants de sexe opposé. Si le gouvernement accède à la demande du juge Vaillancourt, ce ne doit pas être pour corriger une situation discriminatoire, mais pour d'autres raisons.

À une époque où l'on se marie de moins en moins, où l'on divorce de plus en plus, il est étonnant de voir des gens revendiquer le droit au mariage. Près de la moitié des hommes et des femmes du Québec demeurent célibataires. Deux fois plus que dans le reste du Canada.

***

Si un gouvernement jugeait opportun, pour le bon fonctionnement de la société qu'il dirige, d'accorder aux couples homosexuels de fait les avantages pécuniaires accordés par certains organismes aux couples hétérosexuels de fait, rien ni personne ne pourraient l'en empêcher. S'il jugeait normal de leur accorder même le droit de se marier civilement, comme cela s'est produit à Pise à l'été de 1998, il pourrait encore le faire. Pour atteindre ces objectifs, les personnes homosexuelles n'ont qu'à exercer des pressions sur les législateurs.

Du point de vue moral, la situation est différente. Le mariage homosexuel ne répond pas à la description de l'institution naturelle, fondement de la société, institution qui a reçu le nom de mariage. De plus, à ma connaissance, les raisons invoquées par les personnes homosexuelles qui revendiquent le droit de se marier sont d'ordre pécuniaire; elles ne découlent pas de la nature du mariage, mais lui sont accidentelles. De ce point de vue, le mariage civil ou religieux n'est pas plus nécessaire pour les personnes homosexuelles que pour les hétérosexuelles : l'union de fait suffit.

Enfin, les avantages de la vie à deux qui ne sont ni pécuniaires ni consécutifs à la procréation des enfants sont accessibles sans que soient reconnus l'union de fait ou le mariage. Si le bon sens ne voit pas de raisons d'accorder aux personnes homosexuelles le droit de contracter un véritable mariage civil ou religieux, il leur reconnaît la possibilité de contracter un mariage naturel : deux hommes ou deux femmes peuvent se jurer fidélité pour la vie et se passer au doigt l'anneau, symbole de l'amour sans fin.

Chapitre 2

Allons, les pauvres ne sont pas dangereux!

Jamais n'a été étalée, autant que de nos jours, l'injustice qui règne dans le monde sous ses formes les plus révoltantes. L'éventail s'étend de la famine à la torture, en passant par l'esclavage des jeunes dans la prostitution ou le travail prématuré – 250 millions dans ce dernier groupe. Cependant, il importe de rappeler que la pauvreté et le souci de la combattre sont vieux comme le monde, car on ne s'attaque pas de la même manière à un problème plusieurs fois millénaire qu'à un problème nouveau.

Le fondateur de la comédie grecque, Aristophane, décédé il y a près de 2400 ans, nous présente, dans *L'assemblée des femmes*, les Athéniennes, résolues à s'emparer du pouvoir. Sous la gouverne des hommes, constate leur guide, Praxagora, le navire de l'État n'avance « ni à la voile, ni à la rame : chacun ne se soucie que de son intérêt particulier et du gain à réaliser ». Le but avoué de ces femmes indignées : éliminer, enfin, la pauvreté. Elles ont quitté la scène politique en laissant beaucoup de pauvres entassés dans les coulisses; d'autres les ont suivies et en ont laissé autant.

Nous en laisserons sans doute, même si l'année 1996 avait été proclamée *Année internationale pour l'élimination de la pauvreté*. Personne ne pensait que la pauvreté serait éliminée le 1ᵉʳ janvier 1997 et qu'on pourrait se concentrer sur un autre problème. Non, le 1ᵉʳ janvier 1997, les pauvres de la planète se comptaient encore par centaines de millions. Plusieurs années à venir devront être des années pour l'élimination de la pauvreté. Le *Rapport mondial pour le développement humain 1997*[17] fait œil de Caïn : « Le monde dispose des ressources et du savoir nécessaires pour faire totalement disparaître la pauvreté en moins d'une génération. Il n'y a pas là d'idéalisme nébuleux, mais un objectif pratique et réalisable » (p.iii). Quel optimisme! Qui se serait cru pessimiste en prévoyant quelques siècles?

Face à la pauvreté, deux attitudes s'affrontent : fatalité et responsabilité. Pour les tenants du fatalisme, la pauvreté est une phase de la croissance de l'humanité : elle disparaîtra un jour comme sont disparus les dinosaures. Telle n'est pas l'opinion des auteurs du rapport que je viens de citer. Pour eux, « la pauvreté n'est plus une fatalité ». Il s'ensuit qu'elle est imputable, en grande partie, à des êtres humains responsables, qu'il est urgent de conscientiser. À côté des âmes généreuses qui rêvent de victoire sur la pauvreté, de froids économistes en affirment la possibilité. Écoutons F.A. Hayek, par exemple, un économiste présenté comme un infâme néolibéral : « Il n'y a pas de raison pour que le gouvernement d'une société libre doive s'abstenir d'assurer à tous une protection contre un dénuement extrême, sous la forme d'un revenu minimum garanti, ou d'un niveau de ressources au-dessous duquel personne ne doit tomber. Souscrire une telle assurance contre l'infortune excessive peut assurément être dans l'intérêt de tous; ou l'on peut estimer que c'est clairement un devoir moral pour tous, au sein d'une communauté organisée, de venir en aide à ceux qui ne peuvent subsister par eux-mêmes[18]. » En affirmant que c'est « dans l'intérêt de tous », Hayek rejoint une vieille idée d'Aristote : « Les pauvres et les exclus sont autant d'ennemis de l'État[19]. » Pour éliminer la pauvreté, deux conditions sont requises : créer de la richesse et la partager équitablement.

Créer de la richesse

Pour éliminer la pauvreté, le juste partage ne suffit pas, car plusieurs pays n'ont pas grand-chose à partager. Ils sont dans la situation des disciples de Jésus, qui disposaient de cinq pains et de deux poissons pour nourrir cinq mille hommes – sans compter les femmes et les enfants, qui, parfois, mangent autant sinon plus que les hommes. En théorie, il y aurait eu du pain et du poisson pour tout le monde – la matière est divisible à l'infini –, mais chacun n'aurait pas rempli sa dent creuse. Ce n'est pas notre cas : au Québec et au Canada, le problème en est un de partage. Selon Statistique Canada, nous disposons de la richesse nécessaire pour hisser tous les citoyens du pays au-dessus du seuil de la pauvreté. (Avant de procéder à l'opération, il faudrait définir ce seuil, car il y a pauvreté relative et pauvreté absolue.)

La volonté politique d'éliminer la pauvreté va naître quand les gouvernements réaliseront que c'est dans leur intérêt de remédier à cette situation : peur des pauvres ou avantage pour le commerce mondial. La présence dans le monde de tant de pays pauvres constitue une menace pour les pays riches, et il est dangereux pour certains pays riches de compter de nombreux pauvres chez eux.

Pour éliminer la pauvreté, il faut d'abord produire de la richesse : on n'éliminerait pas la pauvreté en répartissant minutieusement la pénurie des pays pauvres. Et n'importe qui peut créer de la richesse, car ce n'est pas uniquement une question de quantité de produits et de services; c'est aussi une question de qualité. On crée de la richesse en produisant plus de légumes, plus de fruits, plus de lait, plus de fromage, plus de vin, plus d'œufs; on en crée en offrant des services nécessaires ou utiles au bonheur des individus; mais on en crée également en améliorant la qualité des produits offerts ou des services rendus. On se prépare à en créer en se donnant la formation nécessaire pour collaborer au bien commun. J'ai parlé suffisamment de cette question dans *L'œil de Caïn*, p. 155-189.

La création de la richesse, première condition de l'élimination de la pauvreté, en suppose une autre, selon le PNUD : « L'espace démocratique doit être préservé par l'État afin d'encourager l'expression pacifique des revendications des populations » (p. 11). Cette « expression pacifique des revendications des populations » n'est possible et efficace qu'en démocratie : aucun dictateur ne la tolère, même pas Fidel Castro après la visite de Jean-Paul II. Rien d'étonnant que les pays les plus riches de la terre soient des démocraties.

Dans *La voix du Souakoui*, Bernard Montouo, un Ivoirien, docteur en philosophie de l'Université Laval, dénonce les extravagances des dictateurs de son continent :

Vous mangez de l'ambroisie, des dindes désossées,
Des lapins cuits au vin, des canards sautés,
Du foie gras aux truffes, des beefsteaks saignants,
Vous buvez du nectar, du champagne, du vin suave,
Du whisky, du mangoustan, du rhum, du soyer,
Mais nous crions soif devant nos sources taries.

Vous dormez dans des labyrinthes
Inondés de grappes de lumière,
Dans des villas luxueuses
Perdues dans d'immenses jardins;
Vos chiens ont des chambres, des lits,
Mangent dix kilos de viande par jour,
Mais nous nous entassons dans des masures.

Unis, nous refusons notre situation;
Notre salut, de vous, nous n'attendrons plus;
Nous allons lutter pour arracher
Notre libération de vos mains ventouses[20].

Certains pourraient rétorquer : « Bernard Montouo est un poète. » Soit, mais ce n'est pas le cas de l'économiste ghanéen George B.N. Ayittey qui dénonce, dans *L'actualité* de janvier 1999, la majorité des leaders africains qui ont érigé la corruption en système. La vraie cause du malheur du continent noir, affirme-t-il, ce n'est pas le colonialisme, ni l'Occident exploiteur, ni le capitalisme : ce sont les Africains eux-mêmes. Jean Martel titrait, dans *Le Soleil* du 30 mars 1999 : « Le défi du millénaire : effacer la dette du Tiers-Monde. » Non : le défi du millénaire, ce serait d'instaurer la démocratie et d'éliminer la corruption. Sinon la dette devra être effacée de nouveau dix ans plus tard.

Ce qui distingue un pays pauvre d'un pays riche, c'est davantage la forme de son gouvernement que sa situation géographique, comme on prétend trop souvent : riche au Nord, pauvre au Sud? Non : l'Australie est plus au sud que la République centrafricaine; l'Inde est plus au nord que la Corée; la Corée du Nord – aux prises avec la famine – est plus au nord que la Corée du Sud! La plupart des pays pauvres ont à leur tête des dictateurs qui vivent comme des pachas et qui siphonnent la richesse nationale pour l'acheminer vers les banques étrangères complices.

Les spécialistes de l'éducation nous apprenaient, à la fin de 1998, qu'il faudrait dix milliards de dollars pendant dix ans pour que tous les enfants du monde aillent à l'école. Cette somme leur semblait astronomique. Pourtant, selon le *Rapport mondial sur le développement humain 1990*, « la rapide croissance des dépenses militaires dans les pays du Tiers-Monde au cours des trente dernières années est l'un des problèmes les plus alarmants et les moins discutés. Cette croissance a continué même dans les années 1980, en dépit du déclin de la croissance économique, au détriment des secteurs de l'enseignement et de la santé » (p. 84).

Les auteurs du rapport évaluaient à « presque deux cents milliards de dollars » les dépenses militaires du Tiers-Monde à ce moment-là. Les dépenses militaires de certains pays pauvres représentaient trois fois celles de la santé et de l'enseignement réunies. (Par contre, au Canada, les sommes consacrées à la sécurité de la vieillesse atteignaient presque trois fois le budget militaire du pays : 23 milliards contre 8 milliards!) Et les auteurs du rapport de conclure, désabusés : « Manifestement, la pauvreté des peuples n'empêche pas les armées de se doter richement » (p. 85). Et l'on ne s'arme pas pour la parade : « Les guerres d'aujourd'hui ont lieu, pour la plupart, dans les pays pauvres. En effet, tous les conflits armés actuels sont concentrés dans les pays en développement, en Europe de l'Est et dans les pays de la CEI » (p. 71). Dans les pays pauvres, en 1995, on comptait 40 millions de réfugiés ou de déplacés. Les âmes tendres préfèrent parler du coût du service de leur dette que de leurs dépenses militaires.

Dans l'article cité ci-dessus, le journaliste du *Soleil* ne fait pas allusion aux dépenses militaires. Il dit que les pays de l'Afrique subsaharienne versent quatre fois plus d'argent pour la remise de leur dette que pour la santé de leur population, mais il ne compare pas, comme le fait le PNUD, le coût des dépenses militaires à ceux de la santé et de l'éducation. Il ne voit pas comment ces pays pourraient construire des écoles quand ils versent autant d'argent pour le service de leurs dettes. À même leur budget militaire, ils pourraient en construire quelques-unes... Qu'on efface toutes les dettes qu'on voudra, mais à la condition que des mesures soient prises pour qu'elles ne soient pas encore plus lourdes dans vingt ans.

La ferme volonté politique d'éliminer la pauvreté présupposerait que, dans beaucoup de pays pauvres, on instaure la démocratie, qu'on laisse le peuple crier sa misère, comme disait Bernard Montouo, qu'on sabre dans les dépenses militaires, dans le faste scandaleux des dirigeants et qu'on désamorce le siphon qui transvase à l'extérieur la richesse nationale.

Partager la richesse

La responsabilité du juste partage de la richesse collective incombe, à des degrés divers, à tous et à chacun des membres d'une société : les gouvernants, les corporations, les syndicats, les riches, les médias, les partis politiques, les pouvoirs publics, chaque citoyen – y compris le pauvre lui-même.

Tout d'abord, les dirigeants. Leur première mission consiste à assurer la justice distributive ou sociale, mais leur volonté de s'en acquitter n'est pas très ferme : « Ce qui manque, c'est la volonté politique d'aborder de front le problème de la pauvreté » (p. 10 et 105). Si la volonté politique y était vraiment, l'action des dirigeants ne serait pas entravée, à tout moment, par la présence, dans la société, d'autres pouvoirs : pouvoir financier, pouvoir économique, pouvoir des riches, pouvoir syndical, pouvoir du crime organisé.

À ceux qui sont convaincus de vivre dans un régime de « capitalisme sauvage », rappelons quand même que ce capitalisme a perdu bien des plumes! C'est par milliards, en effet, que les gouvernements distribuent la richesse collective : pension de la sécurité de la vieillesse, assurance emploi, allocations familiales, bien-être social, etc. Mais, tant qu'il y aura des pauvres, ils devront faire davantage, et ils le pourraient en allant chercher d'autres milliards dans les paradis fiscaux, dans les abris fiscaux, en combattant la fraude partout où elle sévit, en éliminant le gaspillage dans leur administration, en corrigeant l'iniquité du régime fiscal. Ils ne le font pas parce que les pauvres ne constituent pas une menace imminente.

Après les dirigeants – parfois autant qu'eux –, les riches de chaque pays sont en mesure de jouer un rôle capital dans le partage de la richesse. Le rapport déjà cité avance des chiffres stupéfiants. En 1960, les 20 % d'individus les plus pauvres du globe se partageaient 2,3 % du revenu mondial; en 1991, ils se partageaient 1,4 %; aujourd'hui, c'est 1,1 %. Cette proportion continue de s'amoindrir. Quant à la part du revenu mondial des 20 % d'individus les plus riches du globe, elle était de 30 fois supérieure à celle des 20 % les plus pauvres en 1960; de 61 fois supérieure en 1991 et de 78 fois en 1994 (p. 9-10). Ces chiffres effarants corroborent une affirmation devenue banale : les riches deviennent de plus en plus riches; les pauvres, de plus en plus pauvres. Léon XIII s'étonnerait du peu de progrès que nous avons fait en un siècle, lui qui dénonçait « l'affluence de la richesse dans les mains du petit nombre à côté de l'indigence de la multitude[21] ». Qui va renverser la tendance?

Hayek sursaute quand on lui rappelle qu'en vertu du droit naturel le superflu des riches doit servir à satisfaire les besoins des pauvres. Il ne veut rien savoir, non plus, de cette « créance morale » des pauvres sur le superflu des riches. Son raisonnement : « L'on ne peut avoir une créance morale sur quelque chose qui n'est venu à exister qu'en raison de la décision de quelqu'un de risquer ses propres ressources pour une telle production[22]. » Hayek exagère un peu quand il parle de « risquer ses propres ressources ». Il existe un ouvrage intitulé : *Faire de l'argent avec l'argent des autres*. L'auteur aurait pu sous-titrer : *En cas d'échec, ne perdre que l'argent des autres*.

Il n'est guère difficile de réfuter l'argument de Hayek. De même que la force physique ou militaire permet d'entasser des richesses et de repousser ses frontières, sans pourtant conférer de droit, de même l'ingéniosité et l'audace le permettent sans conférer non plus le droit de priver les malchanceux, les malhabiles et les pusillanimes de la part que la nature leur destine.

Si l'on accepte le principe que la terre et ses biens appartiennent à tout le monde et que chacun a droit à sa part, il s'ensuit qu'il existe pour chacun une « créance morale » à la part qui lui revient. Ce droit n'est pas aboli par la force physique ou militaire, ni par l'audace ou l'habileté. Quant au droit de propriété, il n'en est un véritable que s'il permet aux biens mis à la disposition de tous – par la nature – de mieux satisfaire les besoins de chacun. Le jour où la propriété privée empêche quelqu'un de jouir de la part qui lui revient, elle cesse d'être un droit.

Les gens riches peuvent exercer une influence considérable sur le partage de la richesse collective. Tout d'abord, en payant leurs impôts... *Le Soleil* du 2 janvier 1999 nous apprenait qu'un juge de la Cour fédérale dénonçait Revenu Canada pour avoir autorisé, à l'abri de l'impôt, le transfert aux USA d'une somme rondelette de deux milliards de dollars provenant de deux fonds de fiducie. L'impôt eût été d'environ sept cents millions de dollars... *L'actualité* du 15 juin 1999 nous apprenait que les îles Caïmans comptent 590 banques pour une population de 35 000 habitants, que la valeur des dépôts atteint 500 milliards de dollars... Soit une banque pour 60 habitants et 14 millions de dollars de dépôt par habitant... Les pauvres ne sont pas dangereux!

Les riches peuvent exercer une influence considérable sur le partage de la richesse collective en cessant d'exercer des pressions qui empêchent les gouvernements de légiférer en faveur des plus démunis. Aussi le rapport de 1997 invite-t-il les gouvernants à « résister aux pressions des intérêts économiquement puissants » (p. 11). Enfin, créer des emplois constitue la meilleure façon pour un riche d'aider les pauvres. Les riches le feront s'ils en viennent à comprendre que c'est dans leur intérêt de combattre la pauvreté ou si la peur des pauvres les incite à agir.

Une objection est souvent faite : « Mieux partagée, la richesse collective serait-elle quand même produite? » Rappelons, tout d'abord, que les auteurs du rapport de 1997 croyaient possible d'éradiquer la pauvreté de la terre entière si la volonté politique de tous les États – et non pas de quelques-uns seulement – était mobilisée : un pays seul peut difficilement éliminer la pauvreté à l'intérieur de ses frontières si le pays voisin invite ou incite les riches à venir s'installer chez lui. Certains problèmes ne peuvent être réglés qu'à l'échelle mondiale : pollution de l'air, de l'eau, du sol, par exemple. Rêver de pauvreté zéro au Québec ou au Canada, c'est vraiment rêver si les voisins y voient un cauchemar.

Voici une réponse provisoire à l'objection formulée ci-dessus. Après la mort de Pierre Péladeau, la télévision a souvent projeté une bande vidéo dans laquelle l'homme d'affaires déclarait : « Ce n'est pas l'argent qui importe; c'est le plaisir. » Le plaisir de brasser des affaires. Lors du XIVe Congrès mondial de sociologie, qui réunissait à Montréal, à la fin de juillet 1998, plus de 5 000 sociologues du monde entier, un intervenant a étendu à la plupart des hommes d'affaires l'attitude de Pierre Péladeau. Il n'y a pas vraiment de fossé, pour eux, entre le plaisir et le travail. Ils prennent des risques; ils aiment gagner, peu importe ce que représente la victoire sur le plan financier. Le travail est leur jeu. Longues semaines de travail et train de vie relativement modeste, bien souvent, compte tenu de leurs moyens financiers. Enfin, « les plus riches, de nos jours, sont ceux qui travaillent le plus ». Qu'on ne touche pas au plaisir des riches...

Les riches, qui sont d'ordinaire des patrons, doivent se préoccuper des accidents de travail : près d'un million, chaque année, au Canada. Sept fois plus qu'au Royaume-Uni, pourtant deux fois plus peuplé. La facture totale – soins médicaux, baisse de production et coût indirect – dépasse les dix milliards, selon Bob White, président du Congrès du travail du Canada. « Pratiquement tous ces accidents peuvent être imputés directement ou indirectement à une négligence de la direction. Méthodes de travail, normes de contrôle, règlements. Tout part d'en haut », selon David Gorman, responsable de l'environnement et de la sécurité à l'Université de Toronto[23].

Les gouvernants, les riches, puis les syndicats. Personne ne conteste l'heureuse influence que les syndicats ont exercée sur les conditions de travail et sur la rémunération des travailleurs. Ce faisant, ils ont drainé dans les goussets des ouvriers une partie du superflu de certains patrons et contribué à un meilleur partage de la richesse collective. Mais on souhaite que leur souci de justice distributive se fasse plus dévorant, car, en raison du pouvoir de négociation qu'ils détiennent, certains groupes, munis de larges œillères, arrachent des parts de lion sans se soucier des parts de souriceau qui échoient à d'autres. À chaque négociation, on s'étonne, en effet, du morceau que tel ou tel groupe – syndicat, collège, corporation – est allé chercher.

Un haut fonctionnaire à la retraite admettait avoir retiré en quelques années tout l'argent qu'il avait investi dans sa caisse de retraite. À la question : « Qui donc continue de te payer ta pension? » il répondit par un sourire. Si ce n'est pas lui, ce sont les autres. Mais pourquoi en est-il ainsi? Parce qu'il appartenait à un syndicat fort. Un jour, le président de la Corporation des médecins spécialistes du Québec se désolait : « Nous sommes les moins bien rémunérés de tout le Canada. Pourtant, nous avons déjà été les premiers. Nous le redeviendrons. » *Primam partem tollo quoniam nominor leo* : je prends la meilleure part parce que je suis le lion. En mai 1998, ce sont les omnipraticiens québécois qui voulaient des salaires ontariens. Ce serait injuste : du point de vue de la richesse collective, le Québec se situe au-dessous de la moyenne canadienne. Quand toutes les provinces rémunéreront équitablement leurs médecins spécialistes et leurs omnipraticiens, ceux du Québec devront être au-dessous de la moyenne et non les premiers. Si le Québec les rémunère autant que les provinces plus riches, d'autres couches de la société québécoise en auront moins à se partager.

Les dix-neuf ministres du Travail, de l'Économie et de l'Industrie du G7 se sont rencontrés à Lille, récemment, pour discuter du problème du chômage. On a tourné en rond, faute de courage. Le secrétaire américain aux Affaires sociales et conseiller du président Clinton a parlé de « hausser les salaires les plus bas ». Personne n'a parlé de réduire les salaires les plus hauts. Pourtant, dans un pays où les sportifs, les comédiens et bien d'autres gagnent souvent des millions de dollars, le fisc pourrait être plus vorace au profit des démunis. Quand le gouvernement québécois a dévoilé son plan d'assurance médicaments, un porte-parole de l'âge d'or a déploré le « recul » : puisque les médicaments étaient gratuits pour les aînés, il aurait fallu les offrir gratuitement à tout le monde pour qu'il n'y ait pas de recul. Personne ne semble comprendre qu'un partage plus équitable doit nécessairement résulter en un recul pour certains quand la somme à partager ne peut être arrondie qu'au détriment des autres. Et vous pensez à l'équité salariale...

En face du capitalisme sauvage se dresse le syndicalisme sauvage, qui se livre au vandalisme et ne pense qu'à ses membres en place. S'en vient, paraît-il, le syndicalisme raisonné; suivra le syndicalisme partenaire, puis le syndicalisme propriétaire de l'entreprise. Les principaux problèmes du monde du travail seront résolus quand l'entreprise appartiendra aux employés; qu'ils se partageront non seulement les profits, mais aussi les risques et les pertes. Nous assisterions alors à une chute radicale de l'absentéisme, des accidents de travail et de la non-qualité.

De nos jours, où sont de plus en plus rares les individus qui acceptent d'assumer leur part de responsabilité, il est d'usage de jeter le blâme sur la société. Quand on a dit : « C'est un problème de société; c'est une responsabilité collective », on dort tranquille. Comme si l'on n'y pouvait rien. Pourtant, la responsabilité collective ne va pas sans responsabilité individuelle. Être deux dans une seule chair, c'est être deux : deux intelligences, deux volontés; être des millions dans une seule société, c'est être des millions d'individus intelligents, libres et responsables. Il s'ensuit que la responsabilité collective du partage de la richesse commune est aussi une responsabilité individuelle.

Dans la lutte pour l'élimination de la pauvreté, le pouvoir des médias est énorme. Sans eux, nous ne connaîtrions même pas la situation qui prévaut dans notre pays et, a fortiori, aux confins du monde. Grâce à eux, nous sommes mis au courant, le jour même où ils se commettent, des crimes contre la justice dont la planète est le théâtre. L'indignation que les médias pro-voquent par leurs révélations quotidiennes est une condition nécessaire à la lutte contre la pauvreté. La pression qu'ils exer-cent sur les dirigeants, sur les pouvoirs économiques, sur le crime organisé, sur les syndicats, sur les fraudeurs de tout acabit est considérable.

Le rôle des pauvres eux-mêmes

« La pauvreté ne doit pas être supportée en silence par les pauvres » (p. iii). L'État doit être incité – remarquez le passif du PNUD – à agir en faveur des pauvres, ce qui suppose une pre-mière condition relative aux pauvres eux-mêmes : « Les pauvres doivent être responsabilisés politiquement – un autre passif –, afin de s'organiser pour l'action collective et d'influer sur les conditions et sur les décisions qui affectent leur vie. La défense de leurs intérêts suppose qu'ils apparaissent clairement sur la carte politique » (p. 10).

Dans leur message à l'occasion de la fête du Travail de 1972, les évêques canadiens se faisaient dénonciateurs : « Les détenteurs actuels du pouvoir et des richesses [...] ne sont pas disposés à partager leurs situations de privilèges avec les fai-bles et les démunis. » René Dumont notait, dans *L'utopie ou la mort* (1973), que les conférences pour le commerce et le dé-veloppement se succèdent, mais elles aboutissent aux mêmes échecs : les riches ne cèdent pas (p. 81). Leur place au soleil, les pauvres doivent jouer du coude pour se la tailler, car les riches ne s'écarteront pas de gaîté de cœur pour leur permet-tre de sentir les tonifiants rayons du soleil. À Copenhague, en 1996, des représentants de 185 pays, comprenant 117 chefs d'État et de gouvernement, avaient accepté l'invitation. Les engagements clairs pris pour éradiquer la pauvreté dans le monde sont restés sans effet.

Lanza del Vasto rappelle aux faibles et aux démunis que

beaucoup de gens sont exploités parce qu'ils sont exploitables. « C'est par la force qu'un être est et continue d'être [...]. De la faiblesse, on ne peut attendre que la servitude et l'écrasement[24]. » Puis, il met la force à la portée de l'immense majorité : « Toute la puissance de l'homme est dans l'intelligence. »

La clef de voûte du mouvement pour l'élimination de la pauvreté, c'est le développement de la personne. Qui veut occuper un poste dans la société doit savoir faire quelque chose d'utile de ses dix doigts. Analphabète et sans aucun métier, comment peut-on contribuer à l'enrichissement collectif? On nous rabâche les mêmes rengaines avec les exclus; soit, mais parlons aussi de la masse qui s'exclut par son incompétence; de la masse qui attend Godot, dit Schumacher, un Godot qui ne vient jamais. « Autrement dit, nous n'allons pas nous contenter d'attendre l'État et le gouvernement. Nous allons prendre le taureau par les cornes et, à l'intérieur de la communauté à laquelle nous appartenons, nous allons faire ce qui a besoin d'être fait – nous allons le faire nous-mêmes[25]. »

***

Le *Rapport mondial sur le développement humain 1997* contient des données à graver dans nos mémoires. Tout d'abord, si la volonté politique y était, la pauvreté disparaîtrait de la surface de la terre au cours de la prochaine génération, c'est-à-dire dans les quelques décennies à venir. La pauvreté n'est plus une fatalité, mais une responsabilité, car les ressources sont disponibles et le coût de l'entreprise serait minime : il suffirait d'y consacrer 1 % du PNB mondial ou de 2 à 3 % du revenu national, si l'on exempte de cet impôt les pays les plus pauvres.

La volonté politique ne prendra forme que si les dirigeants comprennent que c'est dans leur intérêt d'éliminer la pauvreté. De plus, il faut que les pauvres s'organisent pour constituer une menace, car les riches ne céderont ni leur pouvoir ni leurs privilèges à moins d'en percevoir la nécessité pour leur tranquillité et même pour leur prospérité.

Comme la plupart des pays pauvres ont à leur tête des dictateurs qui vivent comme des pachas, la démocratie doit y être instaurée dans les plus brefs délais pour que les revendications des pauvres soient formulées sans crainte, et entendues. Enfin, les pays pauvres doivent cesser leurs guerres dévastatrices, puis sabrer dans leurs budgets militaires scandaleux.

Prendre le taureau par les cornes, c'est attaquer de front les difficultés et s'attaquer aux principales. Chaque intervenant doit prendre *son* taureau par les cornes au lieu de tirer la queue du taureau du voisin; il doit s'attaquer aux principaux problèmes de son domaine. Suggestions de cornes à empoigner. Aux gouvernements : résister aux pressions, combattre la fraude et le gaspillage. Aux riches : payer leurs impôts et créer des emplois. Aux analphabètes : s'alphabétiser. Aux chômeurs : apprendre un métier utile. Aux pays pauvres : instaurer la démocratie, réduire les budgets militaires et ne plus acheminer de milliards dans les banques étrangères. Aux médecins : combattre la rémunération à l'acte et la gratuité totale, sources de gaspillage. Aux enseignants : un retour courageux au dédaigné et l'équité... pédagogique! Aux syndicats : revendiquer selon le bon sens et non selon leur force. À chacun : améliorer la qualité du service qu'il rend ou se rendre apte à en rendre un, fût-ce dans le bénévolat.

Chapitre 3

Les animaux ont-ils des droits?

L'émission *Enjeux* du 23 septembre 1996 portait sur *Les relations entre l'homme et l'animal*. Elle était décrite comme un « documentaire tourné aux quatre coins du monde par une télévision britannique privée qui nous propose une réflexion poussée sur les droits des humains par rapport aux droits des animaux : animaux de compagnie, animaux guides, animaux sacrés, animaux d'abattage, de laboratoire, de combat ». Une « réflexion poussée » sur ce thème m'intéressait au plus haut point.

À ma profonde déception, la caméra a été « poussée » beaucoup plus loin que la réflexion. On s'est contenté d'affirmer, à quelques reprises, que les animaux ont des droits, comme si c'était une évidence sur laquelle on pouvait tabler pour la suite du débat. Pendant l'émission, les intervenants n'ont jamais défini le droit, dont ils gratifiaient à la fois les animaux et les humains. Les auditeurs étaient donc libres de penser n'importe quoi.

Quand on ne définit pas les termes, on peut dire que les animaux sont intelligents, qu'ils parlent, qu'ils fabriquent des outils, qu'ils sont courageux. Quand on ne définit pas la notion de droit, on peut affirmer tout autant que les végétaux ont des droits : sans eau, les plantes meurent; elles ont droit à leur ration d'eau. Et pourquoi les éléments n'auraient-ils pas aussi des droits? Le vent a le droit de souffler comme il l'entend – brise, bise, rafale, ouragan, tornade; la foudre a le droit de frapper où il lui plaît; le tonnerre a le droit de nous réveiller la nuit. On a appris, en juillet 1996, tant au Québec qu'en Espagne, qu'il fallait respecter le désir de l'eau de couler comme elle le veut.

Ma sœur la vache, mon frère le cochon

Les partisans des droits des animaux ont pleuré sur le sort réservé à certaines bêtes. Avec raison, ils trouvaient cruel qu'on transporte, sans nourriture et sans eau, parfois pendant des jours, des animaux qui suffoquaient, entassés comme des sardines. D'autres ont gémi sur leurs « sœurs » et leurs « frères » pendus par les pieds dans les abattoirs ou emballés dans les comptoirs à viande des épiceries. Ils auraient pu dénoncer certaines pratiques cruelles à la chasse, les souffrances inutiles dans les laboratoires, la tauromachie, les combats de coqs, etc.

On sourit à peine d'entendre des gens du XXᵉ siècle parler de leur sœur la vache, de leur frère le cochon. Saint François d'Assise (décédé en 1226) nous a familiarisés, il y a belle lurette, avec un usage encore plus poussé des mots *frère* et *sœur*. Son *Cantique des Créatures* salue « messire le frère Soleil », « sœur Lune », « frère vent », « sœur eau », « frère feu »[26]. (En janvier 1998, il aurait grondé « frère verglas » : « Sois gentil, détache-toi des fils et des pylônes d'Hydro-Québec! ») A fortiori François d'Assise emploiera-t-il ces mots en s'adressant aux animaux. *Les Fioretti* (chap. XXII) rapportent qu'il rencontra un jour un jeune homme qui allait vendre des tourterelles qu'il avait capturées. « Ô bon jeune homme, donne-les-moi, lui dit François, pour que des animaux si paisibles ne tombent pas aux mains de gens cruels qui les tueraient. » Le jeune homme acquiesça, et François s'adressa aux tourterelles : « Ô mes sœurs tourterelles, simples, innocentes et chastes, pourquoi vous laissez-vous prendre? Je veux maintenant vous arracher à la mort et vous faire des nids pour que vous fructifiiez et que vous vous multipliiez selon le commandement de votre Créateur. » Et les tourterelles vécurent au couvent comme des poules.

Dans *Le souci des pauvres; l'héritage de François d'Assise*, Albert Jacquard interprète de façon trop scientifique ce langage du Poverello[27]. François d'Assise « intègre à sa famille toutes les créatures », dit Jacquard. Pas trop vite : François ne confère à aucune créature le titre de père ou de mère. Si la vache savait prier, elle dirait : « Notre Père, qui es aux cieux. » En effet, à titre de créateur, Dieu est, selon une acception analogique du terme, le *père* de toutes les créatures. C'est en les rapportant toutes à Dieu, leur créateur, que François d'Assise voit en elles des frères et des sœurs, au sens figuré du terme, cela va de soi. Jacquard ajoute que François d'Assise « exprime exactement la vision des astrophysiciens modernes qui décrivent les hommes comme des poussières d'étoiles ». C'est excessif : les astrophysiciens sont des scientifiques. Comme tels, ils ne font pas de place à Dieu dans leurs hypothèses explicatives de l'univers. L'homme, « poussières d'étoiles », c'est l'homme envisagé du point de vue de la matière. François d'Assise ne le considère pas de ce point de vue-là, mais dans sa relation à Dieu.

Jacquard prétend que, dans l'optique de l'Église de son temps, « le poème de François est un véritable blasphème, puisqu'il réinsère l'homme dans un univers dont il n'est plus qu'un élément parmi d'autres. » Voyons! Du point de vue de la matière dont il est formé, l'homme est un élément parmi d'autres, car tous les êtres corporels sont formés des mêmes matériaux. Parler comme le fait Jacquard équivaut à dire que la table de chêne est un élément parmi tous les objets fabriqués avec du chêne. La matière est la même, mais la forme de la table diffère de la forme de la chaise ou de la forme du bureau. Il en est ainsi de l'homme : du point de vue de la matière – point de vue considéré par les scientifiques –, l'homme est un élément de l'univers, mais, du point de vue de la forme – forme substantielle pour les philosophes –, il diffère du cuivre, du radis et de la souris.

Confessons nos fautes contre les animaux

Un article paru dans la revue *The New Republic* accuse les humains de quatre péchés graves contre les animaux : « *We* *human use them as means to our ends, without regard for their inalienable rights. We treat animals in ways that are contrary to their interest – as when we eat them, confine them, experiment on them, hunt them, wear their skins – and this is a plain violation of moral principle*[28].* » Cet extrait contient quatre accusations : 1) nous utilisons les animaux comme moyens pour atteindre nos fins; 2) nous allons à l'encontre de leurs intérêts; 3) nous violons envers eux les principes de la morale; 4) nous bafouons leurs droits inaliénables. Voyons dans quelle mesure nous devons baisser la tête et dans quelle mesure nous pouvons nous défendre.

1. Nous utilisons les animaux comme moyens pour atteindre nos fins

La première accusation nous reproche d'utiliser les animaux comme des moyens pour atteindre nos fins. C'est évident. Tout d'abord, nous les servons sur nos tables : viande, volaille, poisson. Nous nous vêtons de leur peau ou de leur fourrure. Nous les utilisons comme moyens de locomotion et comme moyens de transport – cheval, bœuf, éléphant, chameau, âne. Nous avons sacrifié sur les champs de bataille les chevaux et les éléphants. Nous utilisons des animaux pour faire des expériences dans les laboratoires. Nous utilisons des animaux de compagnie : chiens, chats, oiseaux, etc. Le chien remplit de multiples fonctions : chien d'aveugle, chien de berger, chien de garde, chien de chasse, etc. Nous avons des animaux de combat : taureau, coq. Au cirque, de nombreux animaux nous émerveillent. Sans contredit, nous utilisons les animaux comme des moyens pour atteindre nos fins, mais est-ce une faute? On le verra plus loin.

Que les animaux se consolent : nous utilisons aussi les hommes comme moyens ou comme instruments pour atteindre nos fins. Le mot *instrument* revêt plusieurs significations. S'il a signifié d'abord le bâton avec lequel on assomme un rat, puis la bête de somme qui transporte les fardeaux, il a signifié ensuite la main, puis tout l'homme dont on tire quelque avantage. De tous les instruments dont on se sert, le plus précieux, c'est sans conteste un ami. Il est plus facile de faire son chemin dans la vie quand on aperçoit des amis à chaque carrefour.

Tout le monde est d'accord pour dire que l'homme ne doit jamais être réduit à l'état d'instrument; réduit à n'être qu'instrument. Mais ce n'est pas le rabaisser à ce point que de profiter de ses services avec son consentement. Le médecin qui me soigne est fier du service qu'il me rend.

2. Nous allons à l'encontre des intérêts des animaux

Notre deuxième faute, paraît-il, c'est de ne pas nous soucier des intérêts des animaux. Le mot *intérêt* vient du latin *interesse*, avoir de l'importance, donner un sens à la vie, répondre aux aspirations. De toute évidence, notre comportement envers les animaux – et envers les plantes – est souvent contraire à leurs intérêts. Par exemple, nous cueillons les fleurs pour en composer des bouquets; nous abattons les arbres pour en fabriquer des maisons, des meubles, du papier; nous faisons bouillir certaines plantes pour en obtenir des tisanes. Nous allons aussi chaque jour à l'encontre des intérêts des animaux : nous mangeons leur chair, nous confectionnons des vêtements avec leur peau. Manifestement, le saumon n'aspire pas à être servi sur nos tables ni le castor à voir sa peau sur le chef de ces messieurs. Ce qui importe pour les animaux, c'est de lutter pour leur survie, de se nourrir et de se reproduire.

Cette accusation ne doit pas être généralisée. Après avoir avoué que nous allons – parfois ou souvent – à l'encontre des intérêts des plantes et des animaux, nous pouvons montrer que l'homme leur est souvent utile. Sans leurs défenseurs humains, des espèces encore plus nombreuses seraient disparues. Sans les soins de l'homme, les plantes, abandonnées dans la nature, ne nous émerveilleraient pas comme maintenant.

3. Dans nos rapports envers les animaux, nous violons les principes de la morale

Au cours de l'émission, on est passé des « droits des animaux » à la morale : on s'est demandé si certains comportements des humains envers les animaux étaient conformes aux exigences de la morale. L'introduction du mot *morale* élargissait le débat. Personne ne l'a signalé. En parlant des droits des animaux, on était déjà en morale, mais dans le domaine précis de la justice, qui n'est qu'une partie du domaine de la morale. Le domaine entier de la morale comprend trois grands secteurs : celui de la justice, celui du courage (jadis, la force) et celui de la tempérance, devenue modération. Chacune de ces vertus est chef d'une grande famille.

Pour élargir avec raison au domaine de la morale tout entière le débat de nos relations envers les animaux, il faudrait distinguer des comportements qui relèvent de la justice; d'autres qui relèvent du courage ou, de son contraire, la lâcheté; d'autres, enfin, qui relèvent de la tempérance ou de son contraire. Il en existe, comme nous verrons.

Discuter, du point de vue moral, de nos relations envers les animaux présuppose que l'on s'entende d'abord sur la notion de conformité ou de non-conformité aux exigences de la morale. Si l'on accepte que la raison ou le bon sens est la règle de moralité, un acte conforme à la raison est moral; un acte contraire à la raison est immoral. À ce moment-là, on peut parler au singulier : certains de nos comportements envers les animaux constituent *a plain violation of moral principle*, c'est-à-dire qu'ils sont inacceptables du point de vue de la raison, du bon sens.

Examinons, de ce point de vue, quelques comportements de l'homme envers les animaux. Le plus généralisé, c'est de tuer les animaux pour s'en nourrir ou pour se vêtir de leur peau et de leur fourrure. Certains ont soutenu, depuis fort longtemps, que c'est contraire à la morale ou à la raison. Sénèque nous présente, dans ses *Lettres à Lucilius*, deux philosophes qui refusaient de manger la chair des animaux : le premier, Sextius, homme politique et général romain, fondateur d'Aix-en-Provence; le second, Pythagore, bien connu à cause du théorème qui porte son nom.

À qui l'interrogeait sur les raisons de s'abstenir de manger de la chair des animaux, Sextius en exposait trois. Tout d'abord, l'homme dispose d'aliments suffisamment nombreux et variés sans aller jusqu'à tuer les animaux pour se nourrir de leur chair : fruits, amandes, légumes, lait, œufs, fromage, beurre, miel, épices, huile, pâtisseries, etc. Comme deuxième raison de s'abstenir de la viande, il soutenait qu'une trop grande variété d'aliments nuit à la santé. Enfin, quoique général romain, il pensait que verser le sang des animaux engendre chez l'homme l'habitude de la cruauté.

Quant à Pythagore, il croyait que tous les êtres de la nature sont parents et que les âmes sont immortelles. Au moment de la mort, l'âme humaine passe dans le corps d'un animal : mouton, loup, truite, perdrix, etc. La mort est un simple changement de domicile, et, après un certain périple, les âmes reviennent habiter l'homme. Pythagore inspire donc aux hommes l'appréhension du crime, voire du parricide, puisqu'ils peuvent, à leur insu, attenter à la vie de leur père et, avec le couteau ou la dent, commettre un sacrilège au cas où cette chair hébergerait l'âme d'un proche. Si cette théorie est vraie, s'abstenir de manger de la viande, c'est s'abstenir du crime; si elle est fausse, c'est s'abstenir de la cruauté. Bref, – c'est Sotion qui parle maintenant – en t'interdisant de manger la chair des animaux, je ne t'enlève que la pâture des lions et des vautours[29]. On a dit pendant l'émission que Pythagore compte encore des disciples en Inde.

Est-il conforme à la morale de tuer les animaux pour s'en nourrir ou pour se vêtir de leur peau? Pour répondre à cette question, procédons du simple au complexe, du connu à l'inconnu, de l'admis de tous à ce qui ne l'est pas. Plaçons-nous en face de la nature. D'un côté, les êtres non vivants ou inanimés; de l'autre, les êtres vivants ou animés (végétaux, animaux, humains). On voit que les animaux utilisent des matériaux pour se construire des habitats. Comme eux, l'homme utilise le bois, la pierre, les métaux pour se fabriquer des habitations, des outils et des armes. Personne ne trouve anormal que certains animaux frugivores détruisent les plantes pour s'en nourrir; que les animaux utilisent à leurs fins les êtres qu'ils dominent – minéraux et végétaux. Cela semble la loi de leur nature.

L'homme appartenant au *genre* animal, on retrouve chez lui les mœurs des bêtes. Aussi loin qu'on puisse remonter dans le temps, on constate qu'il ne lui a jamais répugné de tuer les animaux pour se nourrir de leur chair et se vêtir de leur peau; de les apprivoiser pour en faire des moyens de transport, des machines de guerre, des compagnons de vie, des gardiens de troupeaux. Mais l'homme est doué de raison. Ce que les bêtes font par instinct, lui, il le fait de façon réfléchie. De même que les animaux les plus forts mettent à leur service les animaux les plus faibles et les êtres qui leur sont inférieurs – minéraux et végétaux –, de même l'homme – l'être le plus fort qui soit à cause de son cerveau – met à sa disposition tous les êtres qui lui sont inférieurs : bêtes, végétaux, minéraux. L'homme trouvait normal – avant l'invention du tracteur – que le bœuf et le cheval tirent la charrue.

Le pommier est soumis de façon dictatoriale aux lois de sa nature : il ne décide pas de faire plus ou moins de pommes; de faire des prunes pour se reposer des pommes. Il est incapable de se déplacer pour aller s'enraciner dans un terrain plus favorable à sa croissance et à sa reproduction ou pour se protéger contre les éléments. Ce sont les humains qui s'occupent de lui : on dit du pommier qu'il n'agit pas, mais qu'il est agi, mû par les humains. Les plantes se laissent conduire à l'encontre de leurs intérêts quand l'homme, après les avoir cultivées, les utilise à ses fins : nourriture, habitation, vêtement, outils. Contrairement aux plantes et aux animaux, l'homme décide du nombre de rejetons qu'il aura; il choisit le service qu'il va rendre à la société; il se déplace dans son propre pays ou même se transplante dans un autre. Sa nature le lui permet alors que leur nature ne le permet pas aux plantes et aux animaux.

Les animaux se laissent gérer par les humains. Jamais on n'a vu une rébellion des animaux contre l'homme qui les utilise à ses fins. C'est l'homme qui gère la faune, qui décide que les chasseurs peuvent récolter tant d'orignaux, les pêcheurs tant de tonnes de morue. Il en est ainsi et non l'inverse. L'inverse, ce serait que les animaux obligent les humains à freiner leur explosion démographique qui les menace, eux, les animaux. Leur incapacité de renverser les rôles est un signe, sinon une preuve, que leur nature les soumet à l'homme et les destine à collaborer à ses fins. L'homme cultive les plantes; il élève les animaux pour se cultiver et s'élever lui-même. Jacquard semble d'accord avec cette manière de se comporter : « Pour François d'Assise, toutes les créatures sont liées par une fraternité fondamentale, définitive; elles constituent une famille où chacun est au service de tous les autres, avant tout du dernier-né, l'Homme[30]. »

De nombreux cas doivent être distingués et faire l'objet d'une discussion particulière du point de vue moral. Se nourrir de la chair des animaux, c'est une chose; les faire souffrir pour que leur chair soit plus savoureuse, c'est autre chose. Utiliser leur fourrure comme vêtement, c'est différent de l'utiliser comme ornement. Utiliser des animaux pour faire des expériences en vue de découvrir des médicaments, c'est autre chose que d'en utiliser dans l'industrie des cosmétiques ou des armes. Utiliser des animaux pour se divertir, c'est autre chose que de les utiliser pour ses besoins fondamentaux. Un bœuf entretenu pour tirer la charrue, c'est autre chose qu'un taureau préparé pour le combat.

Ceux qui trouvent conforme à la morale, c'est-à-dire au bon sens, l'un ou l'autre de ces comportements, exigent qu'on réduise au minimum la souffrance des animaux : à l'abattoir, à la chasse, au laboratoire ou ailleurs. Le bon sens interdit aux chasseurs l'emploi de certains moyens qui font inutilement souffrir le gibier. Si l'on juge conforme à la raison d'atteler le bœuf à la charrue, la même raison va exiger qu'on respecte sa capacité, qu'on n'excède pas les limites de ses forces, comme on le fait quand on demande à un être humain de travailler. En 438, l'empereur romain Théodose émit un décret interdisant des chargements de plus de 500 kg. On attelait alors les chevaux avec des courroies qui les étouffaient quand la charge était trop lourde. L'invention, au Moyen Âge, du collier rigide appuyé sur les épaules corrigea la situation. La morale ou le bon sens interdit qu'on fasse souffrir les animaux en ne les nourrissant pas suffisamment ou en les maintenant dans des lieux malpropres.

Au service de l'Homme, d'accord, mais pas au service de ses caprices. L'immense majorité des gens acceptent qu'on fasse des expériences dans les laboratoires afin de découvrir des médicaments qu'on utilisera ensuite pour guérir les humains; rares sont ceux qui acceptent qu'on les fasse souffrir pour découvrir des parfums ou pour vérifier l'efficacité d'armes bactériologiques ou chimiques.

L'exemple des parfums nous entraîne en dehors du domaine de la justice pour nous faire accéder à celui de la tempérance ou modération, vertu qui règle l'usage des plaisirs de la vie. On reste dans ce domaine quand on attire l'attention sur la différence entre manger la chair des animaux et les faire souffrir pour satisfaire les fines gueules. Par exemple, la façon dont on fabrique le foie gras heurte la sensibilité de la plupart des personnes qui la connaissent. On pourrait facilement voir là une faute contre la tempérance ou modération. On est encore dans le domaine de la tempérance quand on évoque les relations sexuelles ou toute autre forme de perversion dans laquelle une bête intervient.

Chaque fois qu'une personne adopte l'un des comportements ci-dessus évoqués, on peut dire que le courage lui a manqué pour régler un désir ou l'extirper. Ce peut être le législateur qui n'a pas le courage d'interdire certaines pratiques qui répugnent au bon sens. Et c'est ainsi que l'on est passé de la justice à la morale.

4. *Nous bafouons les droits inaliénables des animaux*

Lors d'un débat sur les droits des animaux, une difficulté surgit quand on évoque le fait qu'ils se nourrissent les uns des autres. On s'apitoie sur le sort de la biche qu'un lion poursuit, qu'il attrape, étrangle et dévore. La difficulté est la suivante : les animaux auraient des droits, mais ils ne respecteraient pas les droits des leurs; les humains n'auraient pas le droit de manger les animaux, mais les animaux s'arrogeraient le droit de manger les plus faibles d'entre eux et, parfois, les humains. Aux humains, on dit : « Ce que vous ne voulez pas que les autres vous fassent ne le leur faites pas; traitez les autres comme vous voulez être traités. » Les animaux ne comprennent rien à ce langage de la justice humaine. C'est donc une loi de la nature que certains animaux se nourrissent de la chair des autres; que les plus forts dévorent les plus faibles et les mettent à leur service.

Et nous en sommes à la question principale : les animaux ont-ils des droits? Comme je l'ai mentionné ci-dessus, on peut donner du droit une définition qui convient non seulement aux animaux et aux humains, mais aux plantes aussi, voire aux minéraux. Si l'on définit le droit comme « ce qui répond à un besoin », il s'ensuit que les plantes aussi ont des droits.

Ceux qui ne reconnaissent que les humains comme sujets de droits se réfèrent à une définition plus restreinte du droit. Pour la découvrir, partons de l'expression bien connue *revendiquer un droit*. Revendiquer un droit, c'est réclamer une chose au sens large du terme : une augmentation de salaire, une diminution de charge de travail, une liberté quelconque, un honneur. D'ordinaire, la revendication préoccupe une autre personne : celle qui contrôle la chose revendiquée; celle qui peut accorder l'augmentation de salaire, concéder la liberté ou diminuer la charge de travail. Pour la personne qui revendique, la chose revendiquée est un droit; pour celle qu'on incite à la donner, elle est un dû, une dette. La première est créancière; la seconde est débitrice.

La chose qu'une personne revendique, elle la réclame parce que cette chose lui convient, répond chez elle à un besoin; on pourrait dire peut-être mieux que la chose revendiquée lui est ajustée, qu'elle lui est égale : la charge de travail revendiquée semble égale à sa capacité; le salaire revendiqué semble égal au travail qu'elle fournit. Il s'ensuit que, pour certains, le droit, en un mot, c'est l'égalité.

On dit que les humains sont « sujets de droit », c'est-à-dire qu'ils sont capables de comprendre ce que c'est qu'un droit au sens qu'on vient de dégager; de comprendre qu'à tout droit correspond un dû, une dette. Bref, ils sont capables de gérer un droit. Les animaux en sont incapables : il ne sert à rien d'annoncer à un troupeau de vaches qu'elles ont désormais le droit de brouter l'herbe librement au lieu de vivre attachées dans l'étable. Au lieu de sauter de joie, elles beugleraient. Spartacus a mené la révolte des esclaves contre Rome, parce qu'un esclave est un être humain; jamais un animal n'a fomenté la moindre révolte contre les bourreaux de son espèce. Les notions de droit et de dû, comme on les entend chez les humains, sont inaccessibles aux bêtes. On peut bien leur reconnaître des droits, mais elles ne le sauront jamais ni ne pourront en tirer le moindre avantage. Ce serait comme donner un couteau à une poule ou un Cessna à un singe. Le cheval de l'empereur Caligula n'a jamais su que son maître l'avait fait sénateur ni n'a participé aux débats.

Le droit au sens où on l'entend chez les humains est inaccessible aux bêtes, encore moins aux plantes. Ceux qui parlent, comme dans l'émission à laquelle je me réfère, des droits des hommes et des droits des animaux, comme s'il s'agissait de droits identiques, confondent deux notions bien distinctes. Dans les droits des humains, le mot *droit* se définit d'une manière; dans les droits des animaux, le mot *droit* se définit d'une autre manière. Il s'ensuit que toute la discussion portait sur une équivoque. Comme si Raymond Devos faisait un dialogue sur la girafe – animal dans un cas, personne grande et maigre dans l'autre. Les animaux n'ont pas de droits au sens que le mot revêt chez les humains, mais ils n'y perdent rien. En effet, les bons soins que leurs prétendus droits leur attirent, le bon sens ou la morale les leur assure.

Si les animaux n'ont pas de droits, quelle place occupent-ils dans la relation juridique? Cette *chose* qu'est le droit au sens premier du terme met en relation deux personnes : un acheteur et un vendeur, les chasseurs ou les pêcheurs et l'État, un employeur et ses employés. La *chose* qui les met en relation est un droit pour l'une des parties; elle est un dû pour l'autre. Un animal ou des animaux établissent parfois une relation entre des personnes. Le gouvernement ou l'État a la garde du bien commun; il veille à son accroissement et à sa distribution. Les orignaux, les chevreuils, les poissons font partie du bien commun. Si le gouvernement n'imposait aucune restriction, les chasseurs et les pêcheurs épuiseraient bientôt les réserves d'orignaux, de chevreuils et de poissons. L'entente pour la chasse à l'orignal ne se conclut pas entre les représentants des orignaux et les représentants des chasseurs, mais entre le gouvernement et les représentants des chasseurs. L'orignal est le fondement ou l'objet de cette relation. L'État donne droit aux chasseurs de tuer tant d'orignaux; aux pêcheurs de pêcher tant de tonnes de poissons. C'est ainsi que l'État distribue le bien commun dont il est responsable en faisant en sorte qu'il ne s'épuise pas. Le plus ardent défenseur du droit des animaux accepterait-il que vous partiez avec son berger allemand en lui disant que vous vous êtes entendu avec l'animal?

Après avoir affirmé, de façon abusive, que « les objets eux-mêmes sont sujets de droit », que la nature est sujette de droit, et non pas l'homme seul, Michel Serres tient un langage conforme à la philosophie ci-devant exposée en disant que « les rapports entre les hommes passent par les choses, nos rapports aux choses passent par les hommes[31] ». Les noyés auraient apprécié que l'eau respecte leur droit à la vie; les grands brûlés, que le feu respecte leur droit à une peau saine. La nature aurait des droits, mais elle ne respecterait pas les droits des humains...

**

Selon la définition que l'on donne du droit, les animaux, les plantes et les êtres inanimés peuvent avoir des droits. Si l'on définit le droit comme « ce qui répond à un besoin », tous les êtres de la nature ont des droits puisqu'ils ont des besoins. Mais les humains sont aptes à gérer une espèce particulière de droit que nous avons précisément définie. Un être humain est en mesure de comprendre que telle chose lui convient, lui est ajustée, qu'il peut la revendiquer; il comprend que telle chose est une dette à acquitter envers telle autre personne. Quand on dit que les animaux n'ont pas de droits, ce sont les droits ainsi définis qu'on leur refuse.

Chapitre 4

La primauté fédéraliste du droit

Pendant le combat livré contre le droit du Québec de décider de son avenir par référendum, Me Guy Bertrand claironnait : « La primauté du droit est la base de la démocratie. » Le premier ministre Jean Chrétien et le ministre des Affaires intergouvernementales, Stéphane Dion, entre autres, joignaient leurs voix à celle du bruyant avocat.

Se pourrait-il que cette pompeuse déclaration ne soit qu'ambiguïté, ignorance et fausseté? Clarifions les notions impliquées dans le débat en remontant aux premières manifestations de la nature sociale de l'être humain. Alain prétend que c'est dans Homère et dans Platon que l'on retrouve le pur commencement de tout, c'est-à-dire de toutes les choses communes à l'humanité d'aujourd'hui comme à celle d'hier : l'amour, la société familiale, la société civile, par exemple. (Pour retrouver le « pur commencement » de la société québécoise, Jacques Lacoursière l'emporte sur Platon...) Et il faut le retrouver, le pur commencement de la société civile, si l'on veut comprendre l'état actuel des choses et soupeser l'affirmation incriminée. Assistons donc chez Platon à la naissance de la société civile pour en dégager les principales articulations.

Le squelette social

L'être humain, parmi les animaux, se caractérise par son dénuement; il naît nu – sans moyens de défense ni vêtement de fourrure. Pour parvenir à vivre, il a besoin d'une multitude de biens et de services : protection pendant son sommeil, nourriture, remèdes, gîte, vêtements, outils. Le problème s'est bientôt posé de savoir si chaque personne devait se rendre à elle-même ces nombreux services ou les recevoir des autres. Les Anciens n'ont pas mis de temps à comprendre que les produits et les services sont plus abondants et de meilleure qualité quand chaque personne se spécialise dans un service conforme, autant que possible, à ses aptitudes et à ses goûts. La société était née; née du besoin de biens très variés que l'association promettait abondants et de bonne qualité[32].

Faisons un autre pas. Toutes les sociétés ont eu un chef et toutes en ont un – un seul et non pas deux. Il ne viendrait à l'idée de personne – même pas des anarchistes – d'abolir le poste de chef et de laisser chacun agir à sa guise. Un interlocuteur peut quand même solliciter quelques commentaires sur la nécessité d'un chef dans une société. Voici une façon de le satisfaire.

Il est normal que chaque citoyen et que chaque groupe de citoyens se préoccupent d'abord de leurs intérêts. Il est normal que les enseignants cherchent à obtenir toujours plus pour l'éducation; que les intervenants dans les services de santé en veuillent toujours davantage, et ainsi de suite pour la culture, les routes, les sports. Avant d'établir son budget, si le ministre des Finances demandait à chaque groupe de fixer – avec la meilleure bonne volonté dont il est capable – le montant qu'il trouverait raisonnable qu'on lui accorde, les déficits se succéderaient, astronomiques. C'est pourquoi une autorité supérieure est nécessaire dans une société civile pour harmoniser même des bonnes volontés.

Encore un pas. Le gouvernement de toute société, quelle que soit sa forme – démocratie ou dictature –, élabore des lois : *Ubi societas, ibi lex* (ou *ibi jus*), disent les gens de droit – où il y a société, il y a loi ou droit pour assurer le bon fonctionnement du groupe : un code pénal et un code civil. Puisque les dictatures ont leur droit positif, tout comme les démocraties, le droit positif n'est pas le fondement de la démocratie. S'il était le fondement de la démocratie, la démocratie l'accompagnerait comme son ombre.

On vient de mentionner le droit *positif*. Si vous cherchez cet adjectif dans un dictionnaire, vous le trouverez accolé à des noms comme réponse, électricité, quantité, etc. Aucune évocation du sens que le mot *positif* revêt dans l'expression *droit positif*. Dans les exemples donnés, *positif* s'oppose à *négatif*; dans l'expression *droit positif*, il s'oppose à *naturel*, car il n'existe pas de droit négatif! Le droit positif, c'est un droit qu'on s'est donné – codes, constitution, charte – par opposition à un droit qu'on a reçu de la nature : droit de manger, droit de boire, droit de dormir, etc.

Le peuple souverain se donne des gouvernants qui doivent lui rendre des comptes, car c'est lui le souverain. Il a non seulement le droit, mais le devoir de les surveiller de près, car « le pouvoir sans l'abus perd le charme », note fort justement Paul Valéry. Si ses gouvernants ne se comportent pas comme il le désire, le peuple a le droit de les déposer. Chez nous, l'occasion lui en est offerte au moins tous les cinq ans; mais il serait normal qu'une procédure soit instituée pour que le peuple ne doive pas attendre aussi longtemps pour se débarrasser d'un gouvernement qui viole les promesses qui l'ont porté au pouvoir. Devenu philosophe, le gourou britannique du capitalisme et du *management*, Charles Handy, écrivait : « Un référendum implique que certaines décisions sont trop importantes pour être laissées aux politiciens et qu'il faut faire confiance au peuple pour décider de l'avenir[33]. »

Les représentants du peuple élaborent et promulguent des lois plus ou moins bien ajustées à la réalité. Tout le monde en convient : personne ne pense que la loi de l'impôt est juste. Le peuple est en droit d'exiger des amendements. « Ce qu'il y a de plus insensé, affirme Cicéron, c'est de croire que tout ce qui est réglé par les institutions ou par les lois des peuples est juste[34]. » Et il ajoute : « Que celui qui combat une mesure inadéquate soit regardé comme un bon citoyen. » En 1996, les grands-parents ont protesté contre l'article 585 du *Code civil* québécois, que les tribunaux interprétaient parfois de façon étonnante : « Les époux de même que les parents en ligne directe se doivent des aliments. » Si le ministre de la Justice d'alors avait eu l'esprit obtus, il aurait refusé tout changement en invoquant « la primauté du droit » sur la volonté des citoyens.

À peu près tout le monde reconnaît que la Constitution canadienne a besoin d'être amendée, qu'elle n'est plus ajustée à la réalité d'aujourd'hui. Non ajustée et donc injuste; une injustice à dénoncer et à corriger. Cicéron conseillerait au premier ministre du Canada de considérer comme de bons citoyens ceux qui demandent qu'on le fasse dans les plus brefs délais.

Venons-en maintenant à l'expression « primauté du droit », premier membre de la déclaration dont je suis parti, pour en faire voir l'ambiguïté.

La primauté du droit

De toute évidence, dans *primauté*, il y a *primus*, premier. Être premier présuppose la présence d'un deuxième : si vous étiez seul à concourir, on ne dira pas sans un sourire que vous êtes arrivé bon premier. On parlera donc de primauté à propos d'une chose ou d'une personne qui est première par rapport à une autre qui viendra ensuite. On affirme, en principe, la primauté du droit sur la force; la primauté de l'être sur l'avoir; la primauté de la qualité sur la quantité; la primauté de la santé sur la richesse. Qui proclame la primauté du droit doit avoir à l'esprit une autre chose par rapport à laquelle le droit est premier, même s'il ne mentionne pas cette seconde chose. Les gens qui proclament la primauté du droit devraient nous dire par rapport à quoi, selon eux, le droit est premier, car c'est loin d'aller de soi.

Le préambule de l'*Acte de l'Amérique du Nord britannique* présente le Canada comme une société fondée sur « la primauté du droit », expression que l'on retrouve dans le préambule de la *Charte canadienne des droits et libertés*. Mais par rapport à quoi le droit est-il premier? Est-ce par rapport à la volonté du peuple? Non : le droit est premier par rapport à la volonté du chef ou du gouvernement. Quand on leur dit que le Canada est « fondé sur des principes qui reconnaissent [...] la primauté du droit », les citoyennes et les citoyens se sentent rassurés : une constitution, une charte et des lois les protègent contre l'arbitraire de leurs dirigeants. Dans l'esprit de mes interlocuteurs, c'est sur la volonté du peuple que le droit l'emporte et non sur l'arbitraire des dirigeants. Il ne semble pas leur venir à l'esprit qu'un peuple puisse avoir besoin d'une protection contre cette menace.

Si les personnes interpellées ci-dessus nous avaient dit, d'abord, par rapport à quoi le droit dont elles parlent était premier, elles auraient dû préciser, ensuite, à quel droit elles accordent la primauté, car le mot *droit* comporte plusieurs sens. Quand on le rencontre dans un texte, il faut souvent deviner ce que l'auteur lui fait signifier. Les gens qui proclamaient la primauté du droit se référaient manifestement au droit *positif*, au droit des codes, des constitutions, des chartes.

En effet, *Le Soleil* du 15 mai 1996 rapportait des propos du premier ministre Jean Chrétien : « Nous disons que les lois du Canada doivent être respectées [...], que le droit international aussi doit être respecté. » Les lois du Canada doivent être respectées, d'accord, mais celles qui sont injustes doivent être modifiées. Il ajoutait que son gouvernement avait « le devoir de protéger la constitution canadienne ». Le devoir aussi de l'amender.

Il est faux d'affirmer, sans nuances, la primauté du droit positif, car il arrive qu'il faille contester des lois écrites, des chartes, des constitutions. On les conteste en invoquant quelque chose qui leur est supérieur. C'est le droit naturel ou moral[35]. La véritable primauté, en démocratie comme sous toute autre forme de gouvernement, c'est le droit naturel ou moral qui la détient. Si l'on disait que la primauté du droit naturel est le fondement de la démocratie, ça irait, car, en vertu du droit attaché à leur nature, il convient que des êtres humains se gouvernent puisqu'ils sont libres et responsables de leurs actes, même dans la soumission.

Le fondement de la démocratie

L'affirmation que « la primauté du droit est le fondement de la démocratie » témoigne d'une ignorance presque crasse de la notion de fondement! Pour dissiper cette ignorance, partons de quelques expressions bien connues : fonder une maison sur le roc; Champlain a fondé Québec; un pouvoir fondé sur la force; une revendication non fondée, etc. Les mots *fondement* et *fonder* évoquent l'idée d'une assise, ou d'un commencement, ou d'une justification. Fonder le droit au suicide assisté, ce serait apporter des arguments qui le justifieraient. Fonder la démocratie, c'est la justifier.

Mais, avant de chercher à la fonder, avant d'en chercher le fondement, il faut savoir ce qu'elle est. *Démocratie* vient de deux mots grecs : *dêmos*, peuple; *kratein*, gouverner. Selon sa définition la plus simple et la mieux connue, la démocratie est « le gouvernement du peuple par le peuple ». Et le peuple a le choix de se gouverner directement ou bien par des représentants désignés par lui, comme c'est le cas dans les pays démocratiques actuels. Soulever le problème du fondement de la démocratie, c'est se demander s'il convient que le peuple se gouverne lui-même au lieu d'être gouverné sans qu'il ait son mot à dire.

Les partisans de la démocratie enracinent cette forme de gouvernement dans la nature de l'être humain, animal qui a franchi le pas de la réflexion, qui pense et qui parle; qui peut mûrir ses décisions, y revenir pour les maintenir ou les changer. On le dit doué d'une intelligence de nature différente de celle des bêtes et d'une volonté libre. Quand il agit conformément à sa nature, il est maître de ses actes, et, à cause de cette maîtrise, on le dit responsable.

Certains définissent la responsabilité comme « une obligation de répondre de ses actes devant une autorité qui demande des comptes ». Ces gens-là s'arrêtent au premier niveau de l'étymologie du mot *responsabilité*, le verbe latin *respondere*, dont l'un des sens est bien répondre; mais, si l'on va à l'étymologie de *respondere*, on trouve *spondere*, qui a donné *sponsio* (engagement) et *sponsa* (fiancée). Dans *spondere*, on trouve les idées de promettre, de s'engager, de se porter garant. Une personne responsable, c'est une personne à qui on peut se fier, car elle est en mesure de dominer la situation, de s'en porter garante, parce qu'elle dispose de la maîtrise de ses actes. Et parce qu'elle a la maîtrise de ses actes, il arrive qu'elle ait à en rendre compte devant une autre personne; mais cette obligation accidentelle ne constitue pas l'essence de la responsabilité.

Contrairement à l'être humain, la flèche ne peut pas interrompre d'elle-même sa course ou en dévier quand elle va s'enfoncer dans le cœur d'un être humain et non dans celui d'une bête. Le pitbull ne comprend pas qu'il est abominable de défigurer un enfant. Par contre, un être humain est en mesure de comprendre que telle démarche doit être abandonnée, que tel ordre ne doit pas être exécuté, que telle loi doit être modifiée. Comme un être humain n'est jamais justifié par le fait qu'il a obéi aux ordres, il lui arrive parfois de devoir résister à un ordre. C'est pourquoi il veut prévenir ces conjonctures difficiles en exigeant de participer aux décisions qui le concernent.

Le peuple est habilité à exercer la souveraineté parce qu'il est composé d'êtres responsables; il doit l'assumer parce que la société est pour lui l'instrument de son épanouissement : la société est faite pour le citoyen et non l'inverse. Cet instrument, l'instrument de son épanouissement et de son bonheur, chaque membre de la société doit chercher à le rendre aussi efficace que possible.

***

J'ai dit au début que la pompeuse affirmation, objet de cette analyse, n'était qu'ambiguïté, ignorance et fausseté. Ambiguïté. Le droit qu'elle évoque, c'est le droit positif. Or le droit positif est premier par rapport à l'arbitraire du chef et non par rapport à la volonté du peuple.

Ignorance. La nécessité des lois écrites dans toute société, quelle que soit la forme de son gouvernement, devient le fondement de la démocratie, alors que le fondement de la démocratie, c'est la nature même des êtres humains – intelligents, libres et responsables – qui constituent le peuple.

Fausseté. Il est faux d'affirmer que « la primauté du droit est le fondement de la démocratie » quand, par droit, on entend le droit positif. Mais il serait vrai de dire que la primauté du droit naturel ou moral est le fondement de la démocratie, car c'est en vertu des droits inhérents à sa nature d'être intelligent, libre et responsable qu'un citoyen ou une citoyenne revendiquent le droit de se gouverner. La primauté du droit positif est plutôt la base de la dictature que de la démocratie.

Chapitre 5

Le Canada est-il le meilleur pays au monde?

On a souvent entendu les deux derniers premiers ministres du Canada – Brian Mulroney et Jean Chrétien – parler de la chance que nous avions de vivre dans le pays qui jouit du « plus haut niveau de vie au monde » ou de « la meilleure qualité de vie au monde ». Comme argument pour retenir le Québec dans le giron du Canada, c'était plus brillant que la menace d'une éventuelle « partition du Québec ».

De nombreuses voix ont fait chorus pour rabâcher ce quasi-mensonge au point de le faire prendre pour une éclatante vérité. Lors d'une interview à la télévision, en janvier 1997, l'honorable Roméo LeBlanc, alors gouverneur général du Canada, joignait sa voix à celles des deux premiers ministres. Devant la Reine, en juillet 1997, Sheila Copps se félicitait de vivre dans « le meilleur pays au monde ». Peu expressive – selon son habitude –, la Reine n'a pas tiqué. Le 1er juillet 1998, l'animateur Robert-Guy Scully faisait du Canada « *the best place in the world* ». Enfin, le responsable des fêtes du Canada au Québec, Serge Savard, rétorquait à Michaëlle Jean, qui voyait le Canada comme l'un des meilleurs pays au monde : « Pas l'un des meilleurs : le meilleur! » Je suis sûr qu'aucune de ces personnes n'avait lu les rapports de l'ONU sur lesquels s'appuyait censément leur prétention.

Avant que ne soit publié le rapport de 1998, Mme Joan Brougton, porte-parole à Ottawa du Programme des Nations Unies pour le développement (PNUD), s'indignait : « Je ne crois pas que personne ait pu être davantage frustré que le personnel du programme en raison de ce qui lui est apparu comme une

mauvaise interprétation de l'indice de développement humain. »
Et elle blâmait le premier ministre Jean Chrétien et son prédé-
cesseur Brian Mulroney pour avoir clamé à tort que l'ONU en
était arrivée à la conclusion que le Canada était le meilleur pays
au monde. Puis elle ajoutait : « Le rapport publié cette semaine
[la 2ᵉ de septembre 1998] va certainement mettre un terme à
cette prétention. » Eh bien, non! le rapport de 1998 n'a pas mis
un terme à cette prétention. Le lendemain, aucun des bulletins
de nouvelles que j'ai écoutés n'a tenu compte de l'indignation
de Mme Brougton. Plusieurs fois, par la suite, les médias ont
martelé le ragot. Le Soleil du 8 septembre 1998 affirmait même :
« C'est la première fois que l'ONU [...] inclut à son document
un indice portant sur la pauvreté. » Faux, comme vous verrez
en lisant ce chapitre : elle en tient compte depuis 1991. Dernier
exemple. Un article du Soleil (26 novembre 1998) débutait ainsi :
« Depuis cinq ans considéré comme le pays offrant la meilleure
qualité de vie à ses citoyens, le Canada... » Un journaliste va-t-il
enfin se donner la peine de lire ces sacrés rapports? Examinons-
les rapidement.

Loin de moi l'idée sacrilège de nier que le Canada soit un
des pays de la terre où il fait bon vivre. Même Claude Morin,
dans La dérive d'Ottawa, classe les Canadiens et les Québécois
dans « le petit groupe des peuples qu'on peut qualifier de privi-
légiés » (p. 69). Mais, comme les respectables personnes que
j'ai dénoncées se référaient au Rapport mondial sur le développement humain que l'ONU[36] publie chaque année, depuis 1990,
il est normal d'y jeter un coup d'œil, selon le conseil d'Alain :
« Boire dans le creux de sa main et non dans une coupe em-
pruntée », fût-ce celle d'un premier ministre, d'un gouverneur
général ou de qui que ce soit d'autre.

L'objet précis des rapports de l'ONU

Chaque année, donc, depuis 1990, le Programme des Nations Unies pour le développement (PNUD) publie un rapport

intitulé *Rapport mondial sur le développement humain*. Dans son premier rapport (1990), le PNUD définissait la notion de « développement humain » avec laquelle il fonctionnait : « Le développement humain est un processus qui conduit à l'élargissement de la gamme des possibilités qui s'offrent à chacun. En principe, elles sont illimitées et peuvent évoluer avec le temps. Mais quel que soit le stade de développement, elles impliquent que soient réalisées trois conditions essentielles : vivre longtemps et en bonne santé, acquérir un savoir et avoir accès aux ressources nécessaires pour jouir d'un niveau de vie convenable. Si ces conditions ne sont pas satisfaites, de nombreuses possibilités restent inaccessibles » (1990, p. 10, Encadré 1.1).

Il est utile d'avoir sous les yeux le texte anglais du rapport de 1990 à côté de la version française donnée ci-dessus : « *Human development is a process of enlarging people's choices. In principle, these choices can be infinite and change over time. But at all levels of development, the three essential ones are for people to lead a long and healthy life, to acquire knowledge and to have access to resources needed for a decent standard of living. If these essential choices are not available, many other opportunities remain inaccessible* » (*Human Development Report, 1990, p. 10*).

Si l'on s'en tient à leur titre, les rapports annuels du PNUD se présentent comme des comptes rendus sur « le développement humain » dans les divers pays du monde. Mais ils ne sont pas encore des mesures du développement humain lui-même. Le PNUD s'est intéressé, jusqu'à maintenant, au développement humain entendu comme « un élargissement des possibilités ou des choix qui s'offrent à chacun » et non à l'usage que les citoyens font de ces possibilités et de ces choix pour se développer eux-mêmes.

Le PNUD s'éloigne encore davantage du développement humain lui-même quand il identifie trois conditions qui affecteraient la gamme des possibilités qui s'offrent à chacun. Le PNUD présente donc ses rapports comme portant sur le développement humain, mais il ne considère pas directement le développement humain, lié, selon lui, à la gamme des possibilités qui s'offrent à chacun. Il s'éloigne encore davantage du développement humain en considérant des conditions qui affectent la gamme des possibilités qui s'offrent à chacun. Ce sont ces « conditions » qu'il considère comme des « indicateurs de développement humain », des signes de développement humain. En fait, ce n'est pas le développement humain que le PNUD va mesurer, ni même la gamme des possibilités ou des choix qui s'offrent à chacun dans les différents pays, mais trois conditions qui affectent la gamme des possibilités et, en dernier ressort, le développement humain lui-même. On est assez loin de la qualité de vie dont parlent les gens que j'ai mentionnés au début.

Examinons d'abord les facteurs d'élargissement de la gamme des possibilités qui s'offrent à chacun, puis le développement humain lui-même ou l'usage qui a été fait de la gamme des possibilités.

Trois facteurs d'élargissement de la gamme des possibilités

Pourquoi mesurer des « conditions » qui affectent la gamme des possibilités qui s'offrent à chacun pour son développement quand on se propose de mesurer le développement humain lui-même? Simplement à cause des difficultés de mesurer le « développement humain » lui-même. En bons pédagogues, les chercheurs du PNUD ont décidé de commencer par des choses faciles à mesurer, qu'ils considéraient comme des signes lointains de développement humain. Ils en ont retenu trois : 1) l'espérance de vie à la naissance; 2) le taux d'alphabétisation des adultes et le nombre d'années de scolarité des adultes de 25 ans et plus; 3) le PIB moyen par habitant. Bien d'autres « conditions » affectent la gamme des possibilités qui s'offrent à chacun, mais le PNUD a commencé par celles-là puisqu'elles sont faciles à mesurer. Ces trois conditions constituent pour le PNUD l'indicateur de développement humain ou l'IDH, que madame Brougton accusait nos premiers ministres et quelques autres d'avoir mal interprété en en faisant une preuve que le Canada jouissait du plus haut niveau de vie au monde, que le Canada était « *the best place in the world* ».

Vous avez remarqué que ces rapports du PNUD ne parlent pas de qualité de vie. Il ne s'agit pas, pour leurs auteurs, de classer les pays par ordre de qualité de vie. Le pays qui vient en tête ne présente pas nécessairement les citoyens les plus heureux, les citoyens qui ont la meilleure qualité de vie, les plus beaux spécimens de la race humaine. Ces rapports sont pleins de tableaux, et le pays qui vient en tête dans un tableau dégringole dans un autre qui tient compte d'autres facteurs.

Le premier tableau des rapports donne l'IDH (l'indicateur de développement humain) sans ajustements. Comme le Canada se classe très bien dans ce tableau – 1er depuis cinq ans –, nos politiciens ne citent que ce tableau. Mais il y a d'autres tableaux où les trois indicateurs de l'IDH sont ajustés, et le Canada ne venait plus en tête ni au deuxième rang au moment où nos politiciens faisaient leurs déclarations triomphales.

Examinons chacune des trois « conditions essentielles » de « l'élargissement des possibilités ou des choix qui s'offrent à chacun ». Conditions retenues par le PNUD et qui devraient finalement influer sur le développement humain.

1. Premier facteur d'élargissement de la gamme des possibilités : l'espérance de vie à la naissance

Selon les membres du PNUD, « vivre longtemps et en bonne santé », c'est une « condition essentielle » de « l'élargissement des possibilités qui s'offrent à chacun ». Ils ont retenu cette condition, mais en laissant tomber « en bonne santé », parce qu'il n'est pas facile de quantifier la santé d'un peuple. Le rapport de 1997 (p. 166) nous apprend que, du point de vue de l'espérance de vie à la naissance, le Japon vient en tête avec 79,8 années; le Canada suit avec 79,0. Une trentaine de pays promettent une espérance de vie de 76 années et plus. Cet indicateur ne permet à aucun pays de pavoiser, surtout si l'on tient compte de la marge d'erreur possible dans ces calculs.

Pourquoi a-t-on retenu ce critère? Les auteurs du rapport de 1993 disent tout simplement que l'espérance de vie à la naissance est largement acceptée comme « condition » de « l'élargissement des possibilités qui s'offrent à chacun » : l'immense majorité des gens aiment vivre dans un pays où l'espérance de vie est élevée.

Pour ne pas donner aux chiffres du rapport une interprétation de politicien au pouvoir, conservons à l'esprit la définition du « développement humain » avec laquelle fonctionne le PNUD : « élargissement des possibilités ou des choix », et considérons quelques-unes des situations qui se présentent.

Une même personne, dans la même région d'un même pays, aura plus de possibilités de se développer si elle vit 75 ans plutôt que 50. Mais, si l'on considère deux personnes, ce n'est plus vrai : dans la même région d'un même pays, une personne peut faire plus en 50 ans qu'une autre en 75 ans, à cause de ses qualités naturelles, par exemple. À plus forte raison si elles vivent dans des régions différentes. Considérons maintenant deux pays différents. Une personne qui vit 50 ans dans un pays peut avoir plus de possibilités de développement qu'une autre qui vit 75 ans dans un autre pays dont le bien commun est moins riche.

La durée de la vie, c'est une chose; la qualité de la vie, c'en est une tout autre. D'une personne âgée qui avait perdu son temps, Sénèque disait : *Non diu vixit, sed diu fuit* – elle n'a pas vécu longtemps, mais elle fut longtemps[37]. Décédé à 35 ans, Mozart aurait été un indésirable pour un premier ministre qui vantait notre espérance de vie; décédé à 39 ans, Pascal en eût été un second. Et combien d'autres!

Si le PNUD avait retenu « en bonne santé », on aurait d'autres situations à considérer. Une personne en bonne santé peut se développer davantage en 50 ans dans un pays qu'une autre de santé précaire en 75 ans dans le même pays. Dans deux pays différents, une personne de santé précaire pourrait se développer davantage en 50 ans qu'une autre, dans un pays pauvre, en 75 ans de bonne santé. Bref, l'espérance de vie à la naissance ne signifie pas grand-chose du point de vue de « l'élargissement de la gamme des possibilités qui s'offrent à chacun » : bien d'autres facteurs doivent être pris en compte.

2. Deuxième facteur d'élargissement de la gamme des possibilités : l'alphabétisation et la scolarité

Dans la définition du développement humain de 1990, la deuxième « condition essentielle » de « l'élargissement de la gamme des possibilités qui s'offrent à chacun » est formulée par cette simple expression : « acquérir des connaissances – *to acquire knowledge* ». Mais le PNUD ne tenait compte, en 1990, que du taux d'alphabétisation des adultes. Dès 1991, il a ajouté la moyenne des années de scolarité des personnes de 25 ans et plus.

Dans le rapport de 1990, 23 pays présentent un taux d'alphabétisation de 99 %. Les membres du PNUD qualifient ce taux d'« irréalisable ». Le Canada fait partie de ces pays alphabétisés à 99 %. Pourtant, selon une enquête menée par Statistique Canada, en 1990, plus de 600 000 personnes, au Québec seulement, pourraient tout au plus reconnaître des mots familiers dans un texte simple. Le reste du pays n'est guère plus brillant.

Le président de l'Association des cadres scolaires du Québec, Jean-Pierre Simard, poussait un cri d'alarme dans *Le Soleil* du 2 décembre 1998. Les statistiques qu'il dévoilait sont effarantes : 6 % de la population du Québec âgée de plus de 16 ans ne peut ni lire ni écrire; près de 21 % des adultes savent à peine lire. Donc environ un million de Québécois sont analphabètes; un enfant sur quatre risque de le devenir. Et M. Simard de conclure : « Il faut déclarer le Québec zone sinistrée. »

Selon les auteurs du rapport de 1993, ces taux « irréalisables » de 99 % s'expliquent si l'on introduit une distinction entre « l'alphabétisation fonctionnelle » et « l'alphabétisation formelle ». L'analphabète fonctionnel a appris à lire dans son enfance – il est « formellement alphabétisé » –, mais il ne sait plus lire : une sorte de baptisé qui ne fréquente plus l'église!

Quant à la moyenne des années de scolarité des adultes de plus de 25 ans, elle était de 12,1 années au Canada en 1996; seuls les États-Unis nous devançaient avec 12,3. La France, la Norvège et les Pays-Bas avaient 11,6; l'Australie et le Royaume-Uni, 11,5; la Suisse, la Suède, l'Autriche et l'Allemagne, 11,1. Depuis 1997, nous devançons les États-Unis; nous sommes le peuple le plus scolarisé de la planète...

Du point de vue de « l'élargissement de la gamme des possibilités qui s'offrent à chacun », les membres du PNUD concluent que le Canada vient en tête. En est-il vraiment ainsi? La gamme des possibilités d'un Français est-elle plus étroite parce que sa moyenne de scolarité est inférieure à celle d'un Canadien ou d'un Américain? On ne tient évidemment pas compte de la somme des connaissances qu'un Canadien emmagasine en 12 années d'études au Canada par rapport à un Français en 11,6 années d'études en France.

Le rapport de 1997 parle du « taux brut de scolarisation tous niveaux confondus ». Le pays qui vient en tête a 100 % – c'est le Canada et non plus les États-Unis – et les autres pays se situent par rapport au Canada. Quelques exemples : les États-Unis à 96, la France à 89, l'Allemagne à 81, le Japon à 78, etc. Je ne suis pas le seul à être sceptique : le Canada (y compris le Québec), 100 %; le Japon, 78 %... Pourtant, le Québec détient le pire taux d'abandon scolaire des pays industrialisés, 36 %; le Japon, le meilleur avec 2 %.

Bref, ces données sur l'alphabétisation et la scolarité ne signifient pas grand-chose en termes d'« élargissement de la gamme des possibilités qui s'offrent à chacun » dans la vingtaine de pays qui affichent les meilleurs résultats de ce point de vue. On a donc deux des trois facteurs de l'IDH qui ne veulent pas dire grand-chose.

3. Troisième facteur : avoir accès aux ressources nécessaires pour jouir d'un niveau de vie convenable

C'est en termes d'« accès aux ressources nécessaires pour jouir d'un niveau de vie convenable » que, dans la définition du développement humain de 1990, le PNUD formule la troisième « condition essentielle » de « l'élargissement des possibilités qui s'offrent à chacun ». Mais, dans les rapports annuels, c'est le produit intérieur brut (PIB) réel moyen par habitant – exprimé en dollars – qui est pris en compte. Le PIB d'un pays, c'est la somme des biens et des services qui ont été facturés à l'intérieur des frontières de ce pays pendant une année.

Il est facile de montrer que la qualité de la vie n'est pas directement proportionnelle au PIB par habitant. Tout d'abord, le PIB ne tient pas compte des biens et des services non facturés : travail au foyer, bénévolat, travail au noir, troc, etc. Il ne tient pas compte non plus de la qualité des services facturés. Deux enseignants qui gagnent 45 000 $ apportent au PIB des contributions égales. On sait, cependant, que leur rendement et, conséquemment, la qualité de vie de leurs élèves peuvent être fort différents.

Qui pis est, la qualité de la vie peut même être inversement proportionnelle à certaines sommes ajoutées au PIB. Par exemple, vous avez connu une année difficile : vingt visites chez le médecin, une intervention chirurgicale majeure, des kilos de pilules. Généreuse contribution au PIB, mais piètre qualité de vie par rapport à votre ami qui n'a eu recours ni au médecin, ni au chirurgien, ni au pharmacien. L'incompétence et la malhonnêteté peuvent gonfler le PIB. L'incompétence : le malade qui doit consulter trois médecins avant de savoir de quoi il souffre et comment recouvrer la santé contribue davantage au PIB que son voisin qui a tout appris du premier médecin consulté. La malhonnêteté aussi peut gonfler le PIB : le médecin qui fixe des visites inutiles ou qui pratique des interventions superflues. Que dire des dépenses militaires? Elles ajoutent tellement au PIB! Mais on peut douter que les chars d'assaut, les canons, les mitrailleuses, les missions de paix, par exemple, ajoutent autant à la qualité de la vie qu'au PIB. Certains pays pauvres dénoncent les pays riches, alors qu'ils ont un budget militaire supérieur à leurs budgets de la santé et de l'éducation réunis. Tous les Québécois disposent du même PIB moyen par tête. Mais on sait bien que le « développement humain » diffère énormément de l'un à l'autre : tout dépend de l'usage que chacun en fait.

Le rapport de 1993 (p. 17, 1) fait justement remarquer qu'il n'existe pas de lien automatique entre le revenu et le développement humain. Plusieurs pays ont su utiliser leurs revenus pour améliorer le sort de leurs habitants. Ces pays se classent à un rang plus élevé pour le développement humain que pour le revenu par habitant. Avec le même revenu par habitant, d'autres pays se situent à des niveaux de développement humain très différents. Le revenu seul est un indicateur imparfait du développement humain. D'après le rapport de 1997, le PIB réel par habitant était de 20 510 $ en France; de 26 397 $ aux USA et de 21 459 $ au Canada (1997, p. 166). D'après ces chiffres, l'Américain moyen aurait une « gamme de possibilités » plus étendue que celle d'un Canadien; un Canadien en aurait une plus étendue que celle d'un Français. Il est évident que ce n'est pas sûr du tout. Au Québec, un fort pourcentage du PIB sert à combattre le froid et la neige...

Voilà donc, exposés et soupesés, les trois facteurs ou conditions d'élargissement de la gamme des possibilités offertes à chaque citoyen dans un pays donné. Sans lire plus avant dans les rapports, certains se sont mis à jubiler. Ces trois facteurs d'élargissement de la gamme des possibilités étaient devenus de la qualité de vie. Ceux qui ont poursuivi leur lecture des rapports ont reçu une douche froide.

La douche froide

Les gens du PNUD ne sont pas naïfs. Après avoir classé les pays en se basant sur l'espérance de vie, l'alphabétisation, la scolarité et le PIB, ils avouent ne pas entretenir d'illusions sur l'exactitude des mesures que les pays leur fournissent et, partant, sur le classement qu'ils en tirent. (Le vérificateur général du Canada nous a appris, en 1998, que, d'après les cartes d'assurance sociale qui circulent, le Canada compterait 300 000 centenaires...) Les analystes du PNUD reconnaissent que c'est un grand problème (1993, p. 120-121). « Pour certains indicateurs, les statistiques officielles sont souvent des estimations ou des extrapolations de données anciennes. Elles contiennent fréquemment des définitions conceptuelles inappropriées ou non comparables aux données d'autres pays. Elles sont entachées d'erreurs provenant d'une sélection défectueuse ou inadéquate des échantillons, ou d'erreurs de transcription ou de transmission, et surtout, il arrive fréquemment qu'elles ne soient pas à jour. » Le PNUD examine ensuite chaque composante de l'IDH.

« ... les données relatives à l'espérance de vie transmettent une information faussement exacte. Ces données doivent normalement être fondées sur un recensement décennal, puis révisées compte tenu des naissances et des décès enregistrés annuellement. Les données relatives à l'alphabétisation sont également fournies par des recensements décennaux et sont communiquées à l'UNESCO par les pays. On dénombre au moins trois définitions possibles, largement acceptées, de l'alphabétisation, que l'UNESCO doit essayer de faire coïncider pour fournir ses statistiques d'alphabétisation. » Enfin, le PNUD soulève des problèmes que pose même la mesure du PIB.

Comme les mesures varient peu d'une année à l'autre, il en est ainsi du classement des pays selon l'IDH. « Le Canada est en tête depuis quatre ans, clamait Jean Chrétien en 1997. Ce n'est pas moi qui le dis : c'est l'ONU. » L'article du *Soleil* du 26 novembre 1998 débutait ainsi : « Depuis cinq ans considéré comme le pays offrant la meilleure qualité de vie, le Canada... », etc. L'an prochain, ce sera « depuis six ans »... Le PNUD traite les données fournies par les pays sur l'espérance de vie, l'alphabétisation, la scolarité et le PIB. Et ces données varient peu d'une année à l'autre. D'ailleurs, j'en ai assez dit pour montrer que le classement des pays selon l'IDH ne signifie pas grand-chose, surtout pas la qualité ou le niveau de vie des citoyens.

Le PNUD procède ensuite à des ajustements, à des corrections nécessaires si l'on veut refléter plus adéquatement la réalité. Il considère des facteurs qui rétrécissent la gamme des possibilités. En voici deux qui ont donné une image plus modeste du Canada : le sexe et la répartition de la richesse. C'est pourquoi, après avoir classé les pays selon l'IDH, le PNUD a procédé à deux corrections, à deux ajustements.

Si les trois facteurs dont on a parlé peuvent élargir la gamme des possibilités ou des choix qui s'offrent à chacun, l'appartenance au sexe féminin la rétrécit presque partout dans le monde. Le PNUD procède donc à un premier ajustement pour « tenir compte de la disparité entre les sexes », c'est-à-dire du traitement fait aux femmes. En 1993, le Canada se classait 2e avant cet ajustement; après, il dégringolait en 11e place : en 9e en 1991, en 8e en 1992, en 9e en 1994 et en 1995. Pourtant, les deux premiers ministres nommés au début se vantaient quand même, à ce moment-là, de diriger le meilleur pays au monde.

Les responsables canadiens comparaissaient devant le Comité des Nations Unies sur l'économie, les affaires sociales et culturelles en novembre 1998. Les membres du Comité ont contesté la prétention du Canada au titre de meilleur pays au monde. L'une de leurs questions épineuses portait sur les femmes, censées recevoir au Canada le meilleur traitement au monde : « Comment se fait-il que le taux de pauvreté chez les femmes est en hausse? »

En 1995, le rapport pointait du doigt quatre pays industrialisés « nettement moins bien placés » quand on tient compte du traitement fait aux femmes. Le Canada passait, comme je viens de le dire, de la 1re place à la 9e. Le rapport de 1997 contient un tableau intitulé « indicateur de la participation des femmes » : pourcentage de femmes parlementaires, cadres supérieurs et direction, part des femmes dans le revenu salarial, etc. Le Canada est 6e au monde. C'est quand même bien!

Le PNUD procède à un second ajustement, à une seconde correction qui rétrécit la gamme canadienne des possibilités. Quand on parle de PIB, « l'inégalité de la répartition des revenus » doit retenir l'attention : elle « a un impact majeur sur le développement humain » des citoyens d'un pays (1993, p. 19). Supposons cinq citoyens dont le revenu total soit de 200 000 $. Plusieurs scénarios sont possibles : chacun peut disposer de 40 000 $; l'un des cinq peut disposer de 80 000 $ et chacun des quatre autres de 30 000 $, etc. La composante de l'IDH doit donc être ajustée pour refléter cette inégalité de répartition des revenus. Gifle pour le Canada : parmi les pays industrialisés, dit le PNUD, le Canada fait partie des pays que cet ajustement affecte le plus : il descend au 7e rang en 1991, au 6e en 1992 et 1993, au 8e en 1994, etc. Les ténors qui proclamaient que le Canada était « le meilleur pays au monde » ignoraient cet ajustement.

Si l'on tient compte de la répartition de la richesse, la situation du Canada est telle que le Comité des Nations Unies sur l'économie, la culture et les affaires sociales s'est penché, en novembre 1998, sur les conditions de vie des Canadiens les moins fortunés et des autochtones. Une fois tous les cinq ans, le Canada est tenu de rédiger un rapport sur les progrès réalisés au pays. Au printemps de 1998, le Canada présentait son troisième rapport du genre. Le Comité des Nations Unies est revenu à la charge avec 81 questions. Les réponses ont été qualifiées d'évasives.

Le 14 mai 1998, l'éditorial de Donald Charette du *Soleil*, intitulé *Pauvre Canada!* débutait ainsi : « Coup sur coup, deux études – l'une du Conseil national du bien-être social, l'autre de Statistique Canada – viennent ébranler l'impression que le Canada est un pays où coulent le lait et le miel. » M. Charette qualifiait de « proprement terrifiants » les chiffres avancés dans ces études. Un Canadien sur dix dépend de l'aide sociale. En mars 1997, on retrouvait 1 494 800 ménages inscrits à l'aide sociale, soit 2 774 900 personnes. Mais les gens qui vivent du bien-être social ne représentent que la moitié des pauvres du Canada. Depuis 10 ans, leur nombre a progressé pour atteindre 5,2 millions, dont un million et demi d'enfants. Au Québec, une tranche de 21 % de la population vivrait dans la pauvreté. On peut occuper un emploi à temps plein et vivre dans la pauvreté. Ces chiffres viennent confirmer le verdict de l'ONU : si l'on tient compte de la répartition de la richesse collective, le Canada n'est pas « le meilleur pays au monde ». Mais il faudrait préciser de quelle pauvreté il s'agit, car il y a pauvreté relative et pauvreté absolue. Cette dernière se définit par les besoins essentiels : nourriture, logement, chauffage, etc. Personne ne pense que 21 % des Québécois vivent dans la pauvreté absolue. Quant à la pauvreté relative, elle est fort élastique : par rapport à Paul Desmarais, une personne qui gagne 100 000 $ par année est bien pauvre...

De plus, quand on parle de PIB, la richesse du pays doit être prise en compte. « La gamme des possibilités qui s'offrent à chacun » dépend du pays où l'on vit. Avec un PIB de 20 000 $, un Malawien n'aurait pas la même gamme de possibilités qu'un Français. C'est pourquoi Valère Maxime disait que les anciens Romains préféraient vivre pauvres dans un pays riche plutôt que riches dans un pays pauvre. Dans le cas d'extrême nécessité, ce n'est pas voler que de prendre pour ses besoins essentiels ce qui appartient à autrui. Mais s'il n'y a rien à prendre...

J'emprunte à Schumacher, stigmatisant les États-Unis, ma conclusion sur le PIB : « Voilà le premier pays du monde quant au PNB [il l'est tout autant pour le PIB], un produit national brut incroyablement élevé. [...] Un pays qui connaît la pauvreté – un degré de pauvreté qui a disparu de bien des pays dont le PNB est beaucoup moins élevé. À mes yeux, cette histoire de PNB ne signifie rien du tout[38]. »

Le développement humain ou l'usage qui est fait des possibilités offertes

Le PNUD fonctionne donc avec un développement humain défini comme « un processus qui conduit à l'élargissement des possibilités ou des choix qui s'offrent à chacun. » En fait, ce n'est pas une définition du développement humain, mais une énumération de certaines conditions du développement humain. C'est comme si l'on définissait un meuble par le menuisier qui s'apprête à le fabriquer, par son coffre d'outils et par le bois qu'il va utiliser. Les analystes du PNUD en sont conscients. C'est pourquoi ils écrivent : « Reste le problème posé par le fait que l'espérance de vie est une mesure *quantitative*; la *qualité* de la vie, c'est autre chose. Cette question mérite d'être examinée plus attentivement qu'elle ne l'a été jusqu'à présent » (1993, p. 117). Examinons-la.

Au début du même rapport, on lit que le rapport de 1990 « plaidait en faveur d'un développement axé sur la personne ». De ce point de vue, on ne parlerait plus des possibilités offertes à chacun, mais du profit que chacun en tire pour son épanouissement personnel. Dans une société qui offre les mêmes possibilités à tous, on trouve des êtres humains de valeur fort inégale. Le développement humain axé sur la personne devient un développement non pas de certaines conditions du développement de la personne, mais un développement des qualités de la personne : santé, courage, honnêteté, etc.

Ce développement humain « axé sur la personne » nous ramène à un texte de Gaston Berger, le fondateur de la prospective : « Dénonçons le vague de certaines formules : "tout ramener à l'homme", "mettre l'homme au centre de nos préoccupations". Cela veut tout dire et, du même coup, cela ne signifie pas grand-chose. [...] Il faut "choisir l'homme". Sans doute, mais la formule reste fort creuse et fort vide. [...] Si l'Humanisme doit avoir un sens, nous devons dire quelle est la conception de l'homme à laquelle il nous invite, quelles sont les valeurs auxquelles il accorde la prévalence. [...] L'homme est la grande richesse, la richesse inépuisable. Voilà l'idée qu'il faut commenter[39]. »

Quand on passe de la quantité à la qualité, qu'on passe des facteurs d'élargissement de la gamme des possibilités qui s'offrent à chacun à l'usage que chacun fait de ces possibilités pour son épanouissement, la question se pose de savoir ce que c'est qu'une personne humaine développée. Le développement humain, le développement de l'être humain se définirait alors comme l'acquisition des qualités qui font l'être humain épanoui.

On ne mesurerait plus des facteurs d'élargissement de la gamme des possibilités, ni la gamme des possibilités, mais l'usage qui en est fait pour son épanouissement : on chercherait à mesurer l'épanouissement lui-même; non pas l'espérance de vie, mais la qualité de la vie.

De ce point de vue, l'espérance de vie à la naissance, le taux d'alphabétisation, une année de scolarité de plus ou de moins et le PIB moyen par habitant sont des conditions, pas plus ni moins. L'usage qu'un individu a fait de sa vie, de ses années de scolarité et du PIB que le pays met à sa disposition, voilà ce qu'il va falloir mesurer un jour. Avec la même espérance de vie, avec la même scolarisation et le même PIB, certains citoyens sont des mafieux, d'autres des saints!

Le développement humain, dont on parlera maintenant, c'est le développement de l'être humain lui-même et non le développement des conditions de son développement! Pour développer un être humain, il est nécessaire de savoir ce que c'est qu'un être humain. Si quelqu'un réduit l'être humain au corps, il ne développera que le corps; s'il le réduit à une intelligence, il ne développera que l'intelligence, et ainsi de suite. *L'école québécoise, énoncé de politique et plan d'action* fournit une définition satisfaisante : « L'éducation au Québec vise à développer la personne dans toutes ses dimensions : la personne est corps, intelligence, affectivité[40]. »

Personne ne contestera que le développement de l'être humain, c'est d'abord le développement du corps : la composante la plus évidente de l'être humain, c'est le corps – personne ne l'oublie. Or la première des qualités corporelles, c'est la santé. *L'Ecclésiastique* lui décerne un éloge bien connu : « Mieux vaut un pauvre sain et vigoureux qu'un riche éprouvé dans son corps. Santé et vigueur valent mieux que tout l'or du monde, un corps vigoureux mieux qu'une immense fortune. Il n'y a richesse préférable à la santé[41]. » Après la santé et la vigueur vient la beauté.

Montaigne prétend que « la première distinction qui ait été entre les hommes, et la première considération qui donna la prééminence aux uns sur les autres, il est vraisemblable que ce fut l'avantage de la beauté[42]. » Puis, selon le métier que l'on exerce ou le sport que l'on pratique, telles ou telles qualités seront requises : rapidité, force, souplesse, endurance, etc. C'est dans l'acquisition et la conservation des qualités corporelles que les humains investissent le plus.

La deuxième composante de la définition de la personne, c'est l'intelligence. Développer une intelligence, c'est lui faire acquérir des qualités que l'on groupe spontanément sous les mots *sciences* et *arts*. Sciences : physique, histoire, mathématique, psychologie, économique, anthropologie, philosophie, théologie, etc. Arts : arts libéraux, arts ménagers, beaux-arts, arts décoratifs, arts du spectacle, etc. Ces qualités ne sont pas faciles à mesurer chez un peuple. Le PNUD ne s'y est pas essayé : pour le moment, il s'en tient à compter les années de scolarité.

La troisième composante de la personne, c'est l'affectivité, moteur de l'action : sans elle, on ne bougerait pas. En effet, c'est la soif qui conduit les pas à la source; c'est la faim qui fait sortir le loup du bois; c'est la peur qui fait déguerpir; c'est l'espoir qui fait entreprendre; c'est la compassion qui soulage la misère; c'est l'amour qui rapproche; c'est le désespoir qui pousse au suicide.

Si l'on veut non seulement agir, mais *bien* agir, c'est-à-dire agir *comme il convient* à des êtres intelligents, il faut domestiquer son affectivité, l'apprivoiser. Une peur non disciplinée fait poser des actes regrettables. Et il en est ainsi de tous les autres mouvements de l'affectivité. Or ce sont les qualités morales ou vertus morales qui domestiquent les divers mouvements de l'affectivité. Une personne courageuse, c'est une personne qui, par des actes répétés, est parvenue à contrôler sa peur; une personne douce, c'est une personne qui est parvenue à contrôler

sa colère; une personne sobre contrôle son inclination aux boissons enivrantes; une personne chaste contrôle sa libido. Les
qualités ou vertus morales sont dans l'affectivité comme dans
leur sujet. Les gouvernements investissent très peu dans cette
dimension essentielle de l'être humain.

Il sera question de la dimension religieuse de l'être humain
dans le chapitre intitulé *Écoles, églises, synagogues ou mosquées?*

***

Pour ne pas se fourvoyer en interprétant les rapports du
PNUD, il faut distinguer trois choses : 1) le développement humain lui-même, que le PNUD n'a pas encore commencé à
mesurer; 2) la gamme des possibilités qui s'offrent à chacun
dans un pays, abstraction faite de l'usage que chacun en fait;
3) trois facteurs – parmi bien d'autres – d'élargissement de la
gamme des possibilités qui s'offrent à chacun et que le PNUD
appelle l'indice de développement humain – IDH.

Les rapports du PNUD s'en tiennent, jusqu'à maintenant, à
la mesure de ces trois facteurs d'élargissement de la gamme
des possibilités qui s'offrent à chacun; ils mesurent l'IDH. Ce
n'est pas demain qu'ils mesureront le développement humain
« axé sur la personne ».

Le Canada est-il le meilleur pays au monde? Aucun des indicateurs retenus par le PNUD ne permet de l'affirmer : les trois
composantes de l'IDH ne signifient surtout pas que le pays en
tête dans ce tableau offre la meilleure qualité de vie à ses citoyens. On le disait premier ou deuxième avant des ajustements
dont personne ne conteste le bien-fondé. À part un politicien
au pouvoir, quel Canadien se serait vanté d'être premier au
monde si l'on fait abstraction du traitement fait aux femmes et si
l'on ferme les yeux sur l'inégalité de la répartition des revenus?
Bref, le Canada figure parmi une douzaine de pays du monde

où il fait bon vivre. Il est prétentieux d'en dire davantage, et il est stupide de le faire en invoquant le PNUD.

Chapitre 6

La sagesse du talion

Me Jacques Gagné, professeur retraité de la faculté de droit de l'Université Laval, nous livrait ses opinions sur la tragédie d'Oklahoma, dans *Le Soleil* du 25 juillet 1997. Ce drame et bien d'autres encore plus barbares fournissent l'occasion de réfléchir de nouveau sur les problèmes de la peine de mort, de la vengeance, du pardon et, pourquoi pas? de l'amour des ennemis.

Me Gagné est un « abolitionniste » inconditionnel : « L'énormité de l'action criminelle accomplie par [Timothy McVeigh] ne doit pas ébranler notre ferveur abolitionniste », écrit-il. L'énormité, en l'occurrence, c'est 168 morts et environ 500 blessés. Aux « croyants » qui seraient ébranlés par ces chiffres, il rappelle que « le message évangélique légué par le Christ a répudié la loi du talion de l'Ancien Testament ». La loi du talion, c'était « vie pour vie, œil pour œil, dent pour dent, pied pour pied, brûlure pour brûlure, meurtrissure pour meurtrissure, plaie pour plaie[43] ». Timothy McVeigh est un ange à côté de Pol Pot et de ses lieutenants, Khieu Samphan et Nuon Chea, que le premier ministre du Cambodge, Hun Sen, accueillait avec « un bouquet de fleurs dans un esprit de réconciliation nationale », à la fin de 1998.

Le sens véritable du talion

Tout d'abord, il est inexact d'affirmer que le Christ « a répudié » la loi du talion de l'Ancien Testament. Répudier une loi, c'est l'abolir, la rejeter. Or le Christ lui-même a dit et répété qu'il n'était pas venu abolir la loi, mais « l'accomplir », c'est-à-dire la perfectionner, la rendre parfaite.

La loi du talion n'était pas exclusive à l'Ancien Testament : on la retrouve dans le code de Hammourabi et dans les lois assyriennes. Elle n'était pas dépourvue de sagesse non plus; elle visait surtout à limiter les excès trop fréquents dans la vengeance : pour un œil, certains prenaient les deux, voire la vie[44]. « Où est l'homme, se demande saint Augustin, qui se contente de répondre par une vengeance égale à l'offense? Ne voyons-nous pas des hommes qu'une légère offense pousse à méditer le meurtre? Qui, pour un coup de poing, ne cite pas l'agresseur en jugement afin de le faire condamner ou, s'il préfère régler l'affaire lui-même, ne couvre son ennemi, des pieds jusqu'à la tête, de coups de poing et de coups de pied? C'est donc pour fixer de justes bornes à cette vengeance immodérée et, partant, injuste que la loi ancienne a institué la peine du talion, c'est-à-dire statué que chaque personne lésée infligerait un châtiment égal à l'injustice subie. D'où il suit que ces mots : œil pour œil, dent pour dent, bien loin d'aiguillonner la vengeance, posent des limites à la fureur[45]. » Il existe une juste vengeance, poursuit saint Augustin, et le précepte : *Œil pour œil, dent pour dent*, avait pour but de la rendre possible.

On vous a dit : « *Œil pour œil, dent pour dent* », rappelle le Christ; mais moi, je vous dis de ne pas tenir tête au méchant, de présenter l'autre joue à celui qui vous a frappé. En parlant ainsi, il n'abolit pas l'ancien précepte : il le complète, en indiquant la manière d'aller plus loin. La manière de dépasser l'« œil pour œil », c'est de ne pas se venger quand il est raisonnable de renoncer à son droit de se venger. La loi du talion n'obligeait pas la personne qui s'était fait casser une dent à en casser une à son agresseur; elle le mettait en garde contre le désir de lui en casser trois ou quatre pour une, mais elle lui laissait la liberté de ne lui en casser aucune, de fermer les yeux – de ne pas se regarder dans le miroir.

À propos de Timothy McVeigh, condamné à mort, l'évocation de la loi du talion n'est pas appropriée, car cette loi n'a rien à voir avec la peine qui lui a été imposée : une vie pour 168 vies, ce n'est pas vie pour vie, comme le demande la loi du talion! Et il n'a pas été question que les 500 blessés de McVeigh lui infligent chacun les blessures subies lors de l'explosion, comme le permet la loi du talion. Si McVeigh avait cassé une dent à 100 personnes, la loi du talion aurait permis que chacune des 100 personnes lui en casse une! Or, en supposant qu'il les ait encore toutes, il n'en a que 32! Si, parmi les 500 blessés, trois avaient perdu un œil, McVeigh aurait dû en perdre trois. On voit assez qu'on n'a pas appliqué à McVeigh la loi du talion.

La Conférence des évêques catholiques du Canada publiait, le 19 mars 1987, dans la revue *L'Église canadienne*, un article abolitionniste intitulé : *La peine de mort, escalade de la violence.* « La vie humaine est sacrée, disait-on, personne n'a le droit de la mutiler, de la détruire. Aucune autorité, aucune société ne peut s'arroger ce droit premier, bien qu'elle puisse restreindre l'exercice des autres droits qui en découlent. » C'était rompre, sans le signaler, avec l'enseignement de la philosophie que j'avais reçu et professé moi-même. Quand un citoyen constituait un danger grave pour le bien commun, on concluait que le responsable du bien commun était justifié de le supprimer. On apportait la comparaison du corps humain, dont on ampute le membre gangreneux qui met la vie en péril. Des générations de Québécois ont rencontré cet argument dans le *Cursus philosophiæ* d'Henri Grenier[46], un ouvrage portant toutes les garanties d'usage : *Nihil obstat, Imprimi potest* et *Imprimatur* de Jean-Marie Rodrigue, Cardinal Villeneuve, O.M.I. L'article des évêques n'aura été qu'une brève lueur d'espoir pour les abolitionnistes, car le *Catéchisme de l'Église catholique* réitérait, en 1992, l'enseignement traditionnel de l'Église sur la peine capitale, réservée aux cas d'une extrême gravité (§ 2266).

Le 1er mars 1998, dans sa chronique du dimanche, Mgr Maurice Couture, archevêque de Québec, répondait à une question sur la peine de mort. Il nous apprenait que la version latine du *Catéchisme de l'Église catholique* (parue en 1997) « apportera une retouche au texte de l'édition française (1992) pour restreindre encore la légitimité de la peine de mort. » Et il citait *L'Évangile de la vie* de Jean-Paul II : « ... les cas d'absolue nécessité de supprimer le coupable sont désormais assez rares [j'apprécierais des exemples], sinon même pratiquement inexistants » (§ 50). Il n'est pas interdit de présumer qu'une édition « latine » éventuelle du même catéchisme adoucirait ce qu'on y dit présentement de l'homosexualité.

Le message évangélique semblait « répudier » la loi du talion alors qu'en réalité il la perfectionnait. Et il est intéressant de savoir que, 350 ans avant le discours sur la montagne, Aristote avait critiqué cette loi dans son *Éthique à Nicomaque* : « Pour certains, écrit-il, le juste, c'est ce qu'on fait subir à autrui après l'avoir subi de lui[47]. » Puis, il montre que cette loi du talion ne s'accorde ni avec la justice distributive ni avec la justice corrective. Aristote n'approuverait pas le bedeau giflé par son évêque de l'avoir giflé en retour. Les gifles n'ont pas toutes même valeur, ni les yeux, ni les dents. Au regard d'Aristote, un œil de pape vaut plus qu'un œil de clochard. Quant à la justice distributive, elle s'exerce selon la proportion, le mérite ou le besoin et non selon l'égalité simple.

Me Gagné dénonce le « mythe de l'exemplarité ». « La majorité des recherches, affirme-t-il, concluent que la peine de mort ne comporte aucun effet dissuasif à l'égard de meurtriers virtuels. » Pour savoir de façon certaine que la peine de mort n'a aucun effet dissuasif, il faudrait cloner une société et faire vivre, dans des conditions identiques, l'un des clones sous le régime de la peine de mort et l'autre sous le régime de l'abolition. Comme c'est impossible, la logique interdit d'affirmer avec certitude que « la peine de mort ne comporte aucun effet dissuasif ». L'ex-professeur donne ensuite ce qui lui semble les raisons du caractère non dissuasif de la peine capitale : « Le criminel est trop obsédé par l'élaboration de son forfait, et la réalisation de son infraction obéit à trop d'impératifs, dont il n'a pas le contrôle, pour se laisser freiner par des sanctions lointaines. » Ce n'est assurément pas le cas de tous les meurtriers.

Si la peine de mort n'a aucun effet dissuasif, la question se pose de savoir si les autres peines en ont un. Sinon, faut-il les supprimer? Avant d'en arriver là, faisons un rappel de la triple vertu que la tradition attribuait aux châtiments : 1) un rôle expiatoire; 2) un rôle préventif; 3) un rôle dissuasif. Le coupable expiait sa faute par le châtiment qu'on lui imposait et l'on pensait diminuer la probabilité de récidive quand on lui laissait la vie. Quant aux autres criminels en puissance, on espérait les dissuader de commettre le même crime.

Pour une certaine école[48], « le criminel est un dégénéré irresponsable, la société elle-même étant responsable de son état ». Cette idée ne date pas d'hier. Thomas More – décapité en 1535 pour avoir désapprouvé le divorce d'Henri VIII – interpelle les chefs : « Que faites-vous d'autre, je vous le demande, que de fabriquer vous-mêmes les voleurs que vous pendez ensuite[49]? » Que faire, alors? Abolir la peine de mort? Fermer les prisons? Se contenter de faire réparer les injustices dans la mesure du possible? Les gens sont révoltés par certains crimes; mais, au prononcé de la sentence, des années plus tard, parfois, ils ont oublié la victime; elle ne souffre plus; la peine la plus sévère ne lui rendrait pas la vie, et ils ne sont désormais sensibles qu'au sort du criminel; plus sensibles au mal présent qu'au mal passé. C'est pourquoi « l'histoire de la peine est celle de son abolition constante ». « Dans nos sociétés, on punit comme à regret et l'on donne au coupable toutes les occasions de se défendre et d'échapper à la sanction[50]. »

Le Soleil du 7 février 1999 rapportait d'étonnants propos du juge en chef de la Cour suprême du Canada. (J'intercale mes commentaires aux propos du juge.) : « Si vous voulez éviter de condamner un innocent, il faut en payer le prix. Ce prix revient à acquitter un certain nombre de personnes coupables. » Selon le juge, il faut acquitter des « personnes coupables » pour ne pas en condamner d'innocentes! Plutôt aberrant. Il appelle « personnes coupables » des accusés dont la culpabilité n'a pas été établie hors de tout doute raisonnable. Et le juge de poursuivre : « La question à se poser est celle-ci : Combien de personnes coupables sommes-nous prêts à acquitter en vertu du principe du doute raisonnable afin de nous assurer que nous ne condamnons pas d'innocents? » La réponse : aucune! Il ne faut acquitter aucune personne dont la culpabilité laisse subsister un doute raisonnable. Quand les tribunaux acquittent un accusé dont la culpabilité n'a pas été établie hors de tout doute raisonnable, ce n'est pas une « personne coupable » qui est acquittée; s'ils ne condamnent que les accusés dont la culpabilité a été établie hors de tout doute raisonnable, ils sont sûrs de ne pas condamner d'innocents.

N'importe quel moraliste répondrait au juge que l'on commet une injustice en déclarant coupable un innocent, mais que l'on n'en commet pas en déclarant innocent un criminel dont la culpabilité n'a pas été établie hors de tout doute raisonnable. Pour ne pas condamner d'innocents, dit le juge, il faut donc être prêt à acquitter un certain nombre de personnes coupables. Incroyable! Le jury n'acquitte pas des « personnes coupables » : il acquitte des accusés dont la culpabilité n'a pas été établie hors de tout doute raisonnable. Et je vois mal comment on peut démontrer, hors de tout doute raisonnable, qu'une personne innocente a commis un crime. Au sujet de la peine de mort en particulier, la justice morale n'hésite pas à laisser courir dix-neuf meurtriers plutôt que de compter un seul innocent parmi les vingt condamnés qui marchent vers la potence. Si la moindre possibilité d'innocence subsiste, on ne condamne pas. Le juge en chef semble plus préoccupé de condamner jusqu'au dernier coupable même s'il doit englober le premier innocent. Il devrait savoir qu'on ne lui demande pas de condamner tous les coupables : on lui demande de ne condamner aucun innocent.

La juste notion de pardon

Me Gagné évoque ensuite « l'invitation surprenante de tendre la joue épargnée à l'offenseur, [geste qui] symbolise un désir de pardon et de réconciliation entre l'agressé et l'agresseur ». On est moins surpris quand on lit, dans l'*Évangile* de saint Jean, que Jésus n'a pas présenté l'autre joue au garde qui l'avait giflé en disant : « C'est ainsi que tu réponds au grand prêtre? » Jésus répondit : « Si j'ai mal parlé, dis en quoi; mais, si j'ai bien parlé, pourquoi me frappes-tu? » Présenter l'autre joue, c'est comme arracher l'œil, couper le pied ou la main qui scandalisent. Il faut comprendre ce langage imagé. Pour les grands interprètes de l'Écriture, comme saint Jean Chrysostome, saint Jérôme, saint Augustin et d'autres, l'œil, la main et le pied, ce sont les amis. Et le cruel passage de l'Évangile devenait tout simplement : Si l'un de tes amis te scandalise, retranche-le de ta société, éloigne-toi de lui, car tu seras mieux sans lui dans le royaume des cieux qu'en sa compagnie dans la géhenne. Le bon sens a toujours priorité sur la lettre de l'Écriture.

Il est plus facile de pardonner en latin!

Le mot *pardon* est familier aux chrétiens. En récitant le *Pater noster*, les francophones disent : « Pardonnez-nous nos offenses comme nous pardonnons à ceux qui nous ont offensés. » En français, c'est *pardonner*; en latin, *dimittere*, verbe qui revêt plusieurs significations, dont une qui touche à mon sujet : *dimittere injuriam impunitam* – laisser une injustice impunie. *Injuria* se traduit rarement par *injure*. Ce mot est formé d'un préfixe privatif *in*, comme dans *infidèle*, et de *juria*, dérivé de *jus*, droit. L'injure est un acte contraire au droit, à la justice. *Dimittere injuriam impunitam*, c'est laisser l'injustice impunie. La *Bible* de Jérusalem dit : « Remets-nous nos dettes comme nous-mêmes avons remis à nos débiteurs[51]. » La *Bible* de Maredsous est plus vague : « Pardonnez-nous nos offenses comme nous pardonnons à ceux qui nous ont offensés. » Le mot *offense* vient du latin *offendere*, dont le premier sens est heurter : *offendere caput*, c'est se cogner la tête et non l'offenser!

Pardonner, c'est précisément *dimittere injuriam impunitam* – laisser l'injustice impunie; c'est renoncer à tirer vengeance. La personne qu'on invite à pardonner, c'est celle qui a le droit d'exercer la vengeance, le droit d'infliger un châtiment égal à l'injustice commise. Ce peut être la personne lésée directement ou indirectement; ce peut être le responsable du bien commun par l'intermédiaire du système judiciaire. Je suis lésé directement quand l'injustice a été commise contre moi-même – ma personne ou mes biens; je suis lésé indirectement quand l'injustice a été commise contre mon conjoint, mes enfants, ma parenté, mes amis, mon pays, etc. Dans chacun de ces cas, je suis naturellement incliné à tirer vengeance des injustices commises. Je puis pardonner l'injustice commise contre moi-même – directement ou indirectement –, mais il ne m'appartient pas de pardonner à la place des autres.

Aussi Hun Sen a-t-il soulevé un tollé de protestations en accueillant à Phnom Penh, à la fin de décembre 1998, les deux acolytes de Pol Pot, Khieu Samphan et Nuon Chea : « Ceux qui, un jour, ont fait la guerre, sont sur le point de réintégrer la société; c'est pour cela que nous devons les accueillir non pas avec des armes, des balles, des prisons ou des menottes, mais avec un bouquet de fleurs dans l'esprit de réconciliation nationale. » La photo de Boutros Boutros-Ghali fraternisant, tout souriant, avec Khieu Samphan, tout souriant lui aussi, a provoqué des nausées. L'oubli du passé, le pardon et la réconciliation ont des limites, largement dépassées dans ces deux cas.

L'abbé Pierre suggère un comportement moins lâche en-

vers les tortionnaires. Dans son *Testament*, il rappelle que la télévision montrait, « il n'y a pas si longtemps – assis à une même
table des Américains, des Anglais, des Français avec... Pol Pot!
Et personne ne lui crachait à la figure! On lui serrait la main, on
lui faisait des courbettes... » (p. 32). Il appartient au tribunal pénal international de déterminer le traitement à faire subir aux
leaders khmers rouges, responsables de la mort atroce de deux
millions de Cambodgiens entre 1975 et 1979 – 20 % de tout le
peuple.

Quand, après un crime, la Justice prend les choses en main,
la personne lésée ou ses proches auraient beau pardonner, le
coupable n'échapperait pas au châtiment en invoquant leur
pardon. Par contre, quand le chef de l'État invite à l'oubli du
passé, à la réconciliation, les victimes ou les parents des victimes peuvent lui rappeler qu'il ne lui appartient pas d'oublier le
passé des autres.

« Lorsque nous pardonnons, dit saint Augustin, nous renon-
çons d'une certaine manière à notre droit[52]. » C'est pourquoi,
dans sa version latine, le *Pater noster* parle de dettes. C'est mieux
que nos vagues offenses. Or une dette peut être réclamée sans
injustice, mais elle peut aussi être remise. Pardonner, c'est remettre la dette dont on pourrait, sans injustice, réclamer l'acquittement. La personne qui a entaché ma réputation est en
dette envers moi comme si elle avait endommagé ma propriété.
J'ai le droit de réclamer une réparation, comme il m'est possible
de lui remettre sa dette.

L'amour humanisé des ennemis

Allons d'abord à l'étymologie, fort éclairante, du mot *ennemi*. *Ennemi* est le contraire d'*ami*. On le voit bien en latin :
amicus, ami, et son contraire, *inimicus*, de *in-amicus*, devenu
ennemi en français. L'amitié étant un amour de bienveillance,
son contraire se définira par la malveillance. Mon ami est bien-

veillant envers moi; bienveillant, il me veut du bien. Mon ennemi est malveillant; malveillant, il me veut du mal, il cherche à
me nuire. Envers un ennemi, on peut adopter quatre attitudes :
l'aimer, chercher à le ramener à de meilleurs sentiments, l'empêcher de nuire, le punir ou le faire punir s'il a réussi à nuire.

J'ai souvent entendu des homélies sur l'amour des ennemis.
Il me semblait inhumain de les mettre en pratique. De même
qu'il y avait jadis, à la table, la place du *quêteux*, j'avais l'impression qu'il aurait fallu créer la place de l'ennemi. « Vous avez
entendu qu'il a été dit : Tu aimeras ton prochain et tu haïras ton
ennemi. Eh bien! moi je vous dis : Aimez vos ennemis, et priez
pour vos persécuteurs, afin de devenir fils de votre Père qui est
aux cieux, car il fait lever son soleil sur les méchants et sur les
bons, et tomber la pluie sur les justes et sur les injustes[53]. » Il
semble bien ici que le Christ « répudie » l'ancien précepte : « Tu
haïras ton ennemi » pour le remplacer par un nouveau : « Aimez
vos ennemis. »

Voyons l'explication de Thomas d'Aquin, qui s'inspire de celle
d'Augustin et la complète. Il distingue trois points de vue. Premier point de vue : votre ennemi en tant qu'il est votre ennemi.
De ce point de vue, rassurez-vous, il faut le haïr... L'aimer, ce
serait pervers et contraire à la charité. Un exemple vous fera
revenir de votre stupéfaction. Un homme a tué votre meilleur
ami. La charité chrétienne vous demande de le haïr en tant qu'il
a tué votre meilleur ami. L'aimer en tant qu'il est votre ennemi,
ce serait l'aimer en tant qu'il a tué votre ami, ce qui est absurde.
Deuxième point de vue à considérer : votre ennemi en tant
qu'il partage avec vous la nature humaine. De ce point de vue
général, on aime en lui cette nature humaine créée à l'image de
Dieu. Et l'on aime toutes les qualités qu'il possède. Enfin, du
point de vue des bienfaits que l'amour du prochain incite à
dispenser, une autre distinction s'impose selon qu'il s'agit du
général ou du particulier. Quand un chrétien prie pour son peuple en général, la charité chrétienne lui interdit de demander à

Dieu d'exclure ses ennemis; s'il fait creuser une piscine pour la communauté, il n'en fera pas interdire l'accès à ses ennemis. Il imite ainsi le Père qui fait pleuvoir sur les justes et sur les injustes. S'il s'agit de tel ennemi particulier, il faut être disposé à lui venir en aide dans le cas de nécessité. Par exemple, votre ennemi s'enfonce dans le sable mouvant : vous lui lancez une corde au lieu de lui peser sur la tête avec votre pied. Dispenser des bienfaits à un ennemi quand il n'y a pas nécessité de le faire, c'est un comportement qui relève de la perfection de la charité, soucieuse de changer les dispositions de son ennemi en lui faisant du bien. En somme, il n'y a rien d'héroïque dans cette doctrine, et vous vous sentez capables d'aimer vos ennemis[54].

Un ennemi cherche à nuire. C'est la définition même d'un ennemi. Cette menace commande une double attitude. En effet, l'homme entretient une inclination naturelle à repousser les méfaits qui peuvent l'atteindre de la part d'autrui – première attitude – et à punir ceux qui l'ont frappé ou qui ont frappé les siens – deuxième attitude. Cette inclination naturelle a besoin, comme toute autre inclination naturelle, d'être réglée si l'on veut éviter l'excès et le défaut, le trop et le trop peu quand il y a lieu d'empêcher un ennemi de nuire ou de le punir d'avoir nui. Comme c'est le propre de la vengeance de repousser le mal et de le punir, la vertu qui règle cette inclination, c'est la vertu morale de vengeance. Parfois, on recourt aux tribunaux, mais ce n'est pas toujours possible : il se présente souvent des occasions où un particulier doit mettre en garde des gens qui cherchent à nuire ou leur faire regretter d'avoir nui. C'est cette vengeance que la personne privée est appelée à exercer qui est une vertu morale[55].

***

La loi du talion n'est pas une incitation, mais un frein à la vengeance. Dent pour dent, c'est une dent pour une dent et non deux ou trois dents pour une, comme cela se produit couramment. Le choix demeure de n'en prendre aucune, il va sans dire, ce qui constitue la perfection chrétienne de la loi du talion.

Quant à la peine de mort, si on la maintient pour des crimes d'une exceptionnelle gravité, il faut éviter, au prix d'innombrables acquittements, de conduire un innocent à la potence. On commet une injustice en déclarant meurtrier un innocent, mais on n'en commet pas en déclarant innocent un meurtrier dont la culpabilité n'est pas établie hors de tout doute raisonnable.

En allant au Pater noster, on a clarifié aisément la notion de pardon. En latin, notre pâle : « Pardonnez-nous nos offenses comme nous pardonnons à ceux qui nous ont offensés » se dit : « *Et dimitte nobis debita nostra, sicut et nos dimittimus debitoribus nostris.* » En latin, il est question de dette et de débiteur. Pardonner, c'est remettre une dette dont la justice permettrait de réclamer l'acquittement.

Enfin, il suffit à l'amour chrétien des ennemis qu'on soit disposé à venir en aide à son ennemi dans le cas de nécessité : il va se noyer, il est blessé sur le bord de la route, etc. Il n'y a rien d'héroïque là-dedans. Faire du bien à un ennemi quand il n'y a pas nécessité, c'est un comportement qui relève de la perfection de la charité, soucieuse de changer les dispositions d'un ennemi en lui faisant du bien.

Chapitre 7

Dur, dur d'être un fœtus!

Un jour, les médias nous apprenaient que la Cour supérieure de l'Ontario devait décider si un fœtus est bien un être humain. C'était dans l'affaire *Brenda Drummond*, cette mère qui avait tiré un plomb dans la tête du fœtus qu'elle portait, deux jours à peine avant la naissance. Un autre jour, ils affichaient que le fœtus n'a pas de droits juridiques. Cette fois, c'était la réponse de la Cour suprême du Canada dans l'affaire de la jeune femme de Winnipeg qui inhalait de la colle sans se soucier des conséquences éventuelles pour son fœtus.

Les réponses à toutes les questions sur le fœtus : est-il un être humain? est-il une personne? a-t-il des droits? dépendent de la qualité de la personne interrogée : juriste, philosophe, démographe, mathématicien, chauffeur d'autobus, préposé à un funiculaire, etc. Le chauffeur d'autobus qui crie : « J'ai de la place pour 42 personnes » ne compte pas pour deux la femme manifestement enceinte. Pour lui, une femme enceinte, c'est une seule personne. Demandez à un mathématicien si le fœtus est un être humain, il répondra : « En tant que mathématicien, les fœtus ne me concernent pas plus que les extraterrestres. »

Avant de nous aventurer sur ce terrain miné, précisons d'abord le sens du mot *fœtus*. Le produit de la conception humaine – dont il est question en ce moment – porte trois noms, selon le stade de son développement. Il est d'abord un zygote : œuf fécondé, produit de l'union des gamètes. Ce mot bizarre – *zygote* – vient d'un mot grec qui signifie *attelé*. L'œuf fécondé, c'est un œuf attelé à un spermatozoïde. Au stade suivant, le zygote accède au rang d'embryon, mot dérivé d'un verbe grec qui signifie *croître*. On emploie d'abord le mot à propos des ovipares : un embryon de poulet; on l'emploie ensuite à propos des vivipares pour désigner la période de développement qui se situe entre celle des feuillets et celle du fœtus. Enfin, l'embryon reçoit le nom de fœtus quand le produit de la conception commence à présenter les caractères distinctifs de l'espèce. À ce stade-là, on distingue à l'œil nu un fœtus humain d'avec un fœtus canin ou porcin. Voyons maintenant les principales réponses à la question : le fœtus est-il un être humain?

1. Le fœtus est-il un être humain?

La réponse à cette question dépend de la qualité de la personne interpellée : juriste, scientifique, philosophe, théologien, etc. Commençons par le plus facile. Adressons-nous au juriste.

La réponse du juriste

La réponse du juriste à la question soulevée va dépendre des lois existantes. Dans certains pays, on pourrait trouver des lois qui affirment que le fœtus est un être humain; dans d'autres pays, on pourrait trouver des lois qui affirment que le fœtus n'est pas un être humain; enfin, dans les autres pays, on pourrait ne trouver aucune loi qui réponde à cette question.

À ce moment-ci, je ne puis m'empêcher de penser à Pascal. « Pourquoi me tuez-vous? – Eh quoi! ne demeurez-vous pas de l'autre côté de l'eau? Mon ami, si vous demeuriez de ce côté, je serais un assassin, et cela serait injuste de vous tuer de la sorte; mais puisque vous demeurez de l'autre côté, je suis un brave, et cela est juste. » « Trois degrés d'élévation du pôle renversent toute la jurisprudence, un méridien décide de la vérité. [...] Plaisante justice qu'une rivière borne! Vérité au deçà des Pyrénées, erreur au delà[56]. » La justice sur laquelle Pascal ironise, c'est la justice légale, c'est-à-dire la justice des lois et des tribunaux. Il n'en est pas ainsi de la justice morale, car, comme le dit fort bien Voltaire : « La morale est la même chez tous les hommes qui font usage de leur raison[57]. »

Le juriste cherche dans ses codes – et non dans sa conscience – les réponses aux questions qu'on lui pose. À l'article 223 du *Code criminel*, le juriste de la Cour suprême tient sa réponse à notre question : « Un enfant devient un être humain au sens de la présente loi lorsqu'il est complètement sorti, vivant, du sein de sa mère : a) qu'il ait respiré ou non; b) qu'il ait ou non une circulation indépendante; c) que le cordon ombilical soit coupé ou non. Commet un homicide quiconque cause à un enfant, avant ou pendant sa naissance, des blessures qui entraînent sa mort après qu'il est devenu un être humain. » Sorti jusqu'au nombril, il n'est pas un être humain. La loi, c'est la loi!

Cet article du *Code criminel* contient une imprécision. Ce qui sort du sein de la mère, ce n'est pas un enfant, mais bien un fœtus: en français, un enfant, c'est un être humain dans l'âge de l'enfance, et l'enfance est la première période de la vie humaine : elle s'étend de la naissance à l'adolescence. Le *Code criminel* devrait donc dire qu'un *fœtus* – et non un *enfant* – devient un être humain, etc. La femme enceinte qui subit une fausse couche après six mois de grossesse continuera de dire, en dépit du *Petit Robert*, qu'elle a perdu son enfant, même si, rigoureusement, elle a perdu un fœtus.

Remarquons aussi que le *Code criminel* précise : *au sens de la présente loi*. Cette formule laisse entendre que, d'un autre point de vue – éthique, science, bon sens, foi, etc. – on peut devenir un être humain à un autre moment ou d'une autre manière. Notons, cependant, que le *Code criminel* affirme que l'enfant est un être humain. Et l'on est enfant de la naissance à l'adolescence.

Il est donc clair, d'une part, qu'il existe des noms pour désigner chaque étape du développement humain : zygote, embryon, fœtus, enfant, adolescent, adulte, vieillard; et clair, d'autre part, que l'expression *être humain* recouvre plusieurs étapes. La question est de savoir si elle les recouvre toutes, jusqu'au zygote inclusivement.

La réponse du scientifique

La science fournit des renseignements intéressants en révélant des faits comme le code génétique, les chromosomes, les gènes, etc. Il semble bien que le capital génétique soit le même aux trois stades de développement : zygote, embryon, fœtus. Aucun scientifique n'a affirmé qu'on a d'abord un code génétique végétal, puis un code génétique animal et, finalement, un code génétique humain. Le code génétique humain semble présent dès le stade de zygote. Partant, on incline à conclure que le zygote est un être humain, même si, à l'œil nu, il ne présente pas les caractères distinctifs de l'espèce. À l'œil nu, on ne pourrait pas établir des catégories de zygotes : zygotes humains ici, zygotes porcins là, zygotes ovins là-bas, etc. J'ai employé « semble présent » parce que, n'étant pas biologiste, m'échappe l'évidence de ces choses. J'adhère à ces données de la science parce que je fais confiance à l'unanimité des biologistes.

La réponse du simple bon sens

Du point de vue du simple bon sens, on peut affirmer que le fœtus est un être réel, vivant. De plus, personne ne répugne à parler de fœtus humain. Dire *être humain*, c'est dire moins que *fœtus humain*. Le fœtus, c'est un être qui a déjà parcouru beaucoup de chemin depuis le temps où il était zygote. On reste donc au niveau du langage commun en disant que le fœtus est un être humain. De plus, à l'œil nu, n'importe qui dira que le fœtus est un être humain puisqu'il commence à présenter les caractères distinctifs de l'espèce. À l'œil nu, on peut dire que tel fœtus est un fœtus humain, tel autre un fœtus canin, tel autre un fœtus porcin, etc. Au stade de l'embryon et du zygote, c'est impossible à l'œil nu.

Mais voici comment le gros bon sens pousse plus avant la réflexion. Le processus enclenché au moment de la conception a pour terme un être humain dans la presque totalité des cas. Interrompre ce processus, c'est empêcher, dans la presque totalité des cas, un être humain de venir à l'existence. La femme qui se fait avorter ne dit pas : « C'est peut-être une truite qui ne verra jamais le jour. » L'argument serait valable même si, au moment de l'interruption du processus, le zygote, l'embryon ou le fœtus ne vivait que d'une vie végétative ou sensitive. En effet, détruire un végétal qui va devenir un être humain, c'est plus grave que de détruire un végétal qui va demeurer un végétal, car l'acte s'apprécie en considérant le terme du processus qu'il interrompt : interrompre le processus qui conduit à un meurtre, c'est louable; interrompre le processus qui conduit à un sauvetage, c'est blâmable.

La réponse philosophique

À la ligne de départ, le simple bon sens et la raison philosophique se tiennent côte à côte puisque la philosophie consiste à rendre un peu plus nettes, comme dit Paul Valéry, les notions reçues de tout le monde et qui servent à tout le monde. Bref, il s'agira de clarifier l'expérience commune, c'est-à-dire l'expérience que n'importe qui d'entre nous possède ou peut acquérir; on ne s'appuiera pas sur l'expérience spécialisée du biologiste, du psychologue ou du sociologue.

Dégageons le schéma d'une réponse philosophique à la question : « Le fœtus est-il un être humain? » En bonne pédagogie, on va du connu à l'inconnu. Le connu, en l'occurrence, c'est le domaine de l'art, de l'artisanat ou de la technique. Les œuvres d'art n'ont pas de secrets pour nous, qui les fabriquons. Par contre, la grenouille, le cheval, l'être humain sont encore pleins de mystères. Les biologistes en savent quelque chose.

Tirons de l'art un exemple infiniment simple : la fabrication d'une sphère de bois. Le processus s'enclenche près de l'arbre qu'une personne abat; du tronc, elle coupe ensuite une bûche; dans cette bûche, elle réalise la forme sphère. Le travail est terminé quand tous les points de la surface sont équidistants du centre. Nul mystère là-dedans; pas plus que dans la fabrication d'une chaise ou d'une table.

Dans la nature, les choses se passent différemment. Le sapin de nos forêts n'est pas fabriqué de l'extérieur comme un sapin de Noël artificiel. Il se développe à partir d'une semence, comme les animaux et les humains. On n'obtient pas un bouleau avec de la semence d'érable, ni un lapin avec de la semence de castor, ni un homme avec de la semence de chameau. On peut semer des carottes, des lapins et des hommes, mais on ne peut pas semer des chaises et des tables. Si l'on plante une chaise faite de bouleau et qu'il pousse quelque chose, ce ne sera pas une chaise, mais un petit bouleau. Ce n'est pas un artisan qui fabrique les grenouilles, mais la nature, assimilable à un art qu'on introduirait dans le matériau. Si l'on pouvait insérer dans le bois l'art de fabriquer une table, le bois deviendrait de lui-même une table, comme le gland devient de lui-même un chêne.

Le mot *forme*, que l'on employait en art et qui signifie d'abord un moule – moule à gâteau, moule à sucre d'érable, moule à béton –, les philosophes l'ont utilisé pour désigner ce qui fait que le cuivre est du cuivre et non du fer; que le sapin est un sapin et non un bouleau; que le lapin est un lapin et non un castor; que l'homme est un homme et non un chameau. Chaque être de la nature, en effet, recèle un principe structurant, une énergie organisatrice qui le fait ce qu'il est et le distingue des autres. Dans le même potager, on a des tomates, des carottes et des radis, même si l'arrosage, l'alimentation et le soleil sont les mêmes. Chacune de ces plantes structure à sa façon tout ce qui lui convient dans le milieu ambiant.

Chez les êtres vivants – végétaux, animaux et humains –, le principe structurant a reçu le nom d'âme : tout ce qui vit a une âme. Si l'on pouvait insérer dans un bouleau le principe structurant de l'érable, le bouleau se métamorphoserait en érable; de même, si l'on pouvait introduire dans le singe le principe structurant de l'être humain, le singe ne tarderait pas à parler. Un végétal est donc un végétal à cause de son âme végétative; une bête est une bête à cause de son âme sensitive; un humain est un humain à cause de son âme intellective.

Rappelons la question : Le fœtus est-il un être humain? Le philosophe va répondre qu'il en est un s'il possède une âme humaine. C'est l'âme humaine qui fait l'être humain, comme la forme sphère fait la sphère. Si vous posez, maintenant, la question suivante : « À quel moment le produit de la conception devient-il un être humain? » le philosophe va répondre : « Au moment de l'introduction de l'âme humaine. »

Mais quand donc l'âme humaine est-elle introduite? La question n'est pas tranchée définitivement. Dans les années 1950, à la faculté de philosophie de l'Université Laval, l'éminent professeur Charles De Koninck enseignait encore que le produit de la conception a d'abord une âme végétative, puis une âme sensitive et, enfin, une âme intellective ou humaine. *Enfin*, c'est-à-dire quand la matière est suffisamment préparée pour recevoir l'âme humaine. (Au sortir de la forêt, le bois n'est pas prêt à recevoir la forme chaise ou table.) Dans le manuel de philosophie d'Henri Grenier, on apprenait, à cette époque : « D'après l'opinion aujourd'hui assez communément reçue, la matière serait suffisamment disposée à recevoir l'âme humaine au moment même de la conception[58]. »

Cependant, Grenier concluait son exposé en disant qu'il ne fallait pas adopter cette opinion. Pourtant, il me semble qu'il faille l'adopter et que le professeur De Koninck ne suivrait plus Aristote et Thomas d'Aquin sur ce point. N'importe quel étu-

diant initié à la biologie lui demanderait de préciser l'espèce de
végétal qu'on a d'abord été – si l'on a été habité par une âme
végétative, on a été un végétal; puis l'espèce d'animal – si l'on
a été habité ensuite par une âme sensitive, on a été un animal.

2. Le fœtus est-il une personne?

La discussion rebondit si l'on introduit la notion de personne.
En français, il est clair qu'on peut employer comme synonymes
être humain et *personne*. Cependant, on rencontre des penseurs qui font une distinction entre un être humain et une personne. C'est leur privilège. Parfois, les conclusions qu'ils en tirent relancent la discussion. En l'occurrence, on s'enquiert de
leur définition de la personne. Tout est là. Plusieurs sciences
s'intéressent à la personne humaine, mais chacune a sa façon
de la définir: les sciences se distinguent pour leur manière de
définir leur objet.

J'ai consulté un *Vocabulaire de la philosophie* que j'ai sous
la main. Épais comme le doigt, il donne quand même sept définitions de la personne. Définition psychologique : « Individu se
connaissant et s'affirmant comme sujet un et permanent de la
vie psychologique. » Si mon interlocuteur fonctionne avec cette
définition, je lui concède tout de go que le fœtus n'est pas une
personne, et, a fortiori, n'en sont pas l'embryon et le zygote. En
biologie, l'homme est un mammifère primate de la famille des
hominiens, seul représentant de son espèce. Pour concéder que
cet animal est une personne, il faudrait en savoir davantage. En
droit, on a la personne physique, la personne morale et la personne civile ou juridique. La personne physique, c'est l'individu
humain. Il est une personne; mais, comme le fœtus devient un
individu humain ou un être humain après la naissance, le fœtus
n'est pas une personne aux yeux du juriste canadien. Il n'est pas
une personne morale, cela va de soi. Pour être une personne
civile, il faudrait qu'il ait des droits et des devoirs définis par la
loi.

Pour les philosophes, ce qui caractérise la personne, c'est l'intelligence; une intelligence de nature différente de celle des animaux. Cette intelligence étant une faculté de l'âme humaine, le fœtus la possède dès qu'il possède une âme humaine. Si le zygote possède déjà une âme humaine, c'est-à-dire une énergie organisatrice humaine –, il est une personne. Évidemment, il n'est pas une « grande personne », dirait le petit prince : ses potentialités ne sont pas encore développées. Quoi qu'il en soit, le raisonnement élaboré ci-dessus vaut également ici : détruire un être qui va devenir une personne humaine, c'est plus grave que de détruire un être qui va devenir une carotte ou une truite.

Il n'y a pas de mal à faire une distinction entre un être humain et une personne : le mal est attaché aux conclusions qu'on en tire. Aux gens qui font cette distinction, on demande d'abord leur définition de la personne; on leur demande ensuite ce qu'une personne humaine doit perdre pour être réduite à la condition, inférieure, selon eux, de simple être humain. Certains répondent qu'une personne humaine qui ne donne aucun signe d'intelligence n'est plus une personne humaine, mais un être humain. Elle est tombée, en quelque sorte, au niveau des animaux, et, redoutable conséquence, on peut moralement la traiter comme un animal : animal de laboratoire, euthanasie, etc. Que peut-on objecter?

Il arrive à une personne humaine de ne plus donner de signes d'intelligence à la suite d'un accident cérébral. Elle ressemble alors à un chirurgien qui n'aurait pas à sa disposition les instruments de son art. La main du plus habile chirurgien ressemblerait à celle du premier venu, mais elle recèlerait quand même en puissance un art qui lui a valu les plus grands éloges de Paul Valéry dans son *Discours aux chirurgiens*[59]. Il en est ainsi de la personne qui ne donne plus de signes d'intelligence à la suite d'un accident cérébral. Elle ressemble à un animal, mais elle possède en puissance une faculté qui recommencerait à fonctionner si l'organe dont elle a besoin pouvait être réparé.

Elle n'est donc pas plus assimilable à un animal qu'un chirurgien sans ses instruments n'est assimilable à une personne non chirurgienne et, partant, elle ne doit pas être traitée comme une bête.

3. Le fœtus a-t-il des droits?

On avait soumis à la Cour suprême du Canada le cas de la jeune femme de Winnipeg qui inhalait de la colle et qui avait refusé de se soumettre à une cure de désintoxication. La Cour suprême lui a donné raison. Il ne s'ensuit pas que ce tribunal trouvait morale la conduite de la jeune femme. Les juges de la Cour suprême, après avoir scruté leurs codes, avaient conclu : « Le fœtus n'a aucun droit juridique avant sa naissance. » On ne leur demandait pas de trancher du point de vue du bon sens, mais du point de vue des codes de lois en vigueur au Canada, terre de nos aïeux.

Un droit juridique ou légal, c'est un droit inséré dans une loi et, partant, que l'on peut revendiquer devant les tribunaux. Mais, en plus des droits juridiques, il existe des droits seulement moraux. Ils ne sont pas insérés dans des lois et, partant, on ne peut les revendiquer que devant le tribunal de la raison, du bon sens, de la conscience. Pour trop de gens, ne pas avoir de droits juridiques ou légaux, c'est ne pas avoir de droits du tout, car ils ignorent l'existence des droits moraux. Que la Cour suprême déclare « qu'un fœtus n'a aucun droit [juridique] avant sa naissance » n'a rien d'étonnant, car, pour un juriste qui se prononce en tant que juriste – même pour un juriste suprême –, il n'y a de droits que les droits juridiques ou légaux.

Au Canada, le fœtus n'a pas de droits légaux ou juridiques, mais a-t-il, chez nous et ailleurs, des droits moraux? La raison ou le bon sens étant la règle de moralité, un droit moral, c'est un droit reconnu par le bon sens, que ce droit fasse ou non l'objet d'une loi. Or personne ne trouve raisonnable qu'une mère risque de mettre au monde un enfant handicapé parce qu'elle s'adonne à la drogue ou à d'autres pratiques dangereuses pour le fœtus. C'est reconnaître au fœtus le droit moral de ne pas naître handicapé à cause de l'incurie de sa mère – ou de son père. Il n'est pas essentiel que ce droit moral accède au statut légal, car il est tellement facile de contourner la loi, alors que la protection morale de la conscience est omniprésente.

Le tribunal s'est demandé « jusqu'où il est possible d'aller pour protéger un fœtus. Lorsqu'une femme fume ou boit, devrait-elle être soumise à certaines mesures? » En matière de lois et de mesures, il vaut mieux pécher par défaut que par excès et compter sur le bon sens, « chose du monde la mieux partagée », selon Descartes, pour suppléer à la loi. D'ailleurs, même quand la loi se prononce, le bon sens, porte-parole de la morale, doit être vigilant, car un droit légal peut être immoral, un droit moral être illégal.

***

Si une science prouve à l'évidence que le fœtus est un être humain, une autre science ne pourra pas faire l'évidence du contraire. Si le cas semblait se présenter, il faudrait examiner la définition qu'elle donne de l'être humain. Il est évident qu'à partir de définitions différentes, une science peut conclure que le fœtus n'est pas un être humain, alors qu'une autre conclut qu'il en est un. À partir de définitions différentes encore, l'une va conclure que le fœtus est une personne, alors qu'une autre science va conclure qu'il n'en est pas une.

Le fœtus est un être humain au sens que j'ai donné à ces mots. En effet, qu'il soit un être, cela est incontestable : un fœtus, ce n'est pas du néant. De plus, on peut le qualifier d'humain puisqu'au stade de fœtus, il présente les caractères distinctifs de l'espèce. Remontons jusqu'au zygote. À l'instar du fœtus, le zygote est un être. Est-il un être humain? Comme il ne présente pas les traits caractéristiques de l'espèce, on ne pourrait l'affirmer à l'œil nu, mais on peut affirmer au moins qu'il est un être humain en puissance. Le simple bon sens peut affirmer que le processus amorcé au moment de la conception a pour terme un être humain dans la presque totalité des cas. Le détruire, c'est empêcher un être humain de voir le jour.

Le fœtus est-il une personne? Tout dépend encore de la définition de la personne avec laquelle on fonctionne. Si l'âme humaine est déjà dans le zygote, le zygote est une personne, mais une personne dont les puissances et les facultés ne sont pas développées. Le fœtus a-t-il des droits? Au Canada, il n'a pas de droits juridiques ou légaux, mais il a des droits moraux, c'est-à-dire des droits que la raison ou le bon sens lui reconnaît.

J'ai titré : Dur, dur *d'être un fœtus*. J'aurais pu titrer : *Les risques d'être un fœtus*. Chaque année, il se pratique, dans le monde, plus de soixante millions d'avortements. La guerre fait moins de victimes. Il est donc plus dangereux d'être un fœtus que d'être un soldat...

Chapitre 8

L'ingérence : un droit, un devoir ou un crime?

Les massacres de civils en Algérie avaient soulevé la question du droit d'ingérence de la communauté internationale dans les affaires d'un pays souverain. Et, en janvier 1998, « les spécialistes du droit international » se sont prononcés : « Le droit d'ingérence n'existe pas sur le plan juridique. » De telles interventions vont à l'encontre du principe de base du droit international, qui affirme la souveraineté des États.

Personne ne s'étonne que le droit international ne reconnaisse pas de droit d'ingérence de la communauté internationale dans les affaires d'un pays souverain, car, en français, l'ingérence, c'est l'action de s'ingérer; s'ingérer, c'est s'introduire quelque part sans en avoir le droit. Il est donc normal qu'il n'y ait pas de droit légal de faire ce qui est contraire au droit.

La discussion n'est pas terminée pour autant. Si s'ingérer, c'est s'introduire « indûment », la question se pose de savoir si l'on peut s'introduire dûment, c'est-à-dire d'une manière conforme à la justice morale sinon légale. Rattachons donc le mot *ingérence* au genre auquel il appartient : *intervention*. L'ingérence est une forme d'intervention. La distinction entre intervention et ingérence est assimilable à la distinction entre dénonciation et délation. La délation est une forme de dénonciation qui s'en distingue par les « motifs méprisables » qui l'inspirent. La délation est donc immorale; mais les motifs qui inspirent la dénonciation la justifient parfois : dénoncer des parents qui maltraitent leurs enfants, ce n'est pas de la délation.

Le droit international ne reconnaît pas de droit d'ingérence en raison de la souveraineté des États, soit, mais cette souveraineté n'est pas absolue. Par exemple, nos chartes québécoise et canadienne reconnaissent la liberté d'expression, mais cette liberté n'est pas absolue : elle a des limites. Il en est ainsi de la souveraineté des États. Cet attribut ne confère pas aux dirigeants d'un pays la liberté de commettre des crimes à l'intérieur de leurs frontières ou d'en laisser commettre.

Cependant, on ne peut pas, indifféremment, parler de droit ou de devoir : c'est l'un ou l'autre, car le droit appartient au créancier, qui revendique une chose; le devoir appartient au débiteur, pour qui la chose revendiquée est un dû, une dette. Il est loisible au créancier de renoncer à son droit, de remettre à son débiteur la dette contractée par ce dernier. Par contre, le devoir (au sens de dette, de dû) se situe du côté du débiteur. Ce dernier ne peut pas se remettre à lui-même la dette qu'il a contractée envers autrui. Ce serait par trop commode. Je te dois 50 $; oublions ça!

Si donc on fait de l'intervention un droit, aucun pays n'est contraint d'intervenir dans un autre où se commettent des crimes contre les droits de l'homme ou contre l'humanité. Un pays en mesure d'intervenir pourrait justifier son inaction en disant qu'il renonce à son droit... Mais, si l'on fait de l'intervention un devoir, la situation n'est plus la même : les pays qui en auraient les moyens seraient obligés moralement d'intervenir. La différence est énorme selon que l'on fait de l'intervention un droit ou un devoir. Dans les cas de crimes contre les droits de l'homme ou contre l'humanité, l'intervention est un devoir moral.

Dans la *Charte des droits et libertés de la personne* du Québec, on lit, à l'article premier : « Tout être humain a droit à la vie, ainsi qu'à la sûreté, à l'intégrité et à la liberté de sa personne. » À l'article 2 : « Tout être humain dont la vie est en péril a droit au secours. » Dans le même article : « Toute personne doit porter secours à celui dont la vie est en péril, personnellement ou en obtenant du secours, en lui apportant l'aide physique nécessaire et immédiate, à moins d'un risque pour elle ou pour les tiers ou d'un autre motif raisonnable. » L'article 7, qui stipule que « la demeure est inviolable » n'annule pas les deux articles précédents. Le droit à la vie et à l'intégrité de la personne de même que l'obligation de porter secours transcendent les murs, sinon cette obligation et ce droit ne seraient pas attachés à la personne, mais aux murs.

Le droit de propriété nous fournit un exemple analogue. À toutes les époques, des penseurs de toutes les origines et de toutes les croyances ont affirmé le principe que les biens de la terre sont mis à la disposition du genre humain et que chaque être humain détient un droit naturel ou moral d'y puiser pour son développement personnel. Cicéron enseigne qu'il n'existe pas de biens naturellement privés : la nature a produit tous ses biens pour l'usage commun des hommes[60]. Jean Chrysostome, saint et docteur de l'Église, est plus intransigeant que Cicéron : « Ne nous montrons pas plus féroces que les animaux les plus stupides. Chez eux, tout est commun : la terre, les sources, les pâturages, les montagnes, les bois[61]. » Enfin, saint Ambroise : « Ce n'est pas de ton bien que tu distribues au pauvre, c'est seulement sur le sien que tu lui rends. Car tu es seul à usurper ce qui est donné à tous pour l'usage de tous. La terre appartient à tous et non aux riches[62]. » Dans *L'utopie ou la mort!*, René Dumont parle comme un Père de l'Église : « La planète n'est pas le monopole des riches et des puissants, mais *propriété commune*, même si cette notion n'est pas inscrite dans le droit romain ni dans le *Code civil*[63]. »

Il ne suffit pas, il va sans dire, que Cicéron, quelques Pères de l'Église et René Dumont aient proclamé l'idée qu'il existe un bien commun mondial pour que nous la recevions comme incontestable : leur opinion doit rejoindre notre gros bon sens, et il semble bien qu'elle le rejoigne. En effet, personne ne soutiendra que les biens de la terre doivent être consommés à l'endroit où ils sont produits, et que chaque peuple doit vivre des seules ressources de son territoire. Il n'y aurait de vin que dans les pays où pousse la vigne; de fruits tropicaux que dans les pays chauds; de poésie que dans les pays où certaines personnes naissent poètes. Il est plus logique que les pays où abonde l'eau douce l'échangent pour du pétrole et du vin. Cela suffit, je pense, pour établir que les biens de la terre entière ne doivent pas être consommés sur place; qu'ils doivent s'échanger, puisqu'ils sont mis par la nature à la disposition du genre humain tout entier. Sur la grande table de la nature, les plats doivent circuler.

La terre et ses richesses ne sont pas restées longtemps une propriété commune de l'humanité. Le régime de la propriété privée s'est vite imposé chez les États et chez les individus. Dans les pays où l'on cherchait à éliminer une certaine forme de propriété privée chez les individus, on a défendu farouchement la propriété privée de l'État.

Le partage des richesses de la terre est beaucoup plus menacé – on pourrait dire compromis – par la propriété privée des pays que par la propriété privée des individus. En effet, il est plus facile d'aller chercher dans le champ d'un concitoyen que dans un État voisin les fruits et les légumes dont on a besoin. En temps de crise, l'aide vient plus rapide et plus généreuse de l'intérieur du pays que de l'extérieur.

Il existe un droit antérieur au droit de propriété : c'est le droit moral ou naturel de tout être humain à une part des richesses que la terre entière met à la disposition du genre humain. Des philosophes se sont demandé si, dans le cas de nécessité, il est licite de « voler ». Leur réponse à cette question débutait par l'énoncé du principe cicéronien suivant : « Ce qui est de droit humain ne doit pas déroger à ce qui est de droit naturel. » Or, en vertu du droit naturel, tout être humain a droit à sa part des biens que la nature met à la disposition de toute l'humanité. Quand donc il se présente des cas où le droit de propriété empêche des personnes de jouir de ce que leur accorde le droit naturel, la propriété cesse d'être un droit. Prendre alors ce qui est nécessaire à sa subsistance ne constitue pas un vol, puisque le droit de propriété n'existe plus dans le cas d'extrême nécessité. Ces philosophes ne concluaient donc pas qu'il était « licite de voler dans le cas d'extrême nécessité », mais que ce n'était pas voler que de prendre alors ce qui appartient à autrui.

La propriété est un droit parce qu'elle permet aux biens mis à la disposition de tous de mieux satisfaire les besoins de chacun. Quand la propriété viole ce droit antérieur, elle n'est plus un droit. De même, si les murs d'une maison violent le droit à la vie de la conjointe d'une brute qui la menace, l'intimité de ces murs n'est plus protégée par la Charte des droits. Quelqu'un qui serait en mesure de protéger la vie menacée ne devrait pas se soucier de l'article qui stipule que « la demeure est inviolable ».

Il en est ainsi des frontières d'un pays. Comme les murs d'une maison, elles sont censées garantir des droits fondamentaux; des droits attachés aux personnes et non aux frontières. Dans les cas où les frontières ne jouent pas leur rôle, les Nations Unies ont le devoir d'intervenir dans les pays où se commettent des crimes contre la personne ou contre l'humanité que les pouvoirs en place, si légitimes soient-ils, sont impuissants à prévenir.

À l'aube du XXIe siècle, l'ONU est au genre humain ce que le gouvernement d'un pays est au peuple qu'il gouverne. Le gouvernement d'un pays a le devoir d'appréhender les criminels et de les punir; il ne s'agit pas d'un simple droit auquel il pourrait renoncer. L'ONU devrait jouer le même rôle en ce qui concerne tous les pays de la planète, d'ici à ce que le rêve de Dante se réalise.

Dans son traité *De la monarchie*, Dante plaide en faveur d'un seul chef pour l'humanité tout entière; il prône un gouvernement mondial. Son premier argument porte sur la nécessité d'un tribunal pour trancher les litiges. Si un litige s'élève entre deux chefs d'État dont l'un n'est aucunement soumis à l'autre, qui va trancher? se demande Dante, puisqu'il ne croit pas à la solution par les armes : le vainqueur par l'épée périra par l'épée. C'est pourquoi il veut que les conflits se règlent devant le tribunal d'un grand chef qui exercerait l'autorité sur tous les petits chefs de la terre.

Son deuxième argument porte sur la justice. L'ordre et la paix règnent là où fleurit la justice. Or la justice mondiale ne peut fleurir que sous un chef juste dont l'autorité et le pouvoir s'étendraient à la terre entière. En effet, la justice est une vertu qui rend à chacun son droit – ce qui lui est dû. Il est donc évident que plus une personne juste est puissante, plus elle est en mesure de remplir la mission de la justice. Le chef du monde entier pourrait prélever chez les uns pour donner aux autres; il pourrait saisir par le chignon un peuple belliqueux et le ramener dans ses frontières.

Il est un vers de Térence (IIe siècle avant Jésus-Christ) que nos « lettrés » aiment citer en latin : *Homo sum : humani nihil a me alienum puto*. Je suis homme : rien de ce qui est humain ne m'est étranger. Tout ce qui se passe chez les humains me regarde : les guerres, les massacres, la faim, le terrorisme, la violence, en un mot, l'injustice sous toutes ses formes.

Aux yeux de Cicéron, le genre humain tout entier constitue une immense société, dont l'unité tient à l'usage commun de la raison et de la parole : *ratio et oratio*[64]. Par la raison et la parole, les hommes sont capables de discuter, de justifier leur conduite et de s'entendre. Nous disons parfois que certaines bêtes font montre de courage, mais jamais personne n'a dit qu'un lion s'était montré juste ou équitable. Dépourvu de raison, le lion, comme toutes les autres bêtes, est incapable de comprendre les notions de droit et de dû, et de se comporter en conséquence.

Puisque le genre humain forme une seule société, aucun gouvernement ne doit s'étonner qu'on s'occupe ou se préoccupe de ce qui se passe à l'intérieur de ses frontières. Les crimes contre l'humanité ne sont pas des « affaires internes ». Encore dans son *Testament*, l'abbé Pierre se demande « pourquoi, lorsque l'on a appris l'existence de camps de concentration dans l'ex-Yougoslavie, les puissances politiques mondiales n'ont pas immédiatement fait parachuter des commandos pour les détruire ».

***

L'ingérence consiste à intervenir quelque part sans en avoir le droit. Il est donc normal que le droit international ne reconnaisse pas l'ingérence comme un droit. Mais, comme le légal est parfois immoral, il ne serait pas inouï que le droit international fasse un jour de l'ingérence un droit. Par contre, la morale ne peut ni ne pourra jamais reconnaître l'ingérence comme un droit moral.

Cependant, l'ingérence est une forme, une espèce d'intervention, et l'intervention peut être justifiée. En l'occurrence, elle ne serait pas de l'ingérence : l'intervention indue est de l'ingérence; l'intervention justifiée n'en est pas.

Quand elle est justifiée, l'intervention est-elle un droit ou un devoir? Comme on peut renoncer à un droit, mais non à un devoir, l'intervention justifiée est un devoir, un devoir moral en attendant que le droit international prenne en considération l'intervention justifiée et en fasse un devoir légal pour la communauté internationale.

Chapitre 9

Le monde sans compétition de Jacquard : un rêve

Albert Jacquard était l'invité de Julie Drolet à l'émission *Québec ce soir* de la télévision de Radio-Canada, le 6 octobre 1997. Après s'être désolé de l'état lamentable du monde actuel, le célèbre généticien – philosophe à ses heures, avec les risques que le métier comporte – a répondu à la question suggérée à l'animatrice avant l'émission : « Monsieur Jacquard, qu'est-ce que vous feriez – tout de suite – pour que la situation change? » Sans la moindre hésitation – on le comprend –, il lance : « J'éliminerais toute compétition. »

Le même jour, M. Jacquard avait parlé, dans un auditorium bondé, au cégep de Lévis-Lauzon. *Le Soleil* publiait un compte rendu de la causerie dans son supplément *Collégial* de novembre 1997. Les organisateurs de la rencontre lui avaient proposé un thème : « Éducation : performe ou crève. » « Un thème qui s'explique, poursuivait le compte rendu, par l'impression qu'ont les étudiants de mener une constante bataille pour obtenir les meilleurs résultats. C'est à qui aura les meilleures notes, à qui écrasera le plus sauvagement ses camarades. La société le dicte, ils n'ont pas le choix. Partout on demande d'excellentes performances. Il est donc nécessaire de performer pour ne pas être écarté. »

« Prenant à son compte les récriminations estudiantines », Jacquard affirme haut et fort que le système éducatif doit changer. Tout le monde en convient, mais, pour illustrer le renouvellement qu'il souhaite, lui, il évoque son expérience parisienne de professeur de médecine. Dans l'espoir que disparaisse un jour cette compétition féroce entre élèves, il a attribué la même note à tous ses étudiants : « Plus de meilleur, plus de dernier, plus de guerre. » On comprend que les cégépiens l'applaudirent à tout rompre.

En théorie, c'est séduisant. Mais supposons que les professeurs de médecine – puisque c'est l'exemple de Jacquard – donnent la même note à tous les étudiants : l'équivalent de n'en plus donner. Comme on n'imagine pas que tous les étudiants échouent, on conclut que tous les inscrits en médecine deviennent médecins. La nouvelle se répand comme une traînée de poudre, et toutes les facultés doivent emboîter le pas à la faculté de médecine si elles veulent attirer des étudiants. Les diplômés du collégial se pressent nombreux aux portes des facultés de médecine : c'est quand même le seul domaine où les membres de la profession fixent les prochains rendez-vous et refilent les factures au gouvernement. (On aurait la meilleure plomberie au monde si le gouvernement autorisait les plombiers à imiter les médecins.)

Va-t-on admettre tous les aspirants à la médecine? Même Jacquard répondrait non. Mais alors comment effectuer la sélection sans revenir aux « monstrueuses » notions de meilleurs et de moins bons? Puisqu'on laisse forcément tomber les notes à tous les niveaux, j'imagine qu'on recourrait au sort pour départager les candidats trop nombreux; dans les autres cas, tout le monde serait admis, et tout le monde sortirait de l'université avec un diplôme. Je me demande si les cégépiens admirateurs de Jacquard accorderaient leur confiance aux médecins formés dans les facultés jacquardiennes de médecine. L'actualité du 1er novembre 1997 nous apprenait que la CEQ souhaite, elle aussi, abolir les notes. Le cardinal Jean-Claude Turcotte n'est pas le seul à penser que ce serait peut-être instaurer la médiocrité.

Avant de pousser plus avant, déterrons la racine du mot compétition : préfixe latin cum, avec, et petere, demander, rechercher, poser sa candidature, etc. Le problème de la compétition naît du venimeux préfixe *cum*. D'ordinaire, c'est *venenum in cauda*; ici, c'est *venenum in capite* : le venin est monté de la queue à la tête. La compétition est une « recherche simultanée par deux ou plusieurs personnes d'un même avantage, d'un même résultat ». Où règne la compétition, l'autre est un concurrent à devancer. Dans un monde sans compétition, dans un monde où l'on ne parlerait pas de meilleurs, de moins bons et de mauvais, on ne dirait jamais à un aspirant : « On t'a choisi parce que tu étais le meilleur candidat. » *L'autre* retrouverait son rôle normal de « collaborateur » et non d'adversaire, prétend Jacquard.

Tout d'abord, il est faux de laisser entendre que l'autre est toujours un concurrent à vaincre. Il est facile de performer « en liaison harmonieuse avec les autres » quand les autres n'exercent pas le même métier, n'offrent pas le même service : il est facile pour un enseignant de vivre en harmonie avec son coiffeur, avec son plombier, avec son médecin. Il est même facile pour un médecin de vivre en harmonie avec les autres médecins quand il exerce sa profession seul dans un village. Mais, dès qu'un autre médecin vient s'installer dans le même patelin, la situation change. Si l'un des deux est réputé pour sa compétence, il arrache des clients à l'autre; si on les juge d'égale compétence, les patients choisissent celui qu'ils aiment le plus. Ce n'est pas parce qu'on leur aura attribué les mêmes notes à la faculté de médecine qu'il n'y aura « plus de meilleur, plus de dernier, plus de guerre ».

Pour supprimer toute compétition, il faudrait recourir au sort, peut-être, ou appliquer le principe : « Premier arrivé, premier servi. » La mairie intéresse trois personnes; on tire un nom au sort afin que l'élue ne doive pas son poste à la performance. Quand trois professeurs donnent le même cours, on tire au sort les étudiants de chacun. Le plombier qui s'est acquis une excellente réputation pourrait drainer les clients des autres. Pour éviter ces dommages engendrés par la compétition, on pourrait dresser une liste d'attente : le client en tête de liste irait au premier plombier qui deviendrait libre.

Dans les grandes villes, des centaines de restaurateurs, des centaines d'avocats, des centaines de médecins et des centaines de personnes offrent le même service. Pour qu'il n'y ait « plus de meilleur, plus de dernier, plus de guerre », on adopte la politique de l'ancienne URSS : on nationalise les restaurants, les hôtels, les taxis. Toutes les personnes qui y travaillent deviennent des fonctionnaires; ni l'achalandage ni les salaires ne dépendent de la « performance ». Si les clients vont ailleurs, tant mieux : on travaillera moins. La formule a donné ses fruits. De plus, dans un contexte de mondialisation des marchés, comment supprimer la compétition entre la Chine et les USA sans un monopole mondial?

Jacquard rêve d'un monde sans compétition, mais, en attendant, il joue le jeu de la compétition. Soumettre un manuscrit à un éditeur, c'est jouer le jeu de la compétition quand on sait que moins de dix manuscrits sur cent seront publiés. Ces élus ne seront pas tirés au sort, Jacquard le sait. L'éditeur choisira les manuscrits qui lui semblent les « meilleurs », c'est-à-dire les plus rentables... Un écrivain qui rejette la compétition devrait se faire éditer par une maison qui ne refuse aucun manuscrit. Jacquard est un conférencier recherché. Pourquoi? Il est « meilleur » que bien d'autres. Il aime ce qualificatif, qui lui fait traverser l'Atlantique pour haranguer nos cégépiens, donner des conférences, participer à des émissions de télévision. Le dimanche 16 mai, Mme Lise Payette le recevait à son émission *Tête-à-tête*, décrite comme « une heure de confidences et d'entretien ». Elle le fit d'abord sursauter en le présentant comme docteur en « généalogie »... En cours d'émission, l'animatrice lui fit appliquer sa théorie au monde du sport. Là aussi, on supprime toute compétition. Les amateurs assisteraient à des matchs entre des équipes d'égale force : le premier joueur qui marque un point passe à l'équipe adverse, et ainsi de suite. L'animatrice semblait peu convaincue. Plus de jeux olympiques. Quel malheur!

Hélas! la compétition est inévitable. La société est échange de services : l'un nourrit, l'autre habille, un autre fabrique des outils, un autre soigne, un autre instruit. Il est normal que chacun veuille devenir chaque jour meilleur dans le service qu'il rend; il est normal qu'il veuille progresser, tendre vers la perfection, car la compétence est source de joie de vivre. « Oui à la performance, disait Jacquard, tant qu'elle se limite à soi-même. Dépassons-nous en liaison harmonieuse avec les autres. » Bien beau en principe, mais impossible dans la réalité.

« La fierté qu'on a d'exceller en telle ou telle chose est un sentiment biologique primitif, qui d'ailleurs ne se limite pas à notre espèce, affirme Hans Selye. Le chien de chasse n'est-il pas fier quand il ramène sa proie intacte? Son expression vous dit qu'il est heureux de ce qu'il fait. Un phoque qui se livre à des exhibitions ne cache pas que les applaudissements lui sont agréables[65]. »

Étymologiquement, exceller vient du latin *excellere* : préfixe *ex*, au-dessus, et *celsus*, élevé, qui signifie surpasser, l'emporter sur les autres. Cependant, l'idée contenue dans l'étymologie d'un mot n'entre pas toujours dans la définition de ce mot. C'est le cas du verbe *exceller* et du substantif *excellence*. L'idée de l'emporter sur les autres n'a pas été insérée dans la définition de ces mots. Avec raison, car, dans un domaine où régnerait une médiocrité généralisée, celui qui l'emporterait sur les autres ne mériterait pas le qualificatif d'excellent : il serait médiocre.

Le *Petit Robert* définit fort bien l'excellence comme « un degré éminent de perfection qu'une personne, une chose a en son genre », sans référence aux autres. Par exemple, la personne qui trouve dans la musique la valeur qui confère un sens à sa vie, cherche à progresser de plus en plus dans cet art; l'ensei-

gnant qui aime son métier cherche à devenir aussi bon enseignant que possible; de même l'artiste peintre; de même le sculp-
teur, que règne ou non la compétition. Toute personne qui aime
le service qu'elle rend à la société recherche la perfection dans
ce domaine. Elle n'y trouve que des avantages.

Ce désir naturel d'excellence est sujet à un excès et à un
défaut, à un trop et à un pas assez. Tous les députés se croient
ministrables; tous les ministres se découvrent l'étoffe d'un premier ministre. Pourtant, un excellent député pourrait être un
ministre médiocre; un excellent ministre pourrait être un premier ministre ordinaire. Député, ministre, premier ministre; vicaire, curé, évêque, cardinal, pape. C'est *Le principe de Peter* à
l'œuvre : tout le monde tend vers son niveau d'incompétence.

Pour éviter cette calamité, chacun devrait tendre à la perfection ou à l'excellence conforme à son talent, à son potentiel. Celui qui demeure en deçà de ses capacités pèche par
pusillanimité; celui qui rêve d'aller au-delà pèche par « superbe »! La pusillanimité – *pusillus*, petit, faible, craintif; *anima*,
âme – est donc le défaut d'une personne qui n'agit pas à la
mesure de ses capacités. Pèche par excès la personne qui vise
trop haut, qui, parvenue au seuil de son incompétence, cherche à le franchir et gâche tout si elle y parvient. C'est, en latin,
superire, aller plus haut que son talent le permet. En latin toujours, on disait qu'elle péchait par *superbia*. Même si le mot
superbe existe toujours en français, *orgueil* l'a supplanté – dont
l'origine n'est pas latine – pour exprimer la notion que nous
scrutons.

Tout le monde recherche la perfection dans ce qui donne
un sens à sa vie, mais personne ne l'atteint. Les plus avancés
réalisent qu'ils en ont encore beaucoup à apprendre; qu'ils ont
encore beaucoup de chemin à parcourir. À supposer qu'à la
naissance tous les êtres humains aient le même potentiel, il est
évident qu'en raison des circonstances, du milieu où ils vivent,

les uns vont développer telle aptitude, d'autres telle autre. Ceux qui ont opté pour la même aptitude ne se rendront pas tous au même degré de perfection. Celui qui a plus de volonté ou de chance va progresser plus rapidement, va aller plus loin que celui qui en a moins. C'est ainsi qu'on aura des professeurs, des menuisiers, des comédiens meilleurs que d'autres; des excellents, des bons et des moins bons. Les meilleurs vont attirer l'attention, puis les clients des moins bons. Même s'il n'a pas cherché à dépasser les autres, le meilleur comédien va obtenir les meilleurs contrats. Quand Jacquard clame : « Plus de meilleurs », il rêve : les meilleurs, les moins bons et les mauvais ont un long avenir devant eux.

En soi, l'excellence n'implique pas la compétition : une personne seule pourrait exceller dans son art sans que personne souffre de sa virtuosité, tandis que des amateurs pourraient être en situation de compétition, comme cela se produit régulièrement. Mais, d'ordinaire, l'excellence et la compétition vont de pair; celle-ci étant la conséquence de celle-là. Elles me rappellent le Shylock du *Marchand de Venise* de Shakespeare, astreint à prélever une livre de chair sans un iota de sang. La compétition vient avec l'excellence comme le sang avec la chair. Il en est ainsi parce que les personnes qui offrent le même service sont d'ordinaire nombreuses, et l'offre excède souvent la demande. Si aucun enseignant, si aucun médecin, si aucun plombier n'étaient meilleurs que d'autres du point de vue de leur spécialité, la compétition disparaîtrait de ce point de vue-là, mais elle réapparaîtrait à d'autres points de vue : l'un est plus disponible, un autre plus aimable, un autre plus expéditif.

Comment se fait-il qu'un homme intelligent puisse entretenir une telle utopie et la prêcher? Pascal en donne la raison : « Toute la dignité de l'homme est en la pensée », mais cette pensée est bien fragile : « Il ne faut pas le bruit d'un canon pour l'empêcher; il ne faut que le bruit d'une girouette ou d'une poulie. Ne vous étonnez pas s'il ne raisonne pas bien à présent; une mouche bourdonne à ses oreilles[66]. » La mouche peut être une erreur, un préjugé, une utopie.

Les passages cités au début contiennent quelques opinions fort discutables. « Performe ou crève... » Embauché comme professeur à la faculté de philosophie de l'Université Laval, en 1965, j'ai été longtemps responsable du comité d'admission. On examinait les candidatures; on en rejetait quelques-unes seulement : une petite faculté ne peut pas se permettre de faire la difficile. Vint un jour où le DEC conféra le droit d'entrer dans la plupart des facultés ou écoles, sauf dans les rares qui étaient en mesure de justifier un contingentement. Les comités d'admission se raréfièrent. Je puis donc vous assurer, en connaissance de cause, qu'il n'est pas nécessaire d'avoir performé au cégep pour entrer à l'université; une fois entré, pour réussir. Et les détenteurs d'un diplôme universitaire se dénichent assez vite un emploi : les statistiques le prouvent. Les chômeurs instruits sont peu nombreux, moins nombreux que les chômeurs ignorants.

Autre opinion exagérée : « C'est à qui aura les meilleures notes, qui écrasera le plus sauvagement ses camarades », écrivait l'auteure de l'article. (Bien des professeurs de cégep aimeraient qu'il en soit ainsi.) Il est ridicule de dire que l'élève qui obtient son DEC avec une moyenne de 92 % « écrase sauvagement ses camarades ». La plupart ignorent son exploit, car, de nos jours, on n'épingle pas les 90 % à la boutonnière. La situation s'est renversée : naguère, les cancres frôlaient les murs; maintenant, ce sont les « bolés » qui s'effacent.

« La société le dicte, ils n'ont pas le choix. Partout, on demande d'excellentes performances. Il est donc nécessaire de performer pour ne pas être écarté. » Non : quand une entreprise a besoin de cinq ingénieurs, n'est-il pas normal que, sur vingt-cinq qui postulent, elle choisisse ceux qui lui semblent les meilleurs? Ceux qui ont moins performé, si tel est bien le cas, chercheront ailleurs. Une fois les cinq « meilleurs » embauchés, les cinq suivants deviendront les meilleurs pour une autre entreprise.

« Si l'on devient en fonction des liens que l'on tisse, laissons tomber la compétition », disait encore Jacquard. Les liens que l'on tisse sont importants pour se dénicher un emploi, pour monter dans l'échelle sociale; mais, pour devenir, au sens de se dépasser, ce n'est pas vrai. Tout le monde admet que c'est par le travail, encore le travail, toujours le travail que l'on se dépasse, que l'on est meilleur aujourd'hui qu'hier. J'ai beau avoir tous les liens possibles, si je ne travaille pas, je ne deviendrai pas.

Par contre, les liens sont importants pour se tailler une réputation. Dans *L'actualité* du 1ᵉʳ décembre 1997, l'historien Michel Winock affirmait : « Aujourd'hui, aucune grande carrière ne peut se faire sans la télévision. On voit repasser indéfiniment les mêmes écrivains, et la notoriété cesse d'avoir un rapport direct avec la qualité et le sérieux des œuvres » (p. 102). La situation est la même au Québec, sinon pire, car les auteurs français accaparent une part importante de nos écrans. Le succès du Salon du livre de Québec de 1997 était assuré, lisait-on dans *Le Soleil*, plusieurs jours avant l'événement, car seront présents Marc Sautet, Benoîte Groult et quelques autres dont les noms m'échappent. Un soir, Catherine Lachaussée interviewait trois personnes : deux professeurs de l'Université Laval et un Français. Le Français a eu droit de passer à l'émission de télévision *Québec ce soir*; les deux professeurs ont été interviewés dans le coin de la salle, devant deux douzaines de personnes. Le succès du Salon du livre de Montréal de la même année était assuré, lui aussi, par la présence d'un autre Français, Dominique Lapierre.

***

La société sans compétition est une utopie. Si l'on n'accorde pas le poste au meilleur candidat, on peut tirer au sort ou bien, selon un principe cher aux syndicats, le donner au plus ancien : le plus ancien conseiller devient maire, les plus vieux députés deviennent ministres, etc. Les plus jeunes se disent : « Un jour, ce sera mon tour. » Ou bien encore, on peut appliquer cette autre formule : « Prenez un numéro; premier arrivé, premier servi. »

Il est facile de performer « en liaison harmonieuse avec les autres » quand les autres n'exercent pas le même métier, n'offrent pas le même produit. Mais, dès que plus d'une personne ou plus d'un commerce offrent le même service ou le même produit, la compétition renaît : deux médecins, deux épiceries, deux restaurants dans le même village.

Enfin, le désir naturel d'excellence engendre nécessairement la compétition. À supposer qu'à la naissance tous les êtres humains aient le même potentiel, certains vont atteindre, en raison des circonstances favorables, un degré de perfection plus élevé. Et il y aura encore des meilleurs et des moins bons.

Chapitre 10

Cuire le pain avant de le partager

« Avant tout, l'État doit protéger les droits des citoyens », lisait-on dans *Le Soleil* du 21 avril 1997. L'auteur? Me Claude Filion, président de la Commission des droits de la personne et des droits de la jeunesse. C'est l'expression *avant tout* qui me contrariait; sans elle, le titre devient : « L'État doit protéger les droits des citoyens », et mon problème s'évanouit. Mais doit-il en faire sa priorité : les protéger *avant tout*?

Dis-moi ce que tu es, et je te dirai ce qu'il faut, selon toi, protéger *avant tout*. Si tu es président d'une commission de l'environnement, c'est l'environnement qu'il faut protéger avant tout, et les raisons abondent qui étayent ta position; si tu es président d'une commission de la langue, c'est la langue qu'il faut protéger avant tout; si tu es président d'une commission des soins de santé, c'est la santé qu'il faut protéger avant tout; et ainsi de suite. Qu'un président d'une commission des droits de la personne pense que l'État doit, *avant tout*, protéger les droits des citoyens, je ne m'en étonne pas, mais il a tort.

La notion de société

Pour une réponse claire à la question soulevée, rafraîchissons la notion de société : des personnes qui s'associent pour atteindre un objectif inaccessible à chacune œuvrant seule. La plus ancienne société, c'est la société familiale; mais c'est la société civile qui nous intéresse maintenant. Les humains ont formé des sociétés civiles pour atteindre des objectifs que la famille ne permettait pas de rencontrer. La famille est en mesure de procurer à l'être humain les choses indispensables à la vie, les choses sans lesquelles la vie n'est pas seulement misérable, mais impossible. Au sein de la famille, l'enfant apprend à manger sans s'étouffer, à sauter sans se casser les jambes, à se vêtir selon les températures.

Cependant, les humains ne se sont jamais contentés d'exister : ils se sont ingéniés à bien vivre, à vivre le plus agréablement possible, à satisfaire au mieux leurs désirs nombreux et variés. Pour y parvenir, il leur fallait une société mieux organisée – munie de plus d'organes – que la société familiale. Aussi Alain a-t-il pu dire que la société civile est « la plus utile de toutes les inventions humaines », même si elle est « seulement passable[67] ».

Le corps humain s'est offert comme terme de comparaison, et l'on a parlé du corps social. Dans le corps humain, l'œil voit pour tous les membres : pour la main qui se tend pour cueillir une fleur; pour le pied qui doit éviter une flaque d'eau ou pire encore; pour le postérieur qui risquait d'écrabouiller les lunettes; les pieds transportent le corps jusqu'à la source; la main porte le fruit à la bouche; bref, chaque membre est au service de tous les autres.

Il en est ainsi du corps social, dont chaque membre offre un service à tous pour bénéficier, en retour, des services de tous. Le médecin soigne des pompiers, des ingénieurs, des enseignants, des cuisiniers; le cuisinier nourrit tout ce beau monde. Convient on ne peut mieux à la société civile la devise des mousquetaires d'Alexandre Dumas : « Un pour tous, tous pour un. »

Le nombre de services dont bénéficie chaque citoyen dans une société comme la nôtre stupéfie tous ceux qui s'amusent à les compter. Rares sont ceux qui s'arrêtent à ces choses, devenues banales par l'habitude. Aussi Jean Rostand éprouve-t-il le besoin de le rappeler de façon ironique à nos cervelles de lièvre : « L'Homme n'est pas tenté d'oublier qu'il est un animal intelligent, tandis qu'il peut lui arriver d'oublier qu'il est un animal [social]. » Il oublie tout ce qu'il doit à la société qui, « multipliant l'Homme par lui-même, lui [a] donné le moyen d'atteindre à de si prodigieux résultats dans le domaine du savoir comme dans celui du pouvoir[68]. »

C'est par centaines ou plutôt par milliers que se comptent les services qui nous sont offerts en échange de l'humble service que nous rendons. Pendant votre petit déjeuner, vous pouvez en recenser une bonne centaine. Votre maison est une gerbe de services : architecte, excavateur, charpentier, menuisier, plombier, électricien, maçon, briqueteur, plâtrier, peintre, tapissier, designer. Le bois utilisé a été coupé dans la forêt, transporté, scié, préparé, vendu. Pour construire la maison, il a fallu de nombreux outils. Chacun a son histoire, comme le bois a la sienne. Jetez maintenant un coup d'œil sur le mobilier, les appareils ménagers, les ustensiles, les aliments. Vous partez pour le travail en voiture : un autre faisceau de services. En route, vous passez devant un restaurant, une épicerie, un cinéma, un garage, une école, un hôpital, un salon funéraire, une église, un cimetière. Si vous en voulez davantage, consultez les *Pages jaunes*. L'index alphabétique que j'ai consulté comprenait dix-sept pages de quatre colonnes chacune; plus de mille services susceptibles de satisfaire les désirs les plus étonnants : abrasifs, bains de détente, barricades, épilation, escorte-service, massages, etc.

Le citoyen qui offre un service médiocre n'a pas raison de se plaindre de la médiocrité des services de ses concitoyens. Celui qui se traîne les pieds à l'ouvrage ne doit pas s'attendre que les autres courent au-devant de ses besoins. On acquiert le droit à de bons services quand on en offre soi-même un bon; on acquiert le droit à d'excellents services quand on en offre soi-même un excellent. La meilleure leçon qu'une fée pourrait donner à certains blasés, ce serait de les faire se servir à leur insu.

Le bien commun

Le bien commun – dont on a, en général, une notion bien abstraite – est composé de tout ce qu'un pays met à la disposition de ses habitants pour leur épanouissement et leur bonheur. Le bien commun comprend, d'une part, les choses qui sont offertes gracieusement par la nature – il y a de ces pays où coulent le lait et le miel, il y en a d'autres où il faut traire l'un et extraire l'autre; le bien commun comprend, d'autre part, les choses qui viennent de la main de l'homme et qui sentent souvent la sueur. On subdivise cette catégorie en biens et en services, même si, à la rigueur, on pourrait ne parler que de services. Quel service rends-tu à la société? La réponse pourrait être : « Je produis des choux-fleurs. » Tout ce qui s'achète dans les centres commerciaux ou les épiceries fait partie des biens; ce qui ne se vend pas au kilo fait partie des services : on peut acheter un kilo de café, mais non un kilo de soins médicaux ou de conseils juridiques.

Font partie des biens offerts par la nature la qualité du sol, la pureté de l'eau, les poissons des lacs et des rivières, les minéraux du sous-sol, le gibier et les arbres des forêts, les douceurs du climat. Mais l'immense majorité des choses que nous consommons sont produites par l'homme. Au sens large du terme, produire, c'est fabriquer, évidemment; mais c'est aussi conserver, administrer, surveiller, entretenir; bref, c'est accomplir une tâche qui contribue à la conservation ou à l'enrichissement du bien commun. La plage de sable fin doit être aménagée, nettoyée, surveillée; pour que le poisson et le gibier ne s'épuisent pas, le gouvernement en réglemente la prise.

Quels services une société doit-elle mettre à la disposition des citoyens qui la composent? Quels services l'État doit-il offrir lui-même? Quels services doit-il abandonner à l'initiative des citoyens? Autour de la deuxième question, deux philosophies s'affrontent. D'une part, la philosophie des sociétés démocratiques, où chacun est libre d'offrir un service, même farfelu, s'il réussit à lever une clientèle. Cependant, il est normal que l'État s'y réserve le droit d'interdire ce qui serait incompatible avec le bien commun. D'autre part, la philosophie des sociétés autoritaires, où le gouvernement contrôle tout : la religion, le costume, les boissons.

Dans les sociétés démocratiques, l'État se réserve certains services qui ne peuvent pas être confiés à l'entreprise privée – la défense nationale, par exemple; ou des services que, dans telle ou telle circonstance, il prétend rendre mieux que l'entreprise privée.

La réponse à la première question : Quels services une société doit-elle mettre à la disposition de ses membres? présuppose que l'on s'entende sur le rôle que l'on assigne à la société. On s'accorde généralement pour dire qu'une société doit constituer un milieu dans lequel les citoyens puissent développer toutes les dimensions de la personne humaine. Sans la moindre hésitation, la société est pour le citoyen et non le citoyen pour la société; la société est un instrument dont le citoyen se sert pour développer les dimensions de sa personne selon l'ordre de priorité qu'il a lui-même fixé.

Tirer le vin avant de le boire

L'État ou le gouvernement est responsable du bien commun, responsable de sa réalisation et de son partage. De sa réalisation d'abord : il faut tirer le vin avant de le boire, cuire le pain avant de le partager. Réaliser le bien commun, cela consiste d'abord à offrir les services essentiels. On peut ensuite l'enrichir en améliorant la qualité des services offerts. Et nous y voilà, Me Filion : *avant tout*, l'État doit veiller au bien commun dans sa réalisation, puis dans son partage. Dans le concret de la vie, on réalise, on enrichit et l'on partage, sans cloisonnement de ces opérations.

Pendant la première étape – celle de la réalisation du bien commun –, on ne parle pas de droits mais de devoirs. Comme nom, le mot *devoir* évoque tout d'abord une obligation morale, une certaine contrainte venant de l'extérieur. Agir par devoir, ce n'est pas agir par plaisir. Quand on abandonne une occupation agréable pour une autre qui est imposée, on dit : le devoir m'appelle. Cependant, plusieurs expressions bien françaises n'évoquent pas l'austérité attachée spontanément au nom *devoir* : devoir conjugal, devoirs envers soi-même, devoirs d'amitié.

On est ainsi amené à chercher le dénominateur commun à un devoir agréable et à un devoir pénible. Le premier sens de *devoir* en tant que verbe nous donne ce dénominateur : être en dette. C'est également le premier sens du verbe latin *debere* : être débiteur, par opposition à être créancier. Il n'est donc pas toujours pénible de devoir. Très souvent, on acquitte ses dettes avec plaisir, parce qu'on est convaincu d'avoir reçu au moins l'équivalent de ce qu'on a donné.

Dès qu'il fait partie d'une société, tout citoyen doit – à moins d'empêchement – contribuer à la réalisation de l'objectif commun; il est d'abord débiteur, en dette envers le groupe, et le groupe a droit à une contribution de sa part. Cette philosophie impose une correction au titre de Me Claude Filion : « Avant tout, l'État doit veiller à ce que tous les citoyens acquittent, en offrant un service utile et de bonne qualité, leur dette envers la société. » En d'autres termes, il faut réaliser le bien commun avant d'y puiser; le devoir de cuire le pain précède le droit de le partager. À quoi bon protéger le droit à l'éducation si le système d'éducation est inadéquat? À quoi bon protéger le droit aux services de santé si les services n'existent pas ou sont de mauvaise qualité? À quoi bon accorder le droit au travail s'il n'y a pas d'emplois? Bref, il ne sert à rien d'être créancier si aucun débiteur n'est identifié.

Relisons l'article 23 de la *Déclaration universelle des droits de l'homme* : « Toute personne a droit au travail, au libre choix de son travail [...]. Tous ont droit, sans aucune discrimination, à un salaire égal pour un travail égal. Quiconque travaille a droit à une rémunération [...] lui assurant ainsi qu'à sa famille une existence conforme à la dignité humaine. » Absolument merveilleux! Mais, si « toute personne a droit au travail », comment se fait-il que les chômeurs se comptent par millions? Le droit au travail est protégé par une charte prestigieuse, mais le détenteur de ce droit cherche en vain un débiteur bien identifié; c'est un droit sans dû qui lui corresponde. Comment se fait-il que le salaire égal pour un travail égal ne soit pas partout versé? À quoi bon accorder le droit à une rémunération qui permette une existence conforme à la dignité humaine si le devoir correspondant n'est imposé à personne? « Avant tout, proclame Me Filion, l'État doit protéger les droits des citoyens. » Non : il est trop facile d'accorder des droits; ce qui est difficile, c'est d'identifier des débiteurs, c'est-à-dire des gens pour qui ces droits sont des dus, des dettes. Sans un dû qui lui corresponde, un droit est un vain mot.

Autre exemple d'un droit *vain mot*, l'article 45 de la *Charte des droits et libertés de la personne* du Québec : « Toute personne dans le besoin a droit, pour elle et sa famille, à des mesures [...] susceptibles de lui assurer un niveau de vie décent. » Le droit est là, bien protégé par la Charte. Comment se fait-il que le Québec compte quand même tant de personnes qui ne jouissent pas d'un « niveau de vie décent »? La réponse est toujours la même : on accorde des droits sans identifier les devoirs correspondants; on crée des créanciers sans désigner les débiteurs. Sur cette lancée, on pourrait accorder le droit au gros lot de la 6/49, le droit à la santé, le droit au bonheur.

Le 1er mars 1999 marquait l'entrée en vigueur du traité interdisant les mines antipersonnel. C'est mieux que rien, mais... Il n'existe pas de pouvoir, dans le monde, capable de contraindre les pays qui ont enfoui des mines antipersonnel de retirer jusqu'à la dernière; il n'existe pas de pouvoir capable d'empêcher qu'on en place de nouvelles.

Depuis plusieurs années, des personnalités importantes du monde politique, philosophique et religieux ont travaillé à un projet de *Déclaration universelle des devoirs de l'homme*, qui ferait contrepoids à la *Déclaration universelle des droits de l'homme* (1948). Le groupe comprenait, entre autres grands noms, Valéry Giscard d'Estaing, Jimmy Carter et Helmut Schmidt. Le *Courrier international* publiait des extraits de cette Déclaration[69]. Si les efforts du groupe sont couronnés de succès, on aura un livre pour les débiteurs et un livre pour les créanciers. On lira le premier sans savoir envers qui les personnes alignées sont débitrices; on lira le deuxième sans savoir de qui elles sont créancières.

Ce qu'il faut savoir et ne jamais oublier, c'est qu'à un droit correspond un dû, une dette. Quand on concède un droit à quelqu'un, on lui dit en même temps auprès de qui il doit réclamer son dû. De même, quand on rappelle à une personne une dette qu'elle a contractée, on lui dévoile en même temps le nom de son créancier. C'est pourquoi une *Déclaration des devoirs de l'homme* devrait être intégrée à la *Déclaration des droits*. Si Me Claude Filion avait été président d'une commission des droits et des devoirs de la personne et de la jeunesse, son groupe aurait été contraint de situer les droits par rapport aux devoirs – devoir au sens de dû ou de dette. C'eût été plus difficile et plus utile, car nous sommes ensevelis sous un monceau de droits à faire rêver.

***

L'État doit protéger les droits des citoyens, c'est vrai, mais il doit avant tout veiller à ce que chaque citoyen, en mesure de le faire, acquitte sa dette envers la société en offrant un service utile et de bonne qualité. Le citoyen est débiteur avant d'être créancier.

Il est facile de concéder des droits, de fabriquer des créanciers quand on ne se préoccupe pas d'identifier les débiteurs correspondants. J'ai donné deux énormes exemples. Le premier, tiré de la *Déclaration universelle des droits de l'homme*; le deuxième, tiré de la *Charte des droits et libertés de la personne du Québec*. J'ai regardé d'un œil amusé le député bloquiste Stéphan Tremblay quitter la Chambre des communes avec son fauteuil sur les épaules pour exiger un débat sur les inégalités sociales. J'aurais préféré qu'il pose son geste spectaculaire pour exiger tout simplement que les deux droits ci-dessus évoqués soient observés : il n'y aurait plus de chômeurs, et tout le monde jouirait d'un niveau de vie décent. Assis sur un tas de droits dont personne ne se sent obligé d'acquitter les dettes correspondantes, un citoyen n'est guère plus confortable que Job sur la cendre.

Chapitre 11

À l'école, le retour au dédaigné

En lisant le *Carnet d'un biologiste*, quelques réflexions de Jean Rostand sur l'éducation m'ont frappé. En voici une, qu'on devrait jeter dans les débats agressifs sur l'éducation, surtout dans les débats sur l'enseignement de la langue française au Québec : « Le progrès vient souvent d'un retour au dédaigné[70]. » Le dédaigné, dans l'enseignement du français, ce sont ces bonnes vieilles méthodes, ces bons vieux exercices, qu'on a abandonnés et qui ont conduit à la catastrophe que tout le monde constate et déplore. Si vous pensez à la dictée, vous vous trompez. On n'enseigne pas le français par la dictée : elle est un moyen de contrôle parmi d'autres.

La meilleure preuve de l'échec de notre enseignement du français, c'est le taux québécois d'analphabétisme. Un document du ministère de l'Éducation sur les « activités d'alphabétisation » – année 1988-1989 – dit, en introduction, que l'analphabétisme handicape « plusieurs centaines de milliers de Québécois et de Québécoises ». Une enquête de Statistique Canada, datant de la même époque, apportait des précisions : 283 000 Québécois étaient incapables de lire; 614 000 ne reconnaissaient que les mots familiers dans un texte simple. La situation ne s'est guère améliorée. Le président de l'Association des cadres scolaires du Québec poussait un cri d'alarme dans *Le Soleil* du 2 décembre 1998 : 6 % de la population du Québec âgée de plus de 16 ans ne peut ni lire ni écrire; près de 21 % des adultes savent à peine lire. Environ un million de Québécois sont donc analphabètes; un enfant sur quatre risque de le devenir. Il faut déclarer le Québec « zone sinistrée », concluait le président. Un système d'éducation qui absorbe 25 %

du budget du Québec et qui ne réussit même pas à apprendre à lire aux jeunes est jugé et condamné sans recours possible.

Il y a quelques années, un article de journal rappelait une solide vieille formule : « L'école doit apprendre à apprendre. » Deux professeurs enseignaient le français, les mathématiques et toutes les matières du primaire à l'occasion de projets concrets : construire un aquarium, une serre, une niche, par exemple. (J'imagine qu'on enseignait la religion à l'occasion des coups de marteaux sur les doigts...) Le détour me semble un peu long. Quoi qu'il en soit, pour réaliser leurs projets, les jeunes avaient besoin de lire. C'est pourquoi Alain insiste : « Savoir lire est le tout. [...] Celui qui sait lire pourra s'instruire[71]. » Apprendre à apprendre, c'est d'abord apprendre à lire. Écoutons-le encore puisqu'en pédagogie il n'a pas son pareil : « L'instituteur, qui était un homme d'expérience, disait à ses jeunes adjoints : « Que ce soit histoire, ou physique, ou morale, il faut toujours que le livre soit l'instituteur en chef, et que vous soyez, vous, les adjoints du livre[72]. » « Dépassé, le bonhomme, pensent certains : il faut remplacer *livre* par *ordinateur*... Non : comment se servir de l'ordinateur si l'on ne sait pas lire?

Que le livre soit « l'instituteur en chef » à tous les niveaux, y compris au niveau universitaire. Par cette méthode, les étudiants de niveau universitaire apprendraient beaucoup plus que maintenant. Au lieu de prendre des notes, d'ordinaire inintelligibles et parfois aberrantes, à raison de cinq ou six pages à l'heure, ils liraient vingt-cinq pages dans un bon livre – peut-être un livre de leur professeur – et en discuteraient en classe. Un jour, un de mes anciens étudiants – devenu grand séminariste – m'écrivait pour me demander une référence. Au début d'un cours sur la justice, j'avais cité *La justice dans le monde*, texte publié à la suite du Synode des Évêques, tenu à Rome en octobre 1971 : « Face à la situation du monde actuel, marquée par le grand péché de l'injustice », etc. Mon grand séminariste – devenu prêtre et curé par la suite – avait noté que

« la *justice* était le grand péché du monde actuel ». La justice!
Sacrées notes de cours!

L'Université Laval offre une maîtrise qui fournit aux étudiants
l'occasion d'écouter encore davantage des professeurs bavards.
Au lieu de rédiger un mémoire, travail exigeant s'il est effectué
avec soin, l'étudiant inscrit à cette maîtrise suit quelques cours
de plus et produit un « essai » – mot pompeux pour désigner
un travail d'une dizaine de pages, parfois. J'ai connu, à la faculté
de philosophie, un détenteur de cette maîtrise qui venait y chercher une seconde maîtrise. Il l'a obtenue après m'avoir quitté
pour un directeur de mémoire plus complaisant.

Voici quelques échantillons du français de cet étudiant. Dans
les cas où l'on devine difficilement sa pensée, je mets entre
crochets les mots correctement orthographiés : « L'énigme ce
résoud; c'est chose [ces choses]; la vie peu [peut] avoir un sens;
l'homme espère que son histoire est [ait] un sens; ainsi peu ce
poser la question; une personne qui vie [vit] peu [peut] faire; la
nature de se virus; apaiser sont [ses] angoisses, ses peurs, ses
inquiétude et sont [ses] anxiétés. » « Sont » comme pluriel de
« son », je n'avais jamais vu ça avant d'enseigner à l'université.
L'homme qui massacrait ainsi le français détient maintenant deux
maîtrises. Le cégépien qui avait découvert le « poteau rose »
« tou ta leur » par le « billet » (biais) de je ne sais trop quoi, nous
fait sourire; mon universitaire nous laisse songeur.

Donnons une autre fois la parole à Alain sur la véritable
façon d'apprendre à apprendre : « ... nul ne s'instruit en écoutant; c'est en lisant qu'on s'instruit. [...] Lire, voilà le difficile,
j'entends lire aisément, vivement, sans effort, de façon que l'esprit se détache de la lettre, et puisse faire attention au sens. [...]
S'il [l'enfant] sort de l'école encore bredouillant et ânonnant, il
n'aura point le goût de lire; il oubliera même le peu qu'il sait.
[...] Si j'étais le chef des beaux parleurs, [...] toutes les leçons
seraient de lecture[73]. » C'est en lisant qu'on s'instruit, mais « l'ins-

pecteur a charge de voir non pas si les enfants apprennent quelque chose, mais si l'instituteur travaille[74]. » Il n'y a même plus d'inspecteur...

Tout le monde se plaint du peu de résultats que produit un système d'enseignement très coûteux. L'équipement y est pour beaucoup : on est passé de l'essentiel à l'accessoire. L'essentiel, c'est le livre et non pas l'ordinateur ou l'Internet, même si ces instruments sont devenus indispensables dans notre monde.

Qu'on ait des livres. D'abord une grammaire; la même pendant tout le primaire, sinon jusqu'à la mort. La définition du nom ou du verbe ne variera pas, et elle sera située toujours au même endroit. (La mémoire visuelle est importante.) Si l'on opte pour une deuxième grammaire, à quelque tournant des études, que ce soit la dernière et qu'on soit incinéré avec elle. Vite au recyclage les livres de français dans lesquels la grammaire est éparpillée : personne ne s'y retrouve. Au Québec, la situation est alarmante. En 1998, une étude révélait que 53 % seulement des élèves du primaire et 51 % des élèves du secondaire avaient une grammaire en leur possession. C'est gratuit, comme dans le domaine de la santé, mais on attend les grammaires, les dictionnaires et les livres de base. Gratuité, gratuité, que de bêtises on commet en ton nom!

Une grammaire ne va pas sans cahiers d'exercices. Les sportifs savent ça... La grammaire, il faut l'apprendre par cœur. Au temps du cours classique, on apprenait par cœur quatre grammaires : la latine, la grecque, l'anglaise et la française. À moins d'être un génie, on n'apprend pas une grammaire à l'occasion de la rencontre des cas dans un texte, mais par des exercices systématiques. Pensez au désespérant accord du participe passé : participe passé des verbes pronominaux, participe passé suivi d'un infinitif, participe passé précédé de « en », etc. Par écrit, beaucoup de Québécoises et de Québécois se tirent d'affaire; en parlant, c'est la catastrophe. Le jour où j'écrivais ces lignes – le 3 mai 1997 –, j'ai cherché des exemples dans *Le Soleil*. Mon coup d'œil à l'éditorial m'a rapporté une grosse perle : « Les donateurs ne se sont pas posés (sic) ces questions. » J'ai lu ensuite le début de l'article de Michel Vastel à la une. Une autre perle : « ... les inondations du Manitoba, par l'ampleur inattendue qu'elles ont pris » (sic), etc.

Verbalement, à peu près personne n'est capable de faire accorder les participes passés. Dans bien des cas, rien n'y paraît, car il n'existe aucune différence pour l'oreille entre perdu, perdus ou perdues, mais il en existe une entre inclus et incluse, fait et faite, compris et comprise. J'ai souvent remarqué le cas du verbe *faire*. Il y a tellement de gens qui disent « faite » quand il faut dire « fait » que certains croient bien parler en disant : la visite que j'ai fait (au lieu de faite).

Le désastre survient quand les gens manipulent les chiffres et les nombres; ils sont alors exposés à des liaisons dangereuses. Même des gens instruits disent cent z-hommes, cent z-autobus, vingt z-étages, trois cent vingt z-hommes, etc. (Hier soir, 30 juin 1998, vers 18 h 45, à TVA, une jeune femme nous invitait à une exposition de « cent z-œuvres de Picasso ». Avant qu'on ait eu le temps de lui souffler « t-œuvres », elle avait récidivé.) J'avoue que huit t-étages ça sonne drôle, mais c'est ça qu'il faut dire. À peu près chaque semaine, aux bulletins de nouvelles, des lecteurs ou des lectrices trébuchent sur les chiffres et les nombres. Que dire de leurs invités? Après des corrects soixante et un, soixante et onze, à peu près tout le monde traîne indûment la conjonction *et* : soixante et deux, soixante et douze. Personne n'hésite à prononcer neuf v-ans, neuf v-heures, mais qui n'hésitera pas un instant entre neuf v-hommes ou neuf f-hommes? Un professeur de logique, à l'université, revenait chaque année avec ses quatre z-éléments : l'eau, l'air, la terre et le feu... Comme il était peu chaleureux, les étudiants préféraient en rire plutôt que de lui signaler sa liaison fautive.

En plus d'une grammaire, que chaque élève ait un dictionnaire : « Le plus beau présent que l'on puisse faire à un enfant
quand il sait lire, c'est de lui offrir un dictionnaire[75]. » Les Québécois n'ont pas de vocabulaire; ils éprouvent autant de difficulté à traduire leur pensée par la plume que par la parole. Le
remède est dans le dictionnaire : tous les mots nous y attendent. En exagérant un peu, Duhamel souhaite qu'on l'ouvre
« cent fois par jour ».

On nous a récité plus souvent qu'expliqué les deux vers
suivants de Boileau :
Ce que l'on conçoit bien s'énonce clairement
Et les mots pour le dire arrivent aisément.

Précisons tout d'abord qu'il est impossible de bien concevoir sans les mots pour le dire. Pour avoir des notions claires de
racisme et de xénophobie, il faut connaître ces deux mots, sinon la xénophobie devient facilement du racisme ou vice versa.
Quand on a pensé ces deux notions parce qu'on disposait des
mots appropriés, il est normal que, voulant les exprimer, les mots
racisme et *xénophobie* arrivent aisément, à moins qu'on ait un
trou de mémoire au moment d'ouvrir la bouche. Car on les a
en mémoire : ils n'arrivent pas tout droit du dictionnaire. Une
étude méthodique des principaux mots de la langue française
s'avère donc la seule façon de clarifier les pensées et d'en faciliter l'expression.

En plus de la grammaire et du dictionnaire, qu'on ait de beaux
et bons livres. Je connais peu de professeurs plus intéressants et
plus clairs, sur n'importe quel sujet, que les bons livres disponibles maintenant. Si ces livres contiennent des erreurs – un spécialiste en trouve toujours quelques-unes! – le professeur les corrige; des lacunes, il les comble. Qu'on ait de beaux livres de français, bien écrits; des livres qui parlent des belles choses de la vie,
à la différence de nos téléromans – les plus immoraux qui soient,
au dire de Guy Fournier, qui s'y connaît pour y avoir contribué...

Quand on se bat pour la survivance du français en Amérique du Nord, qu'on parcourt le monde à la recherche de gens
qui viendraient le parler parce qu'on ne fait plus d'enfants, je
trouve qu'on est un peu trop accommodant sur la qualité des
livres utilisés. « Je ne demande pas si l'homme sera heureux, dit
Saint-Exupéry, mais quel homme sera heureux. » De même, je
ne demande pas si le français survivra, mais quel français survivra. À quoi bon confectionner un cercueil de lois et de règlements pour une langue en décomposition? À quoi bon créer
une police pour veiller sur de la pourriture?

Quand tous les élèves ont une grammaire, des cahiers d'exercices, un dictionnaire et de bons livres, les enseignants n'ont
pas à se démener comme des diables dans l'eau bénite : ils
n'ont qu'à les faire travailler, ils n'ont qu'à les regarder travailler.
Les enseignants qui sortent de la classe épuisés ont empêché
leurs élèves d'apprendre : personne ne s'instruit en écoutant;
c'est en lisant, en réfléchissant, en faisant des exercices qu'on
s'instruit. Si vous voulez fermer à tout jamais la trappe d'un conférencier, demandez à ses auditeurs d'écrire ce qu'ils ont retenu, puis remettez-lui les feuillets. Il reste des traces d'une conférence quand les auditeurs ont le texte en main ou qu'on le
leur distribue avant la période de questions, sinon le pauvre ne
cesse de répéter : « Ce n'est pas tout à fait ce que j'ai dit. » Lors
du Synode du diocèse de Québec, en 1993, j'avais suggéré
que les homélies soient imprimées – au moins dans leurs grandes lignes – et disponibles au sortir de l'église. On est en 1998,
et ma suggestion n'a pas encore été mise en application. On
me répondrait sans doute que le Christ n'a pas imprimé son
discours sur la montagne!

J'étais un lecteur – collaborateur à l'occasion – de l'ex-journal
Les Enseignants. Ce qui me frappe, dans la publicité, c'est le nombre de pages des livres destinés à l'enseignement. Un exemple
que j'ai sous les yeux concerne l'enseignement moral et religieux
catholique. Les cahiers de l'élève, pour les cinq années du secon-

daire, totalisent 1 472 pages; les guides pédagogiques et corrigés des cahiers, 2 232 pages, pour un grand total de 3 704 pages. La *Somme théologique*, dans la traduction des Éditions du Cerf, ne fait que douze pages de plus, soit 3 716!

La revue *L'actualité* (15 mars 1992) titrait : « Un pays malade de ses enfants. » On nous apprenait que le Québec a le record de l'abandon scolaire en Occident : la moyenne nord-américaine est de 27,5 %; la nôtre est de 36 %, garçons et filles ensemble; de 42 % chez les garçons. Il est de 10 % en Allemagne et de 2 % au Japon. Il s'ensuit qu'à l'Université Laval, environ 60 % des étudiants du premier cycle sont des filles. Et *L'actualité* s'interroge sur les causes de notre humiliant et désastreux record. Je doute qu'on les trouve : appliqué à ce problème, le mot bien connu devient : « Dis-moi ce que tu es, je te dirai ce que tu vas trouver. »

Si tu es ministre de l'Éducation, il est normal que tu songes à ajouter quelques fonctionnaires à ce monstrueux ministère, qui en comptait plus de deux mille, dont mille de trop, au dire de hauts fonctionnaires mêmes. (J'ai examiné l'organigramme du ministère de l'Éducation avant la fusion avec le ministère de l'Enseignement supérieur et de la Science.) C'était un magnifique exemple d'éléphantiasis administrative : au sommet de la pyramide – ce n'était pas un totem –, le ministre trônait sur un sous-ministre, sur deux sous-ministres associés, sur quatre sous-ministres adjoints, sur soixante-trois « directions » (rien que ça!), sur vingt et un « services », sur cinq « divisions », sur quatre « secrétariats », sur trois « coordinations », sur un « greffe » et sur une « revue ». Le ministère de l'Enseignement supérieur et de la Science – quelques centaines de fonctionnaires – s'occupait des collèges et des universités.

Il est normal qu'un ministre de l'Éducation cherche à contrer le décrochage en ajoutant un sous-ministre adjoint, un adjoint à un sous-ministre adjoint ou bien en créant une soixante-quatrième direction : la « direction du décrochage ». Il s'ensuivrait que les commissions scolaires, au lieu de recevoir près de 800 communiqués du ministère, comme ce fut le cas en 1991, en recevraient 1 000. Ou bien, qu'il imagine d'allonger l'année scolaire de quelques jours. Le ministre de 1992 a proposé de la porter de 180 à 185 jours. Pour combattre le décrochage, commençons par utiliser au mieux les 180 jours dont on dispose; après, on verra.

Lors du verglas de janvier 1998, les élèves de la région de Montréal ont bénéficié d'une dizaine de jours de congé forcé. Le jour où la ministre de l'Éducation a dévoilé son plan de rattrapage, on pensait entendre le président de Prévost Car! Quand on fabrique 15 autobus par jour, on en fabrique 150 en dix jours. Il est facile de calculer le rattrapage. La situation est différente quand on fabrique des têtes bien faites, comme disait Montaigne. Qu'on rattrape quelques jours à même les journées pédagogiques ou des congés mobiles, soit; il n'est pas nécessaire de rattraper tous les jours perdus, surtout pas d'étirer les journées ou d'enseigner le samedi.

Enfin, un ministre de l'Éducation va injecter des millions additionnels dans le système : les millions, pour la plupart des gens, c'est la panacée, en éducation comme en santé. Pourtant, le Japon et l'Allemagne investissent moins de 5 % de leur richesse collective dans l'éducation, alors que le Québec investit environ 7,5 %. On se comporte comme un propriétaire d'équipe sportive qui voudrait améliorer le rendement des joueurs en investissant dans les salaires et l'équipement, mais qui ne se soucierait pas de leur apprendre à jouer... Le rôle principal du ministère de l'Éducation, c'est de fabriquer des programmes et d'en contrôler l'application par des examens identiques dans tout le Québec. Voilà sa façon de revenir au dédaigné. Les Jeux du Québec sont les mêmes partout.

Si tu occupes la présidence d'un syndicat d'enseignants, tu

vas trouver qu'il y a trop d'élèves par classe. Le ministre en poste en 1992 – qui n'avait jamais mis les pieds dans une classe – abondait dans ce sens : « Trente-deux, c'est beaucoup de monde. » En retrancher quelques-uns créerait des milliers de postes, gonflerait le montant des cotisations syndicales; mais il n'est pas sûr que le nombre des décrocheurs serait moindre avec 30 qu'avec 32, ni même avec 25. Trop d'élèves, l'enseignant est débordé; trop peu, il s'ennuie. Seul avec son professeur, n'importe quel élève décrocherait, ou s'accrocherait, comme ce fut le cas d'Héloïse...

Si tu es un sociologue, il est évident que le décrochage est un problème de société. Pour le sociologue, tous les problèmes sont de société. Son métier consiste justement à expliquer les phénomènes sociaux par d'autres phénomènes sociaux. L'éclatement de la famille deviendra une cause du décrochage, et il faudra trouver les causes de l'éclatement de la famille pour y remédier. En attendant, les élèves continueront de décrocher.

Si tu es un élève, il est possible que tu voies les choses différemment, et de la bonne manière : il appartient aux convives de juger si le cuisinier est bon et aux étudiants d'évaluer leurs professeurs. Lors d'un congrès de comités de parents, tenu à l'école Brébeuf de Limoilou, le 29 mai 1993, Anik Daigle, une élève de secondaire V, a parlé du décrochage aux deux cents parents et éducateurs réunis. Elle a dit ce qu'un syndicat d'enseignants n'a pas le droit d'évoquer : « Le professeur y est pour beaucoup. » Seule Anik Daigle a pointé un responsable du doigt. Rien d'étonnant : c'est plus « civilisé » de conclure qu'on est tous responsables, mais il n'est pas sûr que la guérison sera quand même rapide et totale. Si les élèves avaient le droit de choisir leurs professeurs, chacun irait au meilleur, sans se soucier du nombre qui s'entasserait dans sa classe.

Formé à la rude pédagogie d'Alain, je pense que les élèves diraient qu'on cherche trop à les amuser. Je ne dis pas qu'on cherche trop à rendre la classe intéressante, car je fais une nette distinction entre amuser et intéresser. On a suggéré de combattre l'ennui par des activités parascolaires. Grossière erreur! On combat l'ennui en rendant l'enseignement intéressant – ce qui ne veut pas dire amusant. Les jeunes s'ennuient à l'école parce qu'ils n'y font pas ce qu'ils s'attendent d'y faire : assimiler des connaissances difficiles. La langue française en est : on ne la maîtrise pas sans des efforts soutenus. Regardez Alain bousculer nos principes pédagogiques : « Il m'est arrivé de répondre à quelque enquête de pédagogie. Ce n'est toujours que donner un bon coup de pied dans le système d'instruire en amusant. [...] Je ne promettrai donc pas le plaisir, mais je donnerai comme fin la difficulté vaincue; tel est l'appât qui convient à l'homme [...] L'enfant vous sera reconnaissant de l'avoir forcé; il vous méprisera de l'avoir flatté[76]. »

Alain n'est pas une brute : il est probablement l'un des plus grands pédagogues que la France ait produits. Aussi ajoute-t-il : « Tout l'art est à graduer les épreuves et à mesurer les efforts; car la grande affaire est de donner à l'enfant une haute idée de sa puissance, et de la soutenir par des victoires; mais il n'est pas moins important que ces victoires soient pénibles, et remportées sans aucun secours étranger[77]. »

Piaget rejoint cette rude pédagogie dans les conclusions qu'il dégage de l'étude des « règles du jeu » de billes chez les jeunes. Laissés à eux-mêmes, les jeunes inventent des jeux qu'ils se plaisent à compliquer. L'observateur est « effrayé » de voir la complexité des règles et de la procédure qu'un enfant de douze ans est obligé d'emmagasiner dans sa mémoire. « Ces règles, avec leurs chevauchements et leurs exceptions, sont sans doute aussi complexes que les règles de l'orthographe courante. » Pourtant... Et Piaget « éprouve quelque humiliation » en pensant aux difficultés qu'on rencontre dans l'enseignement de l'orthographe. La raison? On ne parvient pas à susciter de l'intérêt[78].

Si tu es un enseignant, maintenant, comment vois-tu le décrochage? Comme j'en ai été un pendant quarante ans, je m'ar-
roge le droit de dénoncer l'hypertrophie administrative de notre système d'éducation. J'ai déjà mentionné la taille monstrueuse
du ministère. On pourrait adresser le même reproche à tous les
niveaux. Il y a trop d'administrateurs dans les écoles : trop de
gens – compétents, d'ordinaire – occupés à rédiger des rapports
pour le ministère. Il en résulte un gaspillage incroyable d'argent
et de compétence. Au lieu d'aider les enseignants, ces administrateurs alimentent en rapports de toutes sortes les tentacules
du ministère. Ridicule! Le décrochage doit se combattre sur le
plancher des salles de classe. Toute l'attention doit porter sur
les enseignants : les préparer le mieux possible, leur fournir les
instruments pédagogiques dont ils ont besoin, puis les suivre au
lieu de les abandonner comme on fait maintenant.

J'ai parlé ci-dessus de l'impression toujours favorable que
fait un gouvernement quand il injecte des millions dans un
secteur. Les millions, c'est considéré comme la panacée. En
1998, on l'a appliquée à la lecture : 15 millions de dollars de
plus; on achètera un million et demi de livres chaque année.
Bravo! « Les grandes personnes aiment les chiffres », disait le
Petit Prince. Mais les élèves ne liront pas davantage parce que
les bibliothèques contiendront plus de livres : ils liront davantage si on leur fait aimer la lecture. À l'école, ils doivent lire
pour le plaisir. Or le plaisir est compromis de plusieurs façons :
par l'obligation de noter quinze ou vingt mots à chercher dans
le dictionnaire ou par le résumé que certains professeurs exigent. Pour faire aimer la lecture, on fait lire en classe, et plusieurs élèves apportent le livre à la maison pour en continuer
la lecture. À l'école, les élèves doivent lire aussi par nécessité :
toutes les leçons étant de lecture, ils vont lire les ouvrages
propres à chaque matière au programme. Une fois les études
terminées, on continue de lire pour les deux mêmes raisons :
plaisir et nécessité. Nécessité de se tenir au courant des publi-
cations pertinentes au métier ou à la profession que l'on exerce;

plaisir de s'évader dans un bon roman, une biographie ou un livre d'histoire.

En mars 1998, la ministre de la Culture et des Communications a lancé un projet de politique de la lecture et du livre intitulé : *Le temps de lire, un art de vivre.* Un article de journal titrait : *Lire pour donner sens à la vie et découvrir son identité.* Ces formules ronflantes ne me disent rien qui vaille, et j'aimerais bien en discuter avec ceux qui les ont inventées. D'abord, la lecture n'est pas pour moi un art de vivre ni ne peut en être un pour personne. Qu'elle fasse partie de l'art de vivre, soit; mais elle n'en est pas un à elle seule. De plus, je ne lis pas pour donner un sens à ma vie ni ne vois comment les gens dont la vie n'a pas de sens puissent lire pour lui donner un sens. Enfin, je ne lis pas pour découvrir mon identité.

Moi, j'ai lu et je lis par utilité et par plaisir. Par utilité, j'ai beaucoup lu pour exercer mon métier de professeur de philosophie et pour alimenter ma plume d'écrivain. Par utilité, j'ai lu sur la santé, les finances, les loisirs, etc. Par plaisir – l'utilité était quand même sous-jacente : le plaisir de manger ne supprime pas l'utilité de le faire! – par plaisir, dis-je, j'ai lu de grands romans, des biographies de personnes célèbres et de la poésie.

J'allais terminer sans avoir parlé des devoirs à la maison. En principe, il n'en faut pas. De nos jours où, très souvent, les deux parents sont sur le marché du travail, on ne peut pas exiger d'eux qu'ils supervisent des travaux, à plus forte raison qu'ils expliquent de la théorie qui n'a pas été comprise en classe. Les devoirs à la maison devraient consister, pour quelques élèves, à terminer des exercices commencés à l'école. Des exercices qui mettent en pratique de la théorie qui a été expliquée et comprise. Quant aux leçons, elles sont indispensables, mais les parents ne doivent rien avoir à expliquer : il doit leur suffire de s'assurer que leurs enfants savent leurs leçons.

***

Le retour au dédaigné, ce n'est pas la rentrée triomphale de la dictée : c'est la rentrée du livre, l'accent mis sur la lecture, l'étude systématique de la grammaire, la fréquentation quotidienne du dictionnaire, l'enseignement de l'analyse grammaticale et de l'analyse logique, la discipline et l'effort. Un grand coup de pied dans le système d'instruire en amusant, comme disait Alain. Intéresser, d'accord; mais intéresser, ce n'est pas amuser.

Chapitre 12

L'euthanasie : mort adoucie ou mort donnée?

Sans raison particulière, je n'avais pas l'intention d'aborder le thème de l'euthanasie. Mais, à quelques reprises, des amis intéressés à l'ouvrage que j'avais sur le métier m'ont demandé si j'en parlais. L'étonnement provoqué par ma réponse négative m'a décidé d'insérer l'euthanasie dans ma liste. Voici donc quelques réflexions sur ce sujet controversé, au vocabulaire plutôt déroutant.

Les définitions de l'euthanasie, comme de toutes choses, sont nombreuses, car les logiciens ont répertorié plusieurs espèces de définition : étymologique, nominale, réelle ou de la chose elle-même, qui peut être descriptive ou métaphorique; qui peut donner l'une ou l'autre des quatre causes : cause efficiente (l'agent), cause finale (le but poursuivi), cause matérielle, cause formelle. Je me suis attardé à ces différentes définitions dans *Une morale de la responsabilité*, p. 19-28.

Les conclusions que l'on tire, aussi bien en général que dans le cas particulier de l'euthanasie, dépendent des définitions avec lesquelles on fonctionne. Selon la définition qu'elle donne de l'euthanasie, telle personne affirme que cette intervention est un crime. Par exemple, Vatican II, dans le document intitulé *L'Église dans le monde de ce temps* range l'euthanasie dans « les pratiques infâmes »[79], sans donner aucune définition de l'euthanasie. Le *Catéchisme de l'Église catholique* consacre une demi-page à l'euthanasie, soit quatre petits paragraphes. Il juge irrecevable l'euthanasie « directe », qui consiste à donner la mort pour supprimer la souffrance, mais l'usage d'analgésiques pour soulager la souffrance, même au risque d'abréger les jours, peut être moralement acceptable.

On voudrait un peu plus de précisions : une définition de l'euthanasie comme telle, sans qualificatif, et un mot de l'euthanasie « indirecte », corrélative à l'euthanasie « directe ». En somme, les meilleures références sur l'euthanasie laissent les lecteurs dans la confusion.

Le rôle ou le but de l'euthanasie

Pour donner de l'euthanasie une bonne définition et rectifier ensuite plusieurs définitions courantes, remontons à l'étymologie du mot. Il arrive souvent que ce recours ne rapporte rien qui vaille. Par exemple, *muscle* vient du latin *musculus*, petit rat, petite souris, mais ni l'un ni l'autre de ces rongeurs ne figure dans la définition d'un muscle. Le cas de l'euthanasie est différent; l'étymologie du mot est éclairante. *Euthanasie* vient de deux mots grecs : *eu*, un adverbe qui signifie *bien*; *thanatos*, un nom qui désigne la mort. Si *thanatos* était un adjectif, l'euthanasie ressemblerait à un constat de décès : « Bien mort! » Mais *thanatos* est un nom : l'adverbe *eu* ne saurait le modifier. On place donc les deux mots côte à côte, sinon dos à dos.

Devant une voyelle, *eu* devient *ev*, comme dans év-angile, qu'on rend par *bonne nouvelle*. On ferait donc un petit pas dans la bonne direction en disant que, de par son étymologie, l'euthanasie évoque une bonne mort. D'ailleurs, les Grecs ont fabriqué le mot *euthanatos* : qui a une mort douce ou glorieuse. Il va de soi que notre euthanasie n'a rien de glorieux. Cependant, rien n'empêche qu'elle soit douce, au sens de sans souffrance. Or une mort peut être naturellement douce – les centenaires qui s'éteignent comme des lampes qui n'ont plus d'huile; elle peut être douce avec le concours de l'art. Et c'est ainsi que notre euthanasie se rattache à son étymologie grecque.

La bonne façon, sinon la meilleure, de définir l'euthanasie, c'est par la fin ou le but qu'elle poursuit. Et l'on est ainsi amené à distinguer la fin ou le but d'avec les moyens utilisés pour y parvenir. La fin de l'euthanasie, c'est de soulager la douleur des personnes atteintes d'une maladie qui conduit à la mort. Cette fin n'a rien de contraire à la morale, même catholique, qui ne demande pas que l'on boive sans aucun soulagement et jusqu'à la lie le calice de la souffrance. (Je me réfère à la morale catholique parce que, en ce domaine comme en bien d'autres, elle est considérée comme la plus sévère.) Le calmant prescrit par le chirurgien après une intervention ne relève donc pas de l'euthanasie, si la mort n'est pas imminente, ni ne relève de l'euthanasie le comprimé qui calme le mal de tête.

En ne considérant que le but poursuivi, l'euthanasie est une intervention qui a pour but de soulager – si possible de supprimer – la souffrance d'une personne atteinte d'une maladie qui conduit à une mort imminente. De nos jours, on ne dira pas à un malade que le temps est venu de recourir à l'euthanasie – il penserait au chat ou au chien qu'il a fait euthanasier –, mais aux soins palliatifs. Cette définition de l'euthanasie exclut le cas des vieilles personnes devenues « légumes » qu'on supprimerait parce qu'elles constituent un fardeau pour la société. Si elles ne sont pas souffrantes, cette définition ne les recouvre pas. Les supprimer – pour ne pas dire les tuer –, ce n'est donc pas de l'euthanasie.

La moralité des moyens

L'immoralité, quand il y a immoralité, s'attache aux moyens employés pour calmer ou supprimer la souffrance. La fin, si bonne soit-elle, ne justifie pas les moyens : on ne renverse pas les piétons pour que le personnage important, allongé dans l'ambulance, arrive plus tôt à l'urgence.

Un moyen radical de mettre un terme à la souffrance, c'est de donner la mort ou de se la donner. Un malade peut demander qu'on lui injecte une substance mortelle. C'est ce que l'on appelle à tort l'euthanasie *directe*. Dans beaucoup de définitions, c'est l'euthanasie directe – qui donne la mort – qu'on a en vue. Cette forme d'euthanasie est inacceptable, d'abord parce qu'on dispose maintenant de moyens efficaces pour calmer la souffrance, puis à cause des abus qu'elle peut facilement engendrer. Mais, avant d'être *directe*, l'euthanasie est l'euthanasie sans qualificatif, et c'est elle qu'il faut définir – et que j'ai définie – avant de définir ses modalités : directe ou indirecte, active ou passive.

J'ai dit que l'on qualifiait à tort de *directe* l'euthanasie qui supprime la douleur en donnant la mort. En fait, c'est de l'euthanasie indirecte. L'euthanasie directe calme la souffrance en s'attaquant directement à la souffrance : donner la mort pour supprimer la souffrance, c'est la supprimer indirectement, comme c'est combattre indirectement le froid que de se réfugier dans les pays chauds pendant l'hiver.

Si la substance est injectée pour diminuer la souffrance, mais qu'elle accélère le processus de la mort et abrège la vie, la morale, même catholique, donne son assentiment : c'est l'acte à double effet. L'effet recherché est bon : soulager la souffrance; l'effet qui en découle est mauvais : la vie est abrégée. La moralité de l'acte à double effet fournit aux intervenants une bonne marge de manœuvre. On parle alors d'euthanasie *indirecte*, mais on devrait parler d'euthanasie *directe*, car on s'attaque directement à la souffrance; on ne la contourne pas.

La complexité des exposés sur l'euthanasie vient souvent de considérations ou de questions qui ne relèvent pas directement de l'euthanasie. Par exemple, l'acharnement thérapeutique sur une personne réduite à une vie végétative ne relève pas de l'euthanasie si cette personne ne souffre pas. On est en euthanasie quand on cherche les moyens raisonnables ou moraux de soulager la souffrance d'une personne dont la maladie conduit à une mort prochaine.

Examen de quelques définitions

Pour Ignace Lepp, « l'euthanasie, c'est la mort donnée à autrui, avec ou sans son consentement, pour hâter la fin de ses souffrances[80] ». Cette définition n'est pas la définition de l'euthanasie comme telle, même si elle ne contient aucun qualificatif. Elle est la définition de l'euthanasie que l'on qualifie de *directe*, mais qui est *indirecte*, comme je l'ai montré. Cette espèce d'euthanasie est moralement inacceptable. Lepp aurait dû définir l'euthanasie sans qualificatif, celle qui entend soulager directement la souffrance et non pas la soulager indirectement en donnant la mort. De plus, donner la mort, ce n'est pas « hâter la fin des souffrances », mais y mettre un terme brutal. Prise au sens que lui donne Ignace Lepp, l'euthanasie est donc inacceptable.

Le *Petit Robert* (1975) donne deux définitions de l'euthanasie : 1) en médecine, elle est « une mort douce et sans souffrance »; 2) la notion courante en fait une « théorie selon laquelle il est charitable et légitime de provoquer la mort de malades incurables dont la fin est proche, lorsqu'ils souffrent trop ». La définition attribuée à la médecine constitue un idéal : l'euthanasie vise à supprimer la souffrance; ce n'est pas toujours possible. La définition courante, comme celle d'Ignace Lepp, est une définition de l'euthanasie soi-disant *directe*, mais en réalité *indirecte*, moralement inacceptable, car on ne doit pas provoquer directement la mort pour mettre un terme à la souffrance quand on dispose de moyens efficaces pour calmer la souffrance.

Le *Petit Larousse* (1995) la définit ainsi : « Ensemble des méthodes qui procurent une mort sans souffrance, afin d'abréger une longue agonie ou une maladie très douloureuse à l'issue fatale. (On distingue cette forme d'euthanasie "active", illégale dans la plupart des pays, de l'euthanasie "passive", qui consiste à laisser venir la mort sans acharnement thérapeutique. » Même remarque : ici encore, on donne la mort. On a raison d'ajouter que cette forme d'euthanasie « active » est illégale dans la plupart des pays. L'euthanasie « active » n'est pas synonyme d'euthanasie « directe », car l'euthanasie indirecte est « active » elle aussi. Quant à l'euthanasie « passive, qui consiste à laisser venir la mort sans acharnement thérapeutique », elle n'est pas de l'euthanasie si elle ne fait rien pour calmer la souffrance.

Le *Dictionnaire usuel illustré* (Quillet, Flammarion, 1983) définit l'euthanasie comme une « mort douce provoquée par la morphine, les barbituriques, qui évite à un malade incurable des douleurs intolérables ». Même remarque : ici encore, l'euthanasie met un terme à la douleur en provoquant la mort. Moyen indirect de calmer la souffrance, inacceptable moralement. De plus, il ne convient pas de préciser « par la morphine, les barbituriques », car il existe d'autres moyens de soulager la douleur, même intolérable.

Dans sa définition de l'euthanasie, Bernard Häring mentionne la cause efficiente ou l'agent : « par le médecin », précise-t-il. Il ne le faut pas, car un médecin n'est pas toujours disponible pour administrer le calmant susceptible de supprimer ou de rendre tolérable une grande souffrance. La remarque d'Ignace Lepp ne tient donc pas : « Il est inconcevable que, dans une société civilisée, on laisse les individus juges de l'opportunité de donner la mort à leurs proches gravement malades[81]. » Cette remarque ne tient pas puisqu'il ne s'agit pas, en bonne euthanasie, de donner la mort, mais de calmer la souffrance.

« Il est certain, écrit Ignace Lepp, que la tolérance [légale] de l'euthanasie risquerait de donner lieu à de graves abus et à de véritables crimes[82]. » Précisons, tout d'abord, que la loi ne « tolère » pas : elle permet, elle interdit, elle prescrit ou bien elle ne dit rien. Notons encore une fois qu'Ignace Lepp parle de l'euthanasie soi-disant directe, qui donne la mort pour mettre un terme à la souffrance. C'est elle qui peut donner lieu « à de graves abus ».

Le mot *euthanasie* ne figure pas dans l'index analytique du *Code criminel*. C'est tout à fait normal : n'est pas un crime l'euthanasie qui vise à soulager la douleur au risque d'abréger la vie parfois. Quant à l'euthanasie qui donne la mort pour mettre un terme à la souffrance, elle porte un autre nom. Robert Latimer n'a pas été condamné pour euthanasie, mais pour meurtre. Devant cette sévère condamnation, l'immense majorité des gens préconisaient une peine moins sévère dans le cas d'un homicide commis par compassion. Quand la loi interdit de donner la mort pour mettre un terme à la souffrance, il est peu utile de distinguer entre moralité objective et moralité subjective. Robert Latimer n'avait sûrement pas le sentiment de commettre un meurtre en mettant un terme aux souffrances de sa fille. La charité et la justice nous obligent à penser que, du point de vue moral, il a posé un acte subjectivement bon. On sait qu'un acte objectivement mauvais devient subjectivement bon, du point de vue moral, si la personne qui le pose le juge bon; dans le cas contraire, un acte objectivement bon devient subjectivement mauvais, du point de vue moral, si la personne qui le pose le juge mauvais.

***

Pour voir un peu plus clair dans le problème de l'euthanasie, il importe d'abord de définir l'euthanasie comme telle avant de lui accoler les qualificatifs d'usage : directe, indirecte, active, passive. Comme telle, l'euthanasie devrait évoquer des moyens de soulager les souffrances d'une personne atteinte d'une maladie dont l'issue fatale est imminente. Ainsi entendue, l'euthanasie est conforme à la morale, même si la vie est abrégée : c'est l'acte à double effet.

De ce point de vue, les deux qualificatifs qu'on accole d'ordinaire au mot euthanasie changent de sens. Quand les moyens employés visent directement à soulager la souffrance, mais qu'ils abrègent la vie, on devrait parler d'euthanasie directe et non d'euthanasie indirecte. Quand on donne la mort pour soulager la souffrance, on devrait parler d'euthanasie indirecte, mais on parle d'euthanasie directe; pourtant, on ne s'attaque pas directement à la souffrance : on l'atteint indirectement en donnant la mort. Ce moyen radical est inacceptable et inutile : inacceptable, car il peut donner lieu à de graves abus; inutile en un temps où abondent les moyens non seulement d'adoucir la souffrance, mais de la supprimer.

Les épithètes *active* et *passive* ne font que compliquer le discours. L'euthanasie active n'est pas synonyme d'euthanasie directe : l'euthanasie directe et l'euthanasie indirecte sont actives. Quant à l'euthanasie passive, elle n'a pas sa place dans le débat si elle ne cherche pas à soulager la souffrance.

Chapitre 13

Quand un code tient lieu de conscience

Devant les étudiants de Harvard, le 8 juin 1978, Alexandre Soljénitsyne décrivait les citoyens de certaines sociétés qu'il qualifie de « juridiques »[83]. Tous les problèmes devraient y recevoir une solution juridique, c'est-à-dire tirée de codes, de chartes, de conventions collectives, de statuts, de règlements. Dans ces sociétés – la nôtre en est une –, on a toujours la charte ou la convention collective à la main. Ce recours continuel aux lois, aux chartes, aux règlements, que flétrit le vocable de *juridisme*, empoisonne les rapports sociaux. C'est un poison qu'il faut analyser pour en découvrir l'antidote.

Le poison du juridisme

Les racines du juridisme

Ce désir de régler tous les problèmes par quelque loi, charte ou règlement est d'abord une promesse de facilité. Prêtez l'oreille à l'explication de Pascal : « Qu'y a-t-il de moins raisonnable que de choisir, pour gouverner un État, le premier fils d'une reine? » Mais, en attachant cette dignité à « quelque chose d'incontestable », on assure la paix, chose la plus précieuse[84]. Le dirigeant est transformé en distributrice : café noir, A-3; la solution à ton problème : p. 35, art. 7!

Notre inclination à vouloir tout régler par des lois vient, en second lieu, d'une certaine conception de la justice qui n'a pas coupé le cordon ombilical de son étymologie grecque : partager en deux parties égales. Aux yeux de la plupart des gens, la justice exige qu'il y ait, autour de la table, autant de professeurs que d'étudiants, autant de femmes que d'hommes, autant de Noirs que de Blancs. Le droit, c'est l'égalité, d'accord, mais l'égalité en matière de chaussures, par exemple, ne consiste pas à donner la même pointure à tous. L'égalité de la justice ou du droit s'entend en termes de convenance ou de proportion. Donner de l'eau aux branchies, c'est *comme* (égalité de proportion) donner de l'air aux poumons.

Le désir de tout régler par des lois vient, en troisième lieu, de la faiblesse de notre épine dorsale morale ou, peut-être, de l'absence quasi totale d'une telle épine. Face à une situation que la loi ou le règlement n'ont pas prévue, nous sommes plus désemparés que la cigale de La Fontaine « quand la bise fut venue » : pas un seul petit bout de principe pour dénouer la situation. Dans un guide sur l'avortement, les évêques catholiques du Canada gémissaient : « Depuis le jugement de la Cour suprême sur l'avortement, le droit à la vie de l'enfant à naître a perdu toute protection légale. » Or, chez nous, en l'absence de protection légale, toute protection a disparu, car nous ne sommes pas habitués à la protection morale de la conscience.

Enfin, ce désir de légiférer en tout tient au fait que nous ne savons pas où tracer la ligne de démarcation entre le domaine du droit et le domaine de la morale. Il s'ensuit qu'en dépit du fait que le domaine de la loi ne s'étend pas jusqu'aux frontières de la morale, nous transformons en droits légaux des droits qui devraient rester moraux.

L'échec inéluctable du juridisme

Cette tentative de légiférer sur tout, de ne rien laisser au bon sens des sujets, à leur conscience, est vouée à l'échec. Tout d'abord parce qu'elle ignore la nature même de loi et sa portée. En effet, au moment où il élabore une loi, le législateur est incapable de prévoir tous les cas susceptibles de se présenter, car, dans le domaine de l'action concrète, la variété tient de l'infini.

(Il est même incapable d'inventorier les cas présents : chaque loi soulève des protestations parce que le législateur n'a pas compris tel ou tel cas.) Bien plus, un hypothétique législateur, capable de prévoir tous les cas, devrait se garder de les inclure tous dans le texte de la loi et s'en tenir délibérément à ce qui arrive la plupart du temps, afin d'éviter la confusion. Montaigne parle de « l'infinie diversité des actions humaines » en face de quoi « cent mille lois » n'ont aucune proportion[85].

En conséquence de l'impossibilité d'embrasser tous les cas, la loi que le législateur édicte fait nécessairement défaut dans certaines circonstances de lieu, de temps ou de personne. La qualité – aussi rare que précieuse – qui habilite à discerner ces cas où la loi ne doit pas être appliquée à la lettre occupe une place importante dans la littérature philosophique ancienne et contemporaine. Après son exposé sur la justice, Aristote enchaîne : « La suite de notre sujet nous amène à parler de l'équité et de l'équitable[86]. » Le terme grec qu'il emploie, c'est επιεικεια, que les Médiévaux ont latinisé – epieikeia – et qui a fait épikie en français. Le *Nouveau dictionnaire pratique Quillet* (1974), entre autres dictionnaires, fait toujours mention de l'épikie. Puis, le mot *epieikeia* a fait place à *æquitas*, qu'on a rendu par *équité*.

Sur le plan de l'étymologie, le mot latin est beaucoup moins expressif que le mot grec, formé du préfixe επι, au-dessus, et de εοικε, il convient. Le mot grec évoque l'idée d'une convenance que l'on découvre en s'élevant au-dessus de la lettre de la loi : une convenance supérieure à la loi, tandis que le mot latin *æquitas* et sa traduction *équité* signifient étymologiquement uni, égal. Cependant, le contenu est identique, et c'est ce qui importe avant tout. Au mot *équité*, dans le *Petit Robert*, on lit : « Conception d'une justice qui n'est pas inspirée par les règles du droit en vigueur (*opposé* à droit positif, loi). *Juger selon l'équité. Le juge prononce selon le droit, l'arbitre peut juger en équité.* » L'expression « équité salariale » est à la mode, mais cette équité n'est rien d'autre que de la justice.

En philosophie du droit, on parle de l'équité à peu près dans les mêmes termes qu'il y a deux mille ans et, pour l'essentiel, on en dit les mêmes choses. Giorgio Del Vecchio, par exemple, rappelle que la loi fait abstraction des cas singuliers parce qu'elle est incapable de tenir compte des circonstances concrètes de chacun. Il s'ensuit qu'un énorme travail de discernement est nécessaire, cas par cas, pour obliger la norme abstraite à s'appliquer à la réalité concrète[87]. L'application purement mécanique dénaturerait le droit, en entraînant les conséquences les plus absurdes. Les Romains ont mis en garde contre ce danger : *Summum jus, summa injuria* (sommet du droit, sommet de l'injustice). Cicéron apporte l'exemple d'un chef d'armée qui a conclu avec l'ennemi une trêve de trente jours, mais qui dévaste le territoire de son ennemi pendant la nuit, alléguant que l'entente s'applique aux jours et non aux nuits[88]. En 1995, la ville de Québec subventionnait, en vertu d'un règlement, la rénovation de la façade d'un bar érotique qu'en vertu d'un autre règlement on cherchait à fermer. Et c'est ainsi qu'en multipliant les lois et les règlements, on aboutit à des interprétations fourbes et à des situations cocasses.

Le juridisme est voué à l'échec parce que, trop souvent, les bonnes lois restent lettre morte. *Il y a loin de la coupe aux lèvres*, dit-on pour signifier que les promesses sont une chose et que leur réalisation en est une autre. Il en est ainsi des lois et de leur application. La consécration, par une loi, d'un droit conquis de haute lutte suscite toujours de grandes démonstrations de joie; mais il arrive souvent que les bénéficiaires éventuels ne tardent pas à déchanter. Si toutes les bonnes lois et les chartes étaient mises en pratique, on aurait le paradis sur terre. Voici quelques exemples à faire rêver.

La Charte internationale des droits de l'homme, adoptée et proclamée par l'Assemblée générale des Nations Unies le 10 décembre 1948, stipule, en 1. *Déclaration universelle des droits de l'homme*, article 23 : « 1. Toute personne a droit au travail, au libre choix de son travail, à des conditions équitables et satisfaisantes de travail et à la protection contre le chômage. 2. Tous ont droit, sans aucune discrimination, à un salaire égal pour un travail égal. 3. Quiconque travaille a droit à une rémunération équitable et satisfaisante lui assurant ainsi qu'à sa famille une existence conforme à la dignité humaine et complétée, s'il y a lieu, par tous autres moyens de protection sociale. »

En ruminant ces trois clauses, comment s'empêcher de penser qu'il y a loin de la coupe aux lèvres? Il est vrai que l'Assemblée générale a présenté sa fameuse charte comme « un idéal commun à atteindre par des mesures progressives d'ordre national et international », mais que vaut un droit qui ne correspond pour personne à un devoir? On concède le droit au travail, mais personne n'a le devoir d'en procurer. Que vaut un droit posé comme un idéal à atteindre dans un siècle ou deux, peut-être?

La *Charte des droits et libertés de la personne* du Québec réconforte « toute personne dans le besoin » en lui octroyant le droit, pour elle et sa famille, à des mesures d'assistance financière et à des mesures sociales, prévues par la loi, susceptibles de lui assurer un niveau de vie décent » (Chapitre IV, 45). Les Québécoises et les Québécois qui ne disposent pas des ressources nécessaires pour mener une vie humaine décente devraient-ils revendiquer devant les tribunaux le droit que leur confère cet article 45? Encore une fois, il y a loin de la coupe aux lèvres.

Il existe une Association internationale francophone des aînés, qui, comme toute association qui se respecte, dorlote sa petite charte. L'un des articles concède aux aînés rien de moins que le droit à la santé. J'avais estomaqué un président d'association d'aînés en ridiculisant un tel droit. À un droit, il faut que corresponde un dû, une dette : si l'on est incapable d'identifier son débiteur, à quoi bon se proclamer créancier? La question est simple : qui dispose de la santé et peut l'accorder à la personne qui la revendique comme un droit? Dieu seul! Les aînés comme les puînés n'ont même pas droit aux soins nécessaires, car, bien souvent, les soins nécessaires ne sont pas disponibles dans le pays du malade ou bien leur coût est trop élevé dans le pays où ils le sont. Une personne malade a droit aux soins que son pays est en mesure de fournir. Parfois, ne pouvant pas les fournir à tous, il les fournit aux évêques avant de les fournir aux curés; aux ministres avant de les fournir aux députés.

En novembre 1989, l'Assemblée générale des Nations Unies adoptait le texte de la *Convention relative aux droits de l'enfant*. Les noms des pays qui figurent en tête du texte devraient faire proclamer chanceux les enfants de ces pays : l'Inde, la Chine, l'Éthiopie... En mars-avril 1992, la revue *Esprit* consacrait des articles à cette Convention. Le titre de l'un d'eux en dit déjà long sur la distance entre une charte des droits de l'enfant et son application : *Nouveaux droits de l'enfant, la potion magique?*

Comme il se doit, l'article premier définit l'enfant de la nouvelle Convention : « Tout être humain âgé de moins de 18 ans, sauf si la majorité est atteinte plus tôt en vertu de la législation qui lui est applicable. » Article 6 : « Tout enfant a un droit inhérent à la vie. » Une grave question surgit : à 15 ans, a-t-on 180 mois ou 189 mois? Commence-t-on à compter à partir de la naissance ou à partir de la conception? Le droit à la vie est-il octroyé seulement à la naissance ou dès la conception? La différence est de taille s'il est octroyé dès la conception, comme le laisse entendre le préambule : « L'enfant a besoin d'une protection juridique appropriée, avant comme après la naissance. » Au Canada, le fœtus n'a pas de droits légaux, comme il a été dit dans *Dur, dur d'être un fœtus*. Pourtant, le Canada a signé la *Convention relative aux droits de l'enfant*.

Quand on scrute le texte de cette Convention, on a l'impression que « les États parties » ne seront guère importunés s'ils ne modifient en rien leur politique. Par exemple, le long article 24 sur la santé, les soins médicaux, la malnutrition, etc., demande aux « États parties » de « s'efforcer » de régler ces problèmes. À quelques reprises, la Convention évoque les « limites des ressources dont [les États parties] disposent. » Si l'on accole les deux formules, on obtient cette prière : « Les États parties doivent s'efforcer, dans les limites de leurs ressources », d'observer les 41 articles de la première partie de la Convention. Ce n'est pas très contraignant. Enfin, compte tenu du peu d'autorité et d'influence qu'ont, dans le monde, les Nations Unies elles-mêmes, on peut douter de l'autorité et de l'influence qu'aura le Comité des droits de l'enfant, dont parle la deuxième partie de la Convention. Et il y aura des enfants dans les usines et dans les rues pendant longtemps encore.

En résumé, l'échec du juridisme vient du fait que les lois ne peuvent ni ne doivent couvrir toutes les situations de la vie; il vient ensuite du fait que les lois doivent être ajustées aux cas particuliers, opération qui répugne à bien des préposés à cette tâche; il vient encore du fait que beaucoup de lois et d'articles de chartes restent lettre morte; il vient enfin du fait que les gens sont incapables ou n'ont pas les moyens de revendiquer leurs droits devant les tribunaux – c'est en particulier le cas des enfants : que peut faire un bébé maltraité? Les lacunes mentionnées forcent à recourir à un autre principe de la conduite humaine; un principe applicable dans toutes les situations de la vie et à la portée de tout le monde.

L'éthique ou la morale, antidote au juridisme

Refuser la loi écrite comme règle principale sinon unique de la conduite humaine, c'est en postuler une autre, supérieure aux codes et aux règlements : c'est la loi morale, entièrement affaire de bon sens, de raison ou de conscience. René Dumont martèle, dans *L'utopie ou la mort!*, l'idée, plutôt chimérique pour d'aucuns, qu'on espère en vain un partage équitable des richesses d'un pays, d'abord; de la terre entière, ensuite, si l'on ne change pas l'homme moralement.

Se lancer dans cette entreprise présuppose que l'on en constate la nécessité, puis que l'on croie en sa possibilité. Des voix qui n'ont rien d'épiscopal se sont élevées pour dénoncer l'immoralité générale et prôner la nécessité d'y remédier. *Le Soleil* du 21 octobre 1993 rapportait les propos tenus par Pierre Bourgault, lors d'un colloque à l'Hôtel-Dieu de Québec. Bourgault dénonçait la tricherie généralisée et concluait : « Il faut mettre de la conscience ou de la morale, sinon on est foutus. » Dans *L'actualité* du 15 novembre 1994, Pierre Paquette, économiste et alors vice-président de la CSN, abondait dans le même sens : « On est en train de développer une éthique où la fraude est considérée comme normale. »

La notion de morale ou d'éthique

Je suis loin de penser que la notion de morale ou d'éthique est limpide, même chez les personnes qui l'enseignent. (On peut donner des sens différents aux mots *morale* et *éthique*; on peut aussi, comme je le fais, les employer comme synonymes.) Et je définis la morale comme un ensemble de règles de conduite que les humains ont élaborées au cours des siècles, à la lumière de l'expérience. Ils les remettent au besoin en question à la suite des progrès de la connaissance et les enrichissent chaque fois qu'un problème nouveau surgit. Comme l'être humain est ainsi fait qu'il cherche toujours ce qui semble lui convenir, ici et maintenant, c'est-à-dire son bien, la morale est dévouée au bien de l'être humain comme le perçoit celui qui le recherche. Bref, on recherche son bien et l'on en décide soi-même.

Avec, en tête, cette définition, on ne peut plus simple – simpliste pour ceux qui, comme Héraclite, veulent se rendre illustres par leur langage obscur –, on comprend Soljénitsyne faisant décrire à Chouloubine le seul bon socialisme qui soit, le socialisme moral. Instaurer le socialisme moral, c'est « offrir au monde une société dans laquelle toutes les relations et toutes les lois découlent de considérations morales et d'*elles seules.* Tous les objectifs, à savoir : comment élever les enfants? À quoi les préparer? Vers quoi diriger le travail des adultes? À quoi occuper leurs loisirs? Tout cela devrait se déduire des seules exigences morales. S'agit-il de découvertes scientifiques? seules seraient valables celles qui ne portent pas préjudice à la morale et en premier lieu aux chercheurs eux-mêmes[89]. »

Soljénitsyne croit superflu de définir la morale; aussi, je doute qu'il soit bien compris. Il faut marteler que la morale place le bien de l'être humain au sommet de ses préoccupations. Une découverte scientifique qui ne porte pas préjudice à la morale, c'est une découverte qui concourt au bien de l'être humain; dans le cas contraire, elle est immorale – sans guillemets. René Dumont donne l'exemple de l'avion *Concorde*; une merveille du point de vue technique; une catastrophe du point de vue humain, à cause de la pollution qu'il engendre. Quand le bien de l'être humain passe en premier, on ne fabrique pas tout ce que l'on est capable de fabriquer, mais seulement les choses qui tournent au bien de l'être humain.

Notre société, qualifiée de *technologique*, a comme « premier principe qu'une chose *doit* être faite parce qu'il est techniquement *possible de la faire* ». S'il est possible de fabriquer des armes nucléaires et bactériologiques, on en fabrique, au risque d'anéantir l'humanité; s'il est possible de visiter la Lune ou d'autres planètes, on s'y prépare, au prix de besoins fondamentaux non satisfaits sur la terre; s'il est possible d'aller encore plus vite – en train, en avion ou en voiture –, on n'hésite pas; s'il semble possible de cloner des êtres humains, on s'y essaie. Accepter le principe qu'une chose doit être faite parce qu'elle est techniquement possible, c'est faire du développement technologique le fondement de la morale[90], alors que le fondement de la morale authentique exige qu'une chose soit faite seulement si elle concourt au développement de l'être humain.

L'enseignement moral et l'éducation morale

René Dumont, à la suite d'une lignée quelques fois millénaire, croit en la possibilité d'une transformation morale des êtres humains : il croit qu'un défaut moral se corrige; il croit qu'une qualité morale s'acquiert. Quand on reconnaît la nécessité de développer des qualités morales chez les gens, qu'on est persuadé que c'est possible, on cherche les moyens appropriés. Dans le sport, on sait qu'il faut, d'une part, des entraîneurs compétents et, d'autre part, des exercices répétés : ce n'est pas au tableau noir qu'on apprend à plonger.

En éducation morale, les principaux entraîneurs sont la famille, l'école et la société elle-même. Sans aucun doute la famille exerce une influence considérable. Si les parents, en général, ne sont pas en mesure d'exposer la partie théorique de la morale, ils sont capables d'entraîner par leur exemple et de faire acquérir de bonnes habitudes. Pour pratiquer la justice, il n'est pas nécessaire d'en connaître la meilleure définition. Quant à la société, elle est la grande éducatrice par son incomparable influence. L'atmosphère dans laquelle on baigne au Québec diffère de l'atmosphère dans laquelle on baigne en Italie, au Japon ou en Iran. L'atmosphère morale québécoise est faite d'une certaine télévision; elle est faite de ce que les journaux nous apprennent du comportement des gens en matière de justice, par exemple. Ce n'est pas toujours d'un niveau moral très élevé. Enfin, il y a l'école avec des enseignants qui transmettent des connaissances morales et qui sont appelés à faire de l'éducation morale.

Une enquête du ministère de l'Éducation du Québec, menée auprès de 3 216 enseignants chargés de cours de morale, a donné des résultats stupéfiants. Seulement 4 % de ces 3 216 enseignants avaient reçu un peu de formation en morale. Pour 80 % des 3 216, l'enseignement moral était un complément de tâche : la direction n'ayant pas assez d'heures de français, de mathématiques, d'histoire ou d'anglais à leur confier pour constituer une tâche normale, elle l'avait complétée en leur ajoutant quelques heures de morale. Ces 2 572 enseignants – 80 % de 3 216 – avaient, en moyenne, trois heures et demie de morale par semaine. Le spécialiste en français ou en mathématiques devenait, du jour au lendemain, professeur de morale... Quand on a trois heures et demie de morale par semaine, qu'on n'en avait peut-être pas l'année précédente, qu'on n'en aura peut-être pas l'année suivante, je doute que l'on consacre beaucoup de temps à la préparation.

Je fais la distinction qui s'impose entre l'enseignement moral et l'éducation morale. Après un cours sur la justice, le courage ou la tempérance, on est en mesure de résoudre des problèmes autour d'une table ou sur une copie d'examen. Telle est la portée de l'enseignement. L'éducation va plus loin : elle cherche à faire passer dans la vie quotidienne le contenu de l'enseignement. Problèmes ardus pour l'éducateur moral.

Une qualité morale se développe par l'entraînement, par des actes répétés. Écoutez Nietzsche : « Encore une fois, ce qui importe avant tout "sur la terre comme au ciel", à ce qu'il semble, c'est d'obéir longuement et dans un seul sens; à la longue, il en sort et il en est toujours sorti quelque chose pour quoi il vaut la peine de vivre, vertu, art, etc.[91] » Nietzsche requiert une légère correction. Il ne faut pas dire qu'il en est toujours sorti quelque chose « pour quoi » il vaut la peine de vivre, mais quelque chose *par quoi* on peut vivre sans peine. En effet, on ne vit pas pour cela, mais par cela : le virtuose vit *pour* la musique et il en vit *par* sa virtuosité.

Cependant, il n'est pas aussi facile de s'entraîner en éducation morale que dans le sport. On plonge pendant des heures, mais on ne rend pas pendant des heures le porte-monnaie trouvé : il faut attendre le prochain porte-monnaie. Je ne conseillerais pas aux personnes qui font de l'éducation morale de laisser traîner leur porte-monnaie ou leurs bijoux pour ménager aux jeunes l'occasion de s'entraîner. Leurs choses précieuses pourraient tomber dans les mains de jeunes qui ne suivent pas leurs cours de morale... Après avoir expliqué un cas de l'accord du participe passé, on disait jadis : « Prenez votre cahier d'exercices à telle page. » Après une leçon sur les boissons alcooliques, il ne convient pas de sortir des bouteilles et de dire : « Nous allons nous exercer à boire sobrement. »

Les qualités morales à développer

Schumacher passe pour vieux jeu au regard des gens émancipés quand il affirme : « Il n'est guère vraisemblable [...] que l'homme du XXᵉ siècle soit appelé à découvrir une vérité qui n'a jamais été découverte auparavant. Dans toute la tradition chrétienne, il n'y a peut-être pas d'enseignement qui soit plus approprié et qui convienne mieux à la conjoncture moderne que la doctrine merveilleusement subtile des quatre vertus cardinales : *prudentia, justitia, fortitudo et temperantia*[92]. »

Structurer la morale autour de ces quatre qualités ou vertus, c'est épouser une tradition qui remonte au monde grec. Si l'on ouvre *La République* de Platon (IV, 427, e), par exemple, on découvre les quatre vertus qui constituent l'être humain moralement bien formé : la sagesse ou prudence, la justice, le courage ou la force, la tempérance ou la modération. Ces quatre vertus ont subi avec succès l'épreuve du temps. Saint Ambroise, au IVᵉ siècle, les a faites « cardinales ». On les retrouve au Moyen Âge, à la Renaissance et jusque chez Alain, qui intitule l'un de ses propos : *Les quatre vertus*[93]. Il s'agit toujours de la prudence, de la justice, du courage et de la modération. La formation morale traditionnelle est articulée autour de ces quatre pôles, de ces quatre gonds, puisque le mot *cardinal* vient du latin *cardo*, qui signifie gond.

Dans *L'utopie ou la mort!*, René Dumont croit enseigner une « morale nouvelle », mais, en fait, son « homme nouveau » sortira de l'école de Schumacher. D'abord, il ne sera pas égoïste; il pensera aux autres, aux démunis de la terre. Or, comme il appartient à la justice de faire naître et d'entretenir le souci de l'autre, l'homme nouveau de Dumont cultivera la justice.

En outre, certaines décisions seront difficiles à prendre. On vantera le courage des personnes qui les prendront pour elles-mêmes, si elles n'exercent aucun pouvoir; pour la société, si elles en détiennent une portion. Jadis, le courage portait le nom de force. Terme équivoque pour nous, à moins que l'on n'ajoute un complément déterminatif : force *d'âme*. Aussi *courage* a-t-il supplanté *force*.

Un autre trait de l'homme nouveau, c'est la discipline. Dans ce contexte, le mot signifie une règle de conduite que l'on accepte ou que l'on s'impose soi-même. Son rôle, c'est de contenir, de retenir, de freiner les désirs que la société d'abondance exaspère : s'il y a peu de choses offertes, l'homme est moins esclave de ses désirs. Un pays donné peut bien combler les désirs les plus extravagants de quelques personnes, comme nous le fait voir « la vie des gens riches et célèbres », mais pas de toutes; à plus forte raison si l'on se place du point de vue du monde entier. Comme le désir est enraciné dans le besoin, l'« homme nouveau » devra s'exercer à limiter ses besoins. Le lecteur qui s'est le moindrement frotté à la morale millénaire a reconnu, dans les propos de Dumont sur la discipline, le visage de la bonne vieille tempérance, dont le nom dérive du verbe latin *temperare*, qui signifie d'abord couper, au sens où l'on coupe son vin d'eau. En versant de l'eau dans son vin, le Romain disait : *Tempero vinum*. On en est venu à tempérer ses besoins et ses désirs; c'était les couper de raison, de bon sens.

La quatrième vertu cardinale, la prudence, est, en fait, une vertu intellectuelle : la prudence est un savoir; la vertu morale est une capacité d'agir. Le cadre de ce chapitre ne me permet pas d'en exposer la nature et de mettre en évidence les relations qu'elle entretient avec les trois vertus morales cardinales. J'en ai parlé plus longuement dans *Une morale de la responsabilité*[94]. Je dirai simplement, ici, que la prudence ancienne était une habileté à trouver les bons moyens d'atteindre une bonne fin; elle n'excluait pas l'audace. Elle est devenue synonyme de précaution, de crainte, de peur, d'hésitation, de lenteur. De nos jours, ce qui ressemble le plus à la prudence ancienne, c'est la véritable prospective, celle de Gaston Berger – cette prospective diffère de la prévision, avec laquelle la plupart des gens l'identifient.

Au mot *vertu*, dans son *Dictionnaire philosophique*, Voltaire ironise : « Qu'est-ce que vertu? Bienfaisance envers le prochain. Mais que deviendront les vertus cardinales? Quelques-unes resteront dans les écoles. Que m'importe que tu sois tempérant? C'est un précepte de santé que tu observes; tu t'en porteras mieux. Mais quoi! n'admettra-t-on de vertus que celles qui sont utiles au prochain? Eh! comment puis-je en admettre d'autres[95]? »

Beaucoup de professeurs de morale applaudiraient aux propos de Voltaire s'ils les connaissaient : pour eux, la morale se réduit à la justice. Soit, mais il faudrait qu'ils nous apprennent à faire fleurir la justice sans le courage et la tempérance, ses gardes du corps. L'alcool au volant, c'est un problème qui relève de la sobriété, une fille de la tempérance; mais autrui est souvent rejoint et, du même coup, la justice. Il en est de même dans le domaine du courage : la lâcheté a vite fait, elle aussi, de rejoindre autrui et de le léser. Bref, les trois grandes vertus morales – justice, courage et modération – se tiennent : la justice ne peut pas s'épanouir si les deux autres sont rabougries.

***

S'adonner à la culture de ces qualités que sont la justice, le courage et la modération, c'est administrer au poison du juridisme son seul antidote efficace. Sans cette structuration morale intérieure, tout l'appareil extérieur, si sophistiqué soit-il, n'est que palliatif ou illusion. Ce n'est pas en multipliant les lois, les chartes, les règlements que nous allons résoudre les problèmes qu'affrontent la famille, la société, le monde; ce n'est pas en recourant aux gadgets non plus : cadenas, miroirs, caméras, systèmes d'alarme... On ne retient pas l'eau avec un filet. Les surveillants ne suffisent pas, car ils ont eux-mêmes besoin d'être surveillés. Le seul surveillant qui n'a pas besoin de l'être, c'est la conscience. Il faut en mettre de la conscience ou de la morale, disait ci-dessus Pierre Bourgault, sinon on est foutus.

Nos sociétés investissent beaucoup dans les dimensions corporelle et intellectuelle de l'être humain, mais elles n'investissent presque rien dans la dimension morale. Pourtant, cette dimension est d'autant plus importante que nos sociétés deviennent plus fragiles avec le progrès qui les complexifie. Quand les gens allaient chercher leur lait directement dans le pis de leurs vaches, quand chacun avait son puits, chacun son fanal et sa lampe, le terrorisme social avait peu de prise. Quand les gens voyageaient à dos d'âne, de chameau ou de cheval, on ne pouvait pas faire beaucoup de mal avec une âme de pirate : allez donc détourner un chameau ou y placer une bombe... Bref, si le progrès moral continue de retarder sur le progrès technique, l'humanité n'a pas connu ses jours les plus sombres.

Chapitre 14

L'insémination des lesbiennes

Un ami, membre d'un comité d'éthique d'un gros hôpital du Québec, m'écrivait un jour pour me demander mon opinion sur un problème qui venait d'être soumis. Deux lesbiennes désiraient un enfant. Non pas l'adopter, mais le faire. D'un commun accord, l'une des deux avait été choisie pour recourir à la clinique de fécondation artificielle de l'hôpital.

Il ressortait clairement du résumé de la discussion que certains membres de ce comité pluridisciplinaire entretenaient une bien étrange notion de l'éthique et, ce qui est encore plus étonnant, du rôle d'un comité d'éthique. Comment peut-on donner un avis du point de vue de l'éthique quand on ignore la notion d'éthique et, conséquemment, le point de vue où elle se place pour résoudre les problèmes? Quelques membres du comité ignoraient même le rôle d'un tel comité : les avis exprimés ne sont pas exécutoires; ce sont des avis, rien de plus. Les personnes qui les ont sollicités en disposent selon leur conscience.

Pour l'un des membres du comité, psychiatre de sa profession, « refuser la requête, c'est imposer sa propre morale ». Mais alors, s'il se sent incapable de refuser une requête, pourquoi a-t-il accepté d'être membre d'un comité d'éthique? Pense-t-il que les comités d'éthique ont été créés pour veiller à ce que toutes les requêtes soient acceptées? Les comités d'éthique ont été créés pour donner des avis, favorables ou défavorables. On n'impose pas sa morale, on l'expose, quand on développe devant une personne en faveur de la peine de mort les raisons pour lesquelles on est contre, si tel est le cas. Décideur, on peut imposer sa morale.

Étant donné ce que j'ai dit ailleurs sur la notion d'éthique ou de morale, j'insisterai seulement ici sur le fait que l'action singulière ne se règle pas à partir d'un principe universel comme : « Père et mère tu honoreras. » Entre ce précepte universel et la décision de placer ses parents ou l'un de ses parents dans une résidence pour personnes âgées, de l'expérience s'est accumulée au cours des ans, de la réflexion aussi. À la lumière de cette réflexion et de cette expérience, des enfants concluent qu'il convient ou qu'il ne convient pas de placer leurs parents à eux – pas les parents en général – dans une résidence pour personnes âgées. Puis, dans telle résidence plutôt que dans telle autre.

De semblables décisions ne se déduisent pas immédiatement du précepte : « Honore ton père et ta mère. » Le principe dégagé de l'expérience et à partir duquel on prend sa décision, on l'appelle le principe propre ou immédiat de l'action concrète, singulière, dont les circonstances varient d'un cas à un autre. Ce principe n'a rien d'évident : on peut se tromper en l'appliquant à ses propres parents. En discutant d'insémination artificielle, comme on le verra ci-dessous, on ne procède pas a priori; on fait sans cesse appel à l'expérience accumulée dans chacune des catégories de cas qui se présentent.

Le pseudo-droit à l'enfant

L'un des mots dont on abuse le plus, de nos jours, c'est, sans conteste, le mot *droit*. Chaque fois qu'une personne parle de quelque chose qu'elle désire, elle en parle en terme de droit. Bien plus, on invoque un prétendu droit à l'erreur pour excuser une gaffe. Le vendredi 12 février 1999, au *Québec ce soir* de Radio-Canada, Sébastien Bovet nous apprenait que la cour d'appel avait reconnu, dans le cas de Benoît Proulx, le « *droit à l'erreur* des procureurs de la Couronne ». Après un accident avec le véhicule du patron, l'employé se disculpe : « J'ai le droit de faire un accident. » C'est aberrant. Les habitués des pages roses du *Petit Larousse* disent : *Errare humanum est.* Il est humain de se tromper. Certains ajouteraient : *Errare jus est!* Se tromper est un droit.

Parler de droit pour excuser une gaffe découle d'une ignorance grossière de la notion de droit. Le mot *droit* évoque quelque chose qui convient, quelque chose que l'on désire; donc quelque chose de bon, d'agréable. On a droit à un salaire qui correspond au travail fourni; on a droit à une charge de travail proportionnée à ses forces; on a droit à des vacances, etc. Le détenu cultivé ne dit pas qu'il a droit à la prison : il mérite ou ne mérite pas la prison, il paie sa dette à la société.

De plus, au mot *droit* correspond le mot *devoir* au sens de dû, de dette. Avoir droit à quelque chose, c'est être créancier d'une chose détenue par quelqu'un d'autre; sans débiteur identifié, la créance est vaine, comme il a été dit et répété. Ce que l'on revendique comme un droit est une dette, un dû, un « devoir » (verbe) pour quelqu'un d'autre bien identifié.

Le prétendu droit à l'enfant est un de ces droits dont on ne peut identifier le débiteur. Le droit aux soins nécessaires – quand ils sont disponibles – n'est pas un droit à la santé. De même, le droit à l'insémination artificielle, dans les cas où il existerait, ne serait pas un droit à l'enfant. Personne ne peut garantir un enfant à la femme qui le revendique comme un droit. Si l'on établissait le droit à l'insémination artificielle, dans tel et tel cas, il ne faudrait pas en déduire un droit à l'enfant. Bref, il est inexact de parler d'un droit à l'enfant, mais on peut parler du désir d'avoir un enfant et du droit d'utiliser certains moyens.

D'ordinaire, la femme qui veut un enfant se cherche un homme. Si elle n'en trouve pas qui lui plaise, elle fait comme bien des femmes : elle renonce à l'enfant. Si elle en trouve un, ils peuvent, ensemble, faire le nécessaire pour que l'enfant vienne, mais ce n'est pas sûr qu'il viendra. Si elle refuse ce moyen, le plus naturel et le plus répandu qui soit, et décide de recourir à l'art, elle doit se soumettre aux lois, s'il en existe, puis aux conditions que posent les cliniques de fertilisation artificielle.

Toujours la Charte!

L'argument massue, quand des lesbiennes revendiquent le droit à l'insémination artificielle : « La Charte des droits et libertés interdit toute discrimination. » C'est l'argument le plus efficace de nos jours, où l'on ne jure que par les chartes. Notons d'abord qu'il n'appartient pas à un comité d'éthique d'interpréter la Charte. Pour savoir si la Charte autorise la requête de la lesbienne qui désire un enfant, c'est un avis juridique qu'il faut demander. Un comité d'éthique n'a pas, en tant que tel, la compétence nécessaire pour trancher la question en invoquant la Charte. Il doit se prononcer du point de vue de l'éthique et non pas du point de vue de la Charte. La Charte aurait beau autoriser la requête, il ne s'ensuivrait pas que ce serait moral d'y souscrire.

Un juriste à qui on soumettrait le problème commencerait par chercher si les lois québécoises et canadiennes contiennent des articles concernant la procréation et la fertilisation artificielles. Il ne trouverait rien parce que nos législateurs ne se sont pas encore prononcés sur ces cas. Aucune femme ne peut donc invoquer un droit légal à l'enfant. Si droit il y avait, ce serait un droit moral. Or la violation d'un droit moral ne constitue pas une infraction à la Charte, qui ne couvre que les droits légaux et les libertés légales. La Charte en main, on peut aller devant les tribunaux; mais il est évident qu'on ne peut y aller pour revendiquer une liberté morale et un droit moral tant qu'ils n'ont pas acquis un statut légal.

Comme la fertilisation artificielle n'est pas réglementée par le *Code civil*, chaque hôpital qui offre ce service élabore sa propre politique, trace son propre règlement. Certains hôpitaux offrent effectivement le service aux « couples » infertiles; et le couple, c'est un homme et une femme. La requête de la lesbienne serait immédiatement rejetée comme contraire au règlement de ces hôpitaux. On n'aurait même pas à l'examiner du point de vue de l'éthique.

La lesbienne crierait à la discrimination. Pourtant, le rejet de sa requête ne constituerait pas de la discrimination au sens de la Charte des droits, car aucune loi ne concède présentement le droit à la fertilisation artificielle. Pour qu'il y ait discrimination dans l'application d'une loi, il faut qu'il existe une loi, cela va de soi; une loi dont l'application dans tel cas semble comporter une inégalité.

L'article 10 de la Charte québécoise est clair : « Toute personne a droit à la reconnaissance et à l'exercice, en pleine égalité, des droits et libertés de la personne », quels que soient sa couleur, son sexe, etc. La Charte énumère ces droits et ces libertés. Il y aurait discrimination au sens de la Charte si on refusait à une personne l'exercice d'une liberté ou d'un droit mentionnés dans la loi. La Charte ne nous protège pas contre toutes les discriminations possibles et imaginables, mais seulement contre les discriminations dans l'application de la loi.

L'insémination artificielle

Avant de parler de l'insémination artificielle des lesbiennes, il convient de parler de l'insémination artificielle comme telle. Celle des lesbiennes est un cas d'insémination artificielle. Guy Durand, dans *Quel avenir?*, consacre un long chapitre à ce problème. Il distingue trois cas : 1) l'insémination d'une femme avec le sperme de son mari; 2) l'insémination avec le sperme d'un donneur; 3) l'insémination d'une célibataire – lesbienne ou non.

J'ai consulté le *Catéchisme de l'Église catholique*. Comme le mot *insémination* ne figure pas à l'index analytique, j'ai mis un peu de temps à dénicher, sur le sujet, deux paragraphes écrits en petits caractères. Personne ne s'étonnera que les pratiques ci-dessus décrites soient qualifiées de « moralement irrecevables » ou de « gravement déshonnêtes », selon le cas (§ 2376-2377). « Gravement déshonnêtes » les pratiques qui font intervenir une personne étrangère au couple : don de sperme, d'ovocyte ou prêt d'utérus. Ces pratiques lèsent le droit de l'enfant à naître d'une mère et d'un père éventuellement connus de lui et liés entre eux par le mariage, ajoute le CEC; elles trahissent le droit exclusif à ne devenir père et mère que l'un par l'autre.

« Pratiquées au sein du couple, ces techniques (insémination et fécondation artificielles homologues) sont peut-être moins préjudiciables, mais elles restent moralement irrecevables. Elles dissocient l'acte sexuel de l'acte procréateur et instituent une domination de la technique sur l'origine et la destinée de la personne humaine » (§ 2377).

Cette dernière position semble un peu rigide. S'il s'agissait d'une femme ou d'un mari trop occupés pour se prêter aux jeux de l'amour ou pour d'autres raisons de ce genre, les moralistes seraient d'accord avec le CEC. Mais, s'il s'agit d'un paraplégique, par exemple, la situation n'est plus la même, et l'insémination artificielle avec le sperme du conjoint handicapé ne semble pas « irrecevable » à beaucoup de moralistes, même catholiques.

Cependant, les inséminations les plus fréquentes se pratiquent avec le sperme d'un donneur. C'est le deuxième cas distingué ci-dessus. Cette pratique est « gravement déshonnête », tranche le CEC, qui inclut dans cette condamnation le don d'ovocyte et le prêt d'utérus (mère porteuse). Les raisons : ces techniques lèsent le droit de l'enfant à naître d'une mère et d'un père éventuellement connus de lui; elles trahissent le droit exclusif à ne devenir père et mère que l'un par l'autre. Ces condamnations influeront peu sur la pratique tant que l'expérience n'aura pas dit son mot. Il est remarquable que, dans les faits, l'enfant adopté recherche sa mère biologique.

« L'insémination artificielle avec le sperme d'un donneur ne me semble pas acceptable, dans l'état actuel de mes réflexions », écrit Guy Durand, un homme aussi pondéré que compétent[96]. Ses réserves lui viennent « des risques psychologiques et juridiques aussi bien pour le couple que pour l'enfant » et de la « dissociation sexualité-fécondité ». Le père ne regarde pas du même œil l'enfant dont il est le géniteur et celui que sa femme a engendré avec le sperme d'un autre homme. Si l'enfant est beau et plein de talents, la mère ne peut s'empêcher de rêver du géniteur, de l'imaginer, de le rechercher, peut-être, malgré l'anonymat du don. Atteint dans sa virilité, le mari se sent dévalorisé; il est jaloux du géniteur. Face à l'enfant, l'attitude de la mère diffère de celle du mari. L'enfant est la propriété exclusive de la mère; le mari n'y est pour rien, sinon pour avoir donné son consentement. Les compliments faits à l'enfant ne l'atteignent pas : ce n'est pas *son* enfant! L'expérience montre que les relations du couple se détériorent facilement.

Enfin, Guy Durand s'oppose avec fermeté à l'insémination artificielle d'une femme célibataire. Les enfants aiment avoir un père et une mère bien identifiés. J'ai déjà entendu un enfant de moins de quatre ans demander à son ami, dont il ne voyait que la mère et son nouveau conjoint : « C'est qui ton père? » Le *CEC* a raison de proclamer le droit de l'enfant à naître d'un père et d'une mère connus de lui. De plus, si l'union sexuelle avec un homme répugne à certaines femmes, on peut s'interroger sur l'éducation qu'elles donneront à leurs enfants.

Pendant longtemps, la procréation fut considérée comme un devoir envers l'État, dont les effectifs étaient menacés par la mortalité infantile. Ce n'est plus le cas : ce qui menace la planète, maintenant, c'est la surpopulation. Dans la plupart des États, les dirigeants sont conscients de ce danger et ils considèrent comme nécessaire une diminution de la fécondité. C'est pourquoi la procréation a cessé d'être un devoir pour les citoyens et les citoyennes; le devoir est maintenant du côté de l'État, devoir de restreindre la fécondité. Il n'est donc pas enclin à accorder inconsidérément la liberté de procréer.

***

Un comité d'éthique est habilité à expliquer à une lesbienne qu'il n'existe pas de droit moral à l'enfant, car à tout droit correspond un dû. Or elle ne peut prouver à qui que ce soit qu'il lui doit un enfant et qu'il est en mesure de le lui procurer. La lesbienne peut désirer un enfant et elle jouit de la liberté d'en faire en respectant les contraintes imposées par l'État, par la nature – la morale – ou par les cliniques d'insémination artificielle. Elle peut avoir droit aux méthodes de fertilisation artificielle, sans qu'il en résulte nécessairement un enfant.

Un comité d'éthique devrait normalement donner un avis défavorable à la demande d'insémination artificielle déposée par une célibataire – lesbienne ou non – pour favoriser une meilleure éducation de l'enfant à naître éventuellement : *Père manquant, fils manqué*, peut-être. Le cas de l'adoption est différent : améliorer le sort d'un enfant déjà né, ce n'est pas la même chose que d'en jeter un délibérément dans une situation difficile. Au temps où la surpopulation menace, la procréation n'est plus un devoir.

Si, devant un refus, elle invoque la *Charte des droits et libertés* et parle de discrimination, il faut lui répéter qu'il n'y a pas de discrimination à traiter différemment des situations différentes : deux femmes, deux hommes, un homme et une femme, c'est différent. Une clinique pourrait donc opposer un refus à deux femmes qui se présentent, mais acquiescer à la demande d'un couple homme et femme.

Chapitre 15

Les seins nus et l'ordre public

Par une torride journée de juillet 1991, Gwen Jacob retire son chemisier et déambule les seins nus dans les rues de Guelph (Ontario), occasionnant maints accrochages sur les trottoirs bondés ce jour-là. La Vénus est appréhendée au sens physique du terme – on ne la craint pas du tout – et, traduite devant les tribunaux, elle est condamnée pour « indécence ». Son procureur porte la cause en appel. Le 10 décembre 1996, la Cour d'appel de l'Ontario statue que Gwen Jacob n'a commis aucun « crime », et elle renverse la condamnation pour indécence. Les mots *crime* et *indécence* exigent quelques commentaires.

Le mot *indécence* exhibe le préfixe privatif *in*, comme infidèle, injuste, impur. L'indécence, c'est le contraire de la décence, mot dérivé du latin *decere*, convenir. Tout ce qui ne convient pas mérite le qualificatif d'indécent : tenue vestimentaire indécente, langage indécent, luxe indécent, demande salariale indécente, profit indécent. « Les cris sont indécents à la majesté souveraine », écrit La Fontaine dans l'une de ses fables[97].

Le mot *indécence* s'emploie « spécialement », c'est-à-dire dans un sens plus étroit, moins étendu; cet emploi « spécial » s'oppose à l'emploi « par extension » et il pointe l'un des nombreux cas d'indécence. En ce sens restreint, le mot s'emploie depuis le XVIIe siècle pour dénoncer l'impudicité. Un vêtement peut être indécent en ce sens-là. Sénèque parle « des étoffes de [son] temps dont on fait des vêtements qui ne cachent rien[98] ». Une manière de se tenir, des paroles, des gestes, des regards peuvent être indécents au sens « spécial » du terme.

Plusieurs articles de notre *Code criminel* portent sur l'indécence au sens « spécial » du terme. « Toute personne qui exhibe ses organes génitaux devant un enfant âgé de moins de quatorze ans » commet une infraction (Art. 173). Commet également une infraction « quiconque, sans excuse légitime, est nu dans un endroit public » (Art. 174). « Est nu, pour l'application du présent article, quiconque est vêtu de façon à offenser la décence ou l'ordre public » (Art. 174, 2). Avec pour seuls vêtements un chapeau de castor, une ceinture fléchée et des mocassins, un homme est nu. La nudité partielle est interdite si l'on est en mesure de prouver qu'elle offense la décence ou l'ordre public. Enfin, le *Code criminel* distingue entre indécence et grossière indécence : « La distinction entre un acte de grossière indécence et une action indécente est la suivante : la grossière indécence est un acte intrinsèquement indécent tandis que l'action indécente est constituée par un fait qui devient indécent à cause des circonstances qui l'entourent ou de l'intention de l'accusé d'insulter ou d'offenser ainsi la victime » (Art. 174, note). Pendant un repas, quelqu'un jeta des os à Diogène le Cynique. Celui-ci s'approcha lentement des convives et leur pissa dessus comme un chien[99]. Grossière indécence? Pas pour le moraliste, car uriner n'est pas un acte intrinsèquement indécent; il le devient parfois à cause des circonstances.

Gwen Jacob n'a commis aucun « crime », concluent les trois juges de la Cour d'appel de l'Ontario, en retirant sa blouse et en poursuivant sa route les seins nus. Les moralistes les plus sévères sont d'accord. Pourquoi les juges ont-ils utilisé ce gros mot puisque le bon sens ne décèle pas là l'ombre d'un crime?

L'article du *Soleil* débutait ainsi : « Est-ce un triomphe pour les droits des femmes? » Le premier ministre Mike Harris s'était prononcé contre ce comportement. Dans les propos qu'on lui attribuait, le journaliste de la Presse canadienne avait introduit des parenthèses qui contenaient une énorme ambiguïté. Au cours de sa déclaration le premier ministre avait dit : « Je crois que cela... » Entre parenthèses, le journaliste s'était fourvoyé en précisant ce qu'il fallait mettre sous le pronom démonstratif *cela*. Selon lui, *cela* remplaçait « légaliser le droit d'avoir les seins nus en public ».

Le mot *droit* est de trop dans cette affirmation. Légaliser l'avortement et légaliser le droit à l'avortement, ce n'est pas du tout la même chose. Pour légaliser l'avortement, il n'est pas nécessaire que l'avortement soit d'abord reconnu comme un droit moral : ce qui est légal n'est pas nécessairement moral. Légaliser le droit à l'avortement présuppose que l'avortement ait d'abord été reconnu comme un droit moral ou naturel. Pour légaliser le *droit* de déambuler les seins nus, il faudrait au préalable que ce comportement ait été reconnu comme un droit.

Pour discuter cette question dans toute son ampleur, on se demande d'abord s'il convient d'en parler en termes de droit ou en termes de morale. En termes de droit, on se situe dans le domaine de la justice. La justice rend à chacun son droit. Mais la justice ne couvre pas tout le champ de la morale : elle en est une partie. Il reste, selon la division traditionnelle, le domaine du courage et celui de la tempérance ou modération.

Quand une loi ou un règlement impose une tenue vestimentaire, une relation juridique s'établit entre les citoyennes ou les citoyens concernés et le gouvernement qui a imposé le règlement. La tenue vestimentaire est le fondement de cette relation. Le gouvernement, responsable du bien commun, considère alors comme une contribution au bon fonctionnement de la société la tenue vestimentaire qu'il prescrit; il la considère comme un dû. Il est créancier, les citoyennes ou les citoyens sont débiteurs. À cause d'un règlement, une certaine tenue vestimentaire a accédé au domaine de la justice légale.

S'il n'y avait pas de règlement qui interdise de déambuler les seins nus, le problème ne se poserait pas en termes de droit du côté du gouvernement et de dû du côté des citoyennes. S'il apercevait dans la foule qu'il bénit une femme aux seins nus, le Pape ne crierait pas à l'injustice. Il dirait que c'est indécent; que ça ne convient pas. Le problème des seins nus ressortirait à une vertu de la famille de la tempérance ou modération, à savoir la modestie. La modestie dans le vêtement tient compte des circonstances qui se présentent : l'âge de la personne, sa condition, le pays, l'endroit dans le pays (plage, camp de nudistes, club de nuit), les mœurs, l'intention. On ne dévoile pas ses seins de la même manière pour allaiter que pour attirer les regards. Certaines tenues conviennent à la plage, mais non à la messe du dimanche; à des noces, mais non à des funérailles; en privé, mais non en public. Comme rien n'échappe à la morale, alors que le droit ne recouvre qu'une partie de la conduite humaine, il est normal d'envisager le problème du point de vue moral d'abord, c'est-à-dire du point de vue du bon sens ou de la raison, puisque la raison est la règle de la moralité. Un acte conforme à la raison est moralement bon; un acte contraire à la raison est moralement mauvais.

« Aux yeux de certains Ontariens, le jugement constitue une victoire pour l'égalité des femmes, car il élimine la discrimination fondée sur le fait que les hommes perçoivent la poitrine féminine comme un organe sexuel. » Trois éléments de cette phrase suscitent des commentaires.

1) Tout d'abord, le mot *égalité* est plutôt ambigu. Une victoire pour l'égalité entre les hommes et les femmes, c'est un pas de plus vers la totale égalité. Peut-on vraiment dire que les femmes se rapprochent de l'égalité avec les hommes si on leur accorde le droit, comme à eux, de s'afficher torse nu en public? D'après cette manière de voir les choses, on accroîtrait l'égalité entre les hommes et les femmes en supprimant le soutien-gorge, vêtement que les hommes ne portent pas, et en ne fabriquant plus que des vêtements unisexes. Ferait-on progresser l'égalité en uniformisant la coiffure? La ferait-on progresser en obligeant

les hommes à uriner assis ou les femmes à uriner debout? Le monde qui nous entoure est plein de choses destinées aux hommes et de choses différentes destinées aux femmes.

Depuis des millénaires, les penseurs ont distingué une double égalité : l'égalité simple et l'égalité proportionnelle. D'après la première espèce d'égalité, un salaire de 45 000 $ est égal à un salaire de 45 000 $; d'après la seconde, donner 45 000 $ à telle classe d'enseignants, c'est comme donner 125 000 $ à un ministre. En mathématique, on dit : deux est à trois comme quatre est à six, ou bien on écrit : $2/3 = 4/6$. Ce n'est pas faire progresser l'égalité que de nier les différences et de se comporter comme si elles n'existaient pas.

2) Le deuxième élément qui exige des commentaires, c'est l'emploi discutable du mot *discrimination*. Quand donc viendra le jour où nous aurons suffisamment répété qu'il n'y a pas de discrimination à traiter différemment ce qui est différent? Personne ne soutiendra qu'il n'existe pas de différence – dans la plupart des cas – entre une poitrine féminine et une poitrine masculine? Je dis « dans la plupart des cas », car quelques hommes affichent une poitrine plus ronde que certaines femmes; quelques femmes, une poitrine plus plate que certains hommes. Si une femme bien tournée déambulait torse nu, d'un côté de la rue; un homme torse nu, de l'autre côté, tous les hommes – à part quelques homosexuels – regarderaient du côté de la femme. Plusieurs même changeraient de trottoir. Les seins, sujet privilégié par les poètes, les peintres et les sculpteurs, attirent toujours les regards.

Le problème, il me semble, ne consiste pas à se demander s'il est normal que les femmes déambulent torse nu en public, mais plutôt à se demander s'il est normal que les hommes le fassent. En juillet 1992, les journaux nous apprenaient qu'un homme surpris torse nu sur la place Saint-Marc, à Venise, était condamné à payer sur-le-champ l'équivalent en lires de 25 $.

Certains invoqueront la *Charte des droits et libertés*, qui place la « liberté d'expression » parmi les libertés fondamentales. Comme bien d'autres, le mot *expression* a plusieurs sens. Spontanément, il évoque le langage. Puis il évoque l'art : on peut s'exprimer par le cinéma, par la peinture, par la sculpture. Finalement, selon le *Petit Robert*, l'expression, c'est « ce par quoi quelqu'un ou quelque chose se manifeste ». Si la faim est l'expression d'un besoin, se promener torse nu est l'expression d'un certain état d'esprit.

Cependant, la liberté d'expression doit se maintenir dans les limites du bon sens ou de la raison, règle de moralité. Aucune société ne permettrait à un forcené de s'exprimer à coups de couteau dans le dos des gens. La liberté d'expression n'est pas un absolu : son exercice légitime requiert le sceau du bon sens, de la raison. Il est normal que bien des citoyens soient frustrés dans leur liberté d'expression, même si la Charte en fait une liberté fondamentale.

3) Troisième élément qui exige des commentaires : « Les hommes perçoivent la poitrine féminine comme un organe sexuel; les seins comme des organes sexuels. » Dire « les hommes », c'est une affirmation qui nécessiterait un sondage. Je ne crois pas que ce soit vrai si l'on prend le temps de définir les termes *organes sexuels*. Pour vérifier le sexe d'une personne, il me semble qu'on ne lui demande pas de retirer sa chemise, mais d'écarter ses jambes : c'est là que le sexe – féminin ou masculin – déploie ses organes, bien connus d'ailleurs. Pour ma part, je continue de penser qu'il vaut mieux considérer les seins comme « les étrennes d'Apollon » que comme des organes sexuels.

Je terminerai en adaptant à mon sujet un quatrain de Molière : Quand sur le sexe mâle, on entend se régler,
C'est par ses beaux côtés qu'il lui faut ressembler.
Ce n'est donc pas, ma chère, en faire un bon modèle
Que d'aller torse nu, en s'enflant la cervelle[100].

Chapitre 16

Quand une femme dira : « Ceci est mon corps »

Imaginez une salle où ont pris place cinquante personnes qui ont répondu à un appel général au sacerdoce lancé par un évêque. Le délégué épiscopal se pointe, ouvre son cartable et distribue un questionnaire à chacune, leur demandant de répondre en conscience à toutes les questions.

La première question s'enquiert du sexe : masculin ou féminin? Avant la deuxième question, un nota bene : Si vous avez coché *féminin*, veuillez quitter la salle. Les deux tiers des personnes présentes se retirent. Plus ferventes que les hommes, les femmes répondent plus nombreuses aux appels de cette nature. La deuxième question porte sur l'état civil : marié ou célibataire? Autre nota bene : Si vous avez coché *marié*, veuillez vous retirer. Le mariage, comme l'ivrognerie de mon petit *Catéchisme*, rendrait-il l'homme semblable à la bête et donc indigne du sacerdoce?

La conclusion est claire : la qualité première pour accéder au sacerdoce, c'est le sexe. Aucune autre qualité intellectuelle ou morale ne compense. Vous appartenez au sexe masculin? La première étape est franchie; passez à la deuxième. Vous appartenez au sexe féminin? Retirez-vous : vous êtes une matière impropre à la forme sacerdotale. Un animal baptisé ne devient pas enfant de Dieu.

La deuxième qualité – ne pas être marié – étonne elle aussi. Le Christ a choisi comme apôtres des hommes mariés, sauf un, semble-t-il. Pour l'accès au sacerdoce, on a retenu *homme*; on a laissé tomber *marié*. Le célibataire Jean nous apprend lui-même qu'il était le préféré du Maître. À la dernière Cène, quand Jésus dit : « L'un de vous me trahira », tous les disciples se regardent stupéfiés. « Or l'un des disciples, celui que Jésus aimait, se trouvait couché sur le sein de Jésus[101]. » Pierre lui fait signe de s'enquérir du nom du traître.

Jésus aimait davantage ce disciple, disait-on jadis, – surtout dans les communautés religieuses – parce qu'il était vierge. Le même Jean confirmait cette interprétation dans son *Apocalypse*, quand il vit les 144 000 qui entouraient l'Agneau et chantaient « un nouveau cantique », que personne ne pouvait apprendre hors ces 144 000, qui, « pour ne pas s'être souillés avec les femmes, sont restés vierges » (XIV, 3-4). Ces 144 000 sont donc des mâles, puisqu'ils ne se sont pas « souillés avec les femmes ». Pris au pied de la lettre, comme on le faisait jadis, ce texte était insultant pour les femmes. Heureusement, mon *Nouveau Testament* précise le sens de cette métaphore choquante pour nos oreilles du XXIe siècle : « La virginité dont il est question s'entend de leur refus de l'idolâtrie, appelée prostitution et adultère par les prophètes de l'Ancien Testament[102]. » La différence n'est pas mince.

À partir du IVe siècle, le célibat devint obligatoire, *en principe*, dans l'Église d'Occident. Les évêques et les prêtres déjà mariés poursuivirent leur vie conjugale; parmi les autres – les célibataires au moment de leur accession au sacerdoce ou à l'épiscopat –, certains refusèrent la nouvelle réglementation et prirent secrètement des concubines. Les interdictions répétées des conciles restèrent lettre morte, de sorte que, au Xe siècle, la loi du célibat ecclésiastique était tombée en désuétude. Pour en savoir davantage sur cette question, voir mon *Sacré Moyen Âge!*, chap. 13. Cependant, dès les temps apostoliques, les évêques et les prêtres les plus austères restaient célibataires ou ne se remariaient pas s'ils devenaient veufs après leur accession au sacerdoce ou à l'épiscopat. Dans sa première épître à Timothée, saint Paul énumère les qualités de celui qui veut devenir prêtre ou épiscope : « Il faut qu'il soit irréprochable, qu'il ne soit marié qu'une fois, qu'il soit sobre, pondéré, digne, hospitalier, capable d'enseigner; qu'il n'aime pas trop le vin, ni les querelles; qu'il soit indulgent, pacifique, détaché de l'argent; bon gouverneur de sa propre maison, ses enfants lui étant soumis en toute dignité; car celui qui est incapable de diriger sa propre famille, comment prendra-t-il soin de l'Église de Dieu[103]? » Les gens ordinaires se demandent pourquoi on ne suit plus saint Paul quand il s'agit du mariage des prêtres et des évêques alors qu'on l'invoque contre le sacerdoce des femmes?

L'ordination sacerdotale, une affaire de mâle

Jean-Paul II a publié, en date du 22 mai 1994, une lettre apostolique désignée en latin par ses deux premiers mots : *Ordinatio sacerdotalis*, mais dont le titre français dégage bien l'idée principale du document : *Sur l'ordination sacerdotale exclusivement réservée aux hommes*[104]. Certains évêques influents d'Allemagne, tel Mgr Karl Lehmann, évêque de Mayence, avaient suggéré des modifications au texte; mais Rome n'avait pas reconnu dans leurs suggestions le souffle de l'Esprit saint.

Pour exclure les femmes du sacerdoce, Jean-Paul II apporte trois raisons, qu'il qualifie de « tout à fait fondamentales ». La première : « L'exemple, rapporté par la Sainte Écriture, du Christ qui a choisi ses apôtres uniquement parmi les hommes. » C'est donc l'exemple du Christ et non sa parole. Puis, à « toutes les femmes du monde entier », il écrivait que le Christ « a confié seulement aux hommes le devoir d'être *icône de son visage de pasteur et d'époux de l'Église à travers l'exercice du sacerdoce ministériel*[105] ». Pourtant, le Christ a donné en son temps bien d'autres exemples qui n'entraînent plus au début du XXIe siècle. C'est normal : avoir l'esprit du Christ, ce n'est pas reproduire ses comportements de jadis, mais essayer d'imaginer ce qu'il ferait aujourd'hui.

Deuxième raison à l'exclusion des femmes du ministère sacerdotal : « La pratique constante de l'Église qui a imité le Christ en ne choisissant que des hommes. » Depuis deux mille ans qu'elle existe, l'Église n'a jamais ordonné de femmes. Le Pape invoque les Églises d'Orient qui ont, elles aussi, fidèlement conservé cette tradition, mais il ne dit mot du mariage, qui y est accessible aux prêtres. Dans les Églises d'Orient, le souffle de l'Esprit saint connaîtrait donc des ratés. À propos de tradition, rappelons que, jusqu'en l'an 769, aucun évêque ne pouvait devenir pape : un règlement en vigueur dans l'Église interdisait à un évêque de changer de diocèse. On choisissait donc les papes parmi les prêtres, les moines, les diacres, voire les laïcs. La même année 769, un règlement fut adopté qui barrait aux laïcs la route de la papauté. Malgré ce règlement, un laïc fut encore élu pape en 1024. En 882, pour la première fois, un évêque devint pape. Une pratique vieille de huit siècles ne constituait pas « une tradition constante ». On se demande à quel moment, entre 769 et 1999, la tradition de ne pas ordonner des femmes devint « constante » et irréversible.

Troisième raison à l'exclusion des femmes du sacerdoce ministériel : « Le magistère vivant de l'Église qui, de manière continue, a soutenu que l'exclusion des femmes du sacerdoce est en accord avec le plan de Dieu sur l'Église. » Le magistère connaît le plan de Dieu, de ce Dieu qui a dit : « Vos voies ne sont pas mes voies, vos pensées ne sont pas mes pensées. » Un vicaire du Christ peut facilement se prendre pour le curé. Sur la couverture d'*Entrez dans l'espérance*, on lit : « Au seuil du troisième millénaire, par la voix chaleureuse de Jean-Paul II, c'est Dieu lui-même qui inlassablement nous déclare son amour. » Dieu est venu une seule fois parler aux hommes. S'il revenait, ceux qui parlent en son nom se feraient peut-être rabrouer, comme il a rabroué les prêtres et les grands-prêtres de son temps.

Le dogme du sexe sacerdotal

La lettre de Jean-Paul II se termine ainsi : « Je déclare, en vertu de ma mission de confirmer mes frères (cf. Lc 22, 32), que l'Église n'a en aucune manière le pouvoir de conférer l'ordination sacerdotale à des femmes et que cette position doit être définitivement tenue par tous les fidèles de l'Église. »

Une *Note de présentation* accompagnait la lettre du Pape et renforçait sa position en insistant sur « la nature définitive et le caractère d'obligation de cette doctrine », à savoir l'exclusion des femmes du sacerdoce. Il ne s'agit pas d'« une simple disposition disciplinaire », mais d'une doctrine « certainement vraie ». « N'appartenant pas aux matières ouvertes à la discussion, elle requiert l'assentiment plénier et inconditionnel des fidèles, et enseigner le contraire revient à induire en erreur leur conscience. » Dites du fond du cœur, si vous en êtes capables : *Credo in sacerdotalem masculinum sexum.* Je crois au sexe sacerdotal masculin.

La définition française d'un dogme convient parfaitement à cette doctrine sur l'exclusion des femmes du sacerdoce, mais s'agit-il d'un dogme au sens du *Catéchisme de l'Église catholique*? Ce n'est pas clair. « Le Magistère de l'Église [...] définit des dogmes quand il propose, sous une forme obligeant le peuple chrétien à une adhésion irrévocable de foi, des vérités contenues dans la Révélation divine ou des vérités ayant avec celles-là un lien nécessaire » (§ 88). Si l'exclusion des femmes du sacerdoce est une vérité de foi, qu'on le dise clairement.

Quelques dissidents

Cette doctrine n'emporte pas, tant s'en faut, « l'assentiment plénier et inconditionnel des fidèles » et elle demeurera pour l'immense majorité matière à discussion, malgré l'avertissement contenu dans la *Note de présentation*. Voici quelques exemples.

De passage à Londres, le 12 mars 1995, le cardinal Carlo

Maria Martini, S.J., archevêque de Milan, accorde une entrevue à la BBC. À propos du sacerdoce des femmes, au lieu de reprendre la déclaration ci-dessus de Jean-Paul II, il se rendit à l'évidence qu'on n'ordonnerait pas de femmes « pendant ce millénaire ». C'était en 1995... Membre de l'*Opus Dei*, il aurait déclaré : « Mais vous savez bien qu'on n'en ordonnera jamais : lisez *Ordinatio sacerdotalis* et la *Note de présentation*. » Il avoua qu'il serait déjà content si, pour le moment, on étudiait la question de l'ordination des femmes au diaconat et si l'on arrivait à une solution positive[106].

Le Vatican a beau dire que la question du sacerdoce des femmes est définitivement tranchée, qu'elle « n'appartient pas aux matières ouvertes à la discussion », elle a été débattue dans le passé et elle le sera dans l'avenir. Jean-Paul II le constate dans sa lettre : « Mais la question ayant été débattue même parmi les théologiens et dans certains milieux catholiques, le pape Paul VI demanda à la Congrégation pour la Doctrine de la foi d'exposer et de clarifier la doctrine de l'Église sur ce point. » La Déclaration qui en émana ne termina pas le débat comme nous allons voir.

Thierry Maertens a publié, alors qu'il était professeur à la faculté de théologie de l'Université Laval, un livre intitulé *La promotion de la femme dans la bible*[107]. Le chapitre VI porte sur le ministère féminin. En conclusion de ce chapitre, Maertens écrit : « L'appel des femmes au ministère ou l'interdiction d'y accéder sont conditionnés par des contextes culturels et sociologiques » (p. 187). Le problème de savoir si les contextes culturels et sociologiques d'aujourd'hui demandent qu'on ordonne des femmes relève de la prudence au sens ancien du terme et non pas de la prudence qui, pour bien des gens, n'est rien d'autre que la peur marchant sur la pointe des pieds. Faut-il attendre que tous les contextes culturels et sociologiques de la planète le permettent pour commencer à ordonner des femmes? Il semble bien que non. Contre tous les Maertens de la terre, Jean-Paul II a affirmé – sans apporter la moindre preuve – que « le Christ n'obéissait pas à des motivations sociologiques ou culturelles propres à son temps[108] ».

Saint Paul joue, dans le débat sur l'accession des femmes au sacerdoce, le rôle de mauvais garçon. Après avoir décortiqué les textes les plus apparemment opposés à l'ordination des femmes, Maertens conclut : « Notre enquête biblique nous donne cependant l'impression que saint Paul n'a pas vraiment fourni d'arguments opposés de façon dirimante[109] à cette accession de la femme au sacerdoce » (p. 195).

Voici quelques textes de saint Paul que l'on attribuerait facilement à Claude Meunier préparant un épisode de *La petite vie* :

> Comme dans toutes les Églises des saints, que les femmes se taisent dans les assemblées, car il ne leur est pas permis de prendre la parole; qu'elles se tiennent dans la soumission, ainsi que la Loi même le dit. Si elles veulent s'instruire sur quelques points, qu'elles interrogent leur mari à la maison; car il est inconvenant pour une femme de parler dans une assemblée[110].

Dans une lettre à Timothée, il revient sur les mêmes idées de manière encore plus choquante, si c'était possible :

> Pendant l'instruction, la femme doit garder le silence en toute soumission. Je ne permets pas à la femme d'enseigner ni de faire la loi à l'homme. C'est Adam, en effet, qui fut formé le premier, Ève ensuite. Et ce n'est pas Adam qui se laissa séduire, mais la femme[111].

Il est évident que l'exégèse de saint Paul ne tient plus. À ses yeux, Adam était un individu, comme lui; Ève, une femme comme sa mère. Cette lecture historique de la *Genèse* est dépassée.

Dans sa première lettre aux Corinthiens, saint Paul est égal à lui-même. Voici quelques perles :

> Je veux cependant que vous le sachiez : le chef de tout homme, c'est le Christ; le chef de la femme, c'est l'homme [...] L'homme est l'image de Dieu; quant à la femme, elle est le reflet de l'homme. Ce n'est pas l'homme qui a été tiré de la femme, mais la femme de l'homme; et ce n'est pas l'homme, bien sûr, qui a été créé pour la femme, mais la femme pour l'homme[112].

Point n'est besoin d'être féministe pour être fort gêné de ces textes, faciles à multiplier. Mais comment se fait-il que saint Paul, un homme intelligent, ait tenu de tels propos? Il était un citoyen romain, bien de son temps. Dans la famille romaine, c'était le chef de famille – et non les tribunaux – qui jugeait la femme et les enfants; son jugement était sans appel. Tite-Live raconte que le Sénat, soucieux d'extirper de Rome les Bacchanales, qui se célébraient depuis longtemps dans toute l'Italie et à Rome même, décréta la peine de mort contre beaucoup de participants à ces fêtes. De nombreuses femmes figuraient parmi les condamnés. Comme elles relevaient du tribunal de la famille, on les remit à leurs parents ou à leurs tuteurs pour qu'ils les fissent exécuter eux-mêmes en particulier[113].

Le chef de famille avait le droit de condamner à mort dans sa maison comme le magistrat dans la cité; aucun membre de la famille ne pouvait faire appel de ses jugements. Aulu-Gelle rapporte des propos de Marcus Caton sur le pouvoir absolu du mari : « Si la femme a commis une action perverse ou honteuse, il la punit; si elle a bu du vin, si elle a commis quelque acte déshonorant avec un autre homme, il la condamne; si elle a eu commerce avec un autre homme, il la tue. » Par contre, « si tu commettais l'adultère, elle n'oserait pas te toucher du doigt et elle n'en aurait pas le droit[114]. »

Le droit du père de famille était le même à l'égard des enfants. Valère Maxime raconte qu'un certain Verginius conduisit au forum sa fille toute jeune et l'y tua, préférant être son assassin tant qu'elle gardait sa pudeur, plutôt que d'être encore son père quand elle aurait été séduite. Elle n'avait même pas été séduite : elle courait seulement le danger de l'être[115].

Selon Régine Pernoud, ce n'est que vers la fin du IVe siècle de notre ère que la loi romaine retira au père de famille le droit de vie et de mort sur ses enfants[116]. Je ne sais pas à quelle époque remonte la dernière condamnation à mort d'une épouse jugée par son mari et exécutée de sa main ou sur ses ordres.

Sur cette épouvantable toile de fond, les propos de saint Paul constituent une nette amélioration. Saint Paul ne permet pas aux maris de juger leurs femmes et de les mettre à mort. Aussi serait-il stupéfié si on l'accusait de misogynie, lui qui croit exprimer la réalité : *veritas rerum*, en parlant des femmes comme il en parle. Appeler un crapaud un crapaud, ce n'est pas mépriser la gent marécageuse.

Bien d'autres ouvrages que celui de Thierry Maertens traitent de l'ordination des femmes. Celui que je préfère pour sa simplicité pleine de gros bon sens, c'est *Le CV de Dieu* de Gérard Marier, prêtre. Ce petit livre de 86 petites pages – dont plusieurs sont blanches – grand comme la main et épais comme l'auriculaire, contient un chapitre intitulé : *Jésus, un homme?* C'est Dieu qui parle, puisqu'il pose sa candidature pour un poste de laveur de pieds! Un laveur de pieds sales; pas un laveur de pieds de Jeudi saint!

« L'Ancien Testament me présente – c'est Dieu qui parle – sous des traits masculins, conformément à la culture de l'époque. Heureusement que certains passages corrigent cette image restrictive de mon mystère [...]. » Après avoir donné plusieurs exemples que je ne relate pas ici, faute d'espace, Dieu conclut :

« On pourrait penser que Jésus est une femme dans un corps d'homme. » « Quand Jésus me révèle comme père, il fait de son mieux, compte tenu des limites du langage et de la compréhension de son auditoire. Aurait-il été compris s'il m'avait appelé père maternel ou mère paternelle? En disant simplement père, Jésus, c'est évident, voulait uniquement imaginer l'amour de Dieu invisible, pur Esprit, sans lui coller pour autant les attributs exclusifs du sexe. »

« L'émergence du féminisme est une bonne nouvelle pour moi, dit Dieu. Car la femme est la route pour découvrir non seulement les richesses de mon mystère, mais encore et plus fondamentalement pour me découvrir comme mystère d'amour. » Les femmes aiment bien entendre dire que Dieu est amour; les hommes préfèrent un père tout-puissant. « Toute hiérarchisation entre l'homme et la femme constitue un affront à l'œuvre de Jésus. » « Mais, par son choix d'être un homme du premier siècle, mon fils dut respecter d'autres coutumes plus longues à déraciner [que celles dont il vient d'être question]. C'est ainsi qu'il n'aurait pu dire à une femme qui se serait appelée Marie-Pierre : Marie-Pierre, tu es pierre, et sur cette pierre je bâtis mon Église. Il aurait fallu à Jésus enjamber vingt siècles pour confier à une femme le pouvoir donné à Pierre. » « Les hommes font donc une erreur d'interprétation de la volonté de Jésus quand ils interdisent aux femmes le sacerdoce ordonné, sous prétexte qu'il n'a appelé aucune d'elles à se joindre au groupe des Douze. »

Je termine avec l'abbé Pierre : « Malheureusement, au sein de l'Église, la place de la femme est trop souvent celle de la bonne du curé. Ce n'est pas normal! Où est-il dit dans l'Évangile que le sacrement de l'ordre devait être réservé aux hommes? Il y est écrit que les douze apôtres étaient là le Jeudi saint. On ne précise pas si Marie était là; rien ne dit qu'elle n'y était pas! Et l'Église, à l'époque, était forcément captive de la société de son temps. »

« Sans être un expert, je pense que, théologiquement, il n'y a pas d'arguments contre l'accès des femmes au sacrement de l'ordre, si ce n'est ceux, de convenance, qui reflètent les modes de pensée dans lesquels ont été éduqués nos prélats. »

« La femme dans l'Église est doublement exclue, car elle l'est aussi par la règle du célibat sacerdotal. [...] Je suis presque certain qu'après le pontificat de Jean-Paul II, on acceptera d'autres initiatives dans l'esprit de Vatican II. Le concile devait être un *aggiornamento*, une mise à jour. De ce point de vue, c'est raté. Ça a plutôt été un ajournement[117]. »

L'idée d'ordonner des femmes ne heurtait pas la majorité des catholiques des diocèses de Québec et de Montréal appelés à former les équipes synodales. Le Synode de Québec, tenu de juin 1992 jusqu'à septembre 1995, groupa plus de 1 000 personnes formant 198 équipes, qui formulèrent 492 propositions. De ces 1 000 personnes, 360 furent invitées à former ce qu'on a appelé l'Assemblée synodale, qui étudia les propositions, les groupa, les modifia parfois, puis se prononça par vote. Pour être acceptée, une proposition devait recueillir les deux tiers des voix. La proposition concernant l'accès des femmes au sacerdoce « n'avait pas obtenu, de justesse, le minimum [les 2/3] de voix requises par le règlement ». Tout près des 2/3 des 360 personnes formant l'Assemblée synodale étaient favorables à l'ordination des femmes. Ces personnes savaient que Jean-Paul II s'était prononcé, le 22 mai 1994, contre l'ordination des femmes; elles savaient que sa position était définitive et obligatoire, que ce n'était pas matière à discussion... Mais, comme membres du peuple de Dieu, ces 360 savent qu'elles ont leur mot à dire dans l'Église; on leur a assez répété : « Vous êtes l'Église. » Le Synode du diocèse de Montréal donna des résultats analogues. La proposition concernant le mariage des prêtres obtint les 2/3 des voix; il manqua quelques dixièmes à la proposition concernant le sacerdoce des femmes pour être acceptée.

Discrimination ou non?

Les gens du Vatican ne sont quand même pas stupides. Ils savaient bien que leur attitude envers les femmes serait taxée de discrimination et ils ont cherché à se défendre contre cette accusation. Dans sa lettre, Jean-Paul II affirme qu'en excluant les femmes du sacerdoce, l'Église ne se rend pas coupable de discrimination : le responsable, c'est le « Seigneur de l'univers », dont l'Église ne fait qu'observer fidèlement une de ses dispositions (p. 552). Bref, on refile le « blâme » à Dieu. La *Note de présentation* rejette, elle aussi, l'accusation de discrimination. La raison apportée : la Vierge Marie n'a pas reçu « la mission spécifique des Apôtres ni le sacerdoce ministériel ». Peu convaincant : la Vierge Marie était une femme, vouée à la soumission, reflet de son mari, interdite d'enseigner.

Pour la plupart d'entre nous – surtout les jeunes –, refuser aux femmes l'accès au sacerdoce, c'est de la discrimination fondée sur le sexe, ce que condamnent à la fois les chartes canadienne et québécoise. À notre époque, où les femmes se retrouvent à peu près dans toutes les professions et tous les métiers réservés traditionnellement aux hommes, le cas du sacerdoce déconsidère sérieusement l'institution qui s'obstine. Saint Paul détonne en interdisant aux femmes de prendre la parole dans les assemblées : on a des femmes chefs d'État, ministres, députées, mairesses, etc. La fonction sacerdotale n'a rien de sorcier : dire la messe, prêcher – elles le font déjà à bien des endroits –, administrer les sacrements, visiter les malades.

***

Pour conclure, je donne la parole au père Charles Boyer, S.J., qui résume une brochure du Conseil œcuménique des Églises intitulée *De l'ordination des femmes* : « Par cette argumentation, avec un pas en avant, un demi-pas en arrière, puis un autre pas en avant, comme la marée montante, on semble bien aller vers l'ordination des femmes. » Pas pendant ce millénaire, comme disait ironiquement le cardinal Martin en 1995, ni pendant le prochain siècle, peut-être, mais dans un avenir imprévisible où la discrimination s'appellera de la discrimination au grand plaisir du « Seigneur de l'univers[118] ».

Chapitre 17

La loi naturelle griffonnée un peu partout

Un curé avant-gardiste de la vallée du Richelieu, passionné de lecture, de réflexion et de discussion, me contactait, naguère, après m'avoir connu par quelques-uns de mes livres. Pour raviver les échanges, il lui arrivait de me soumettre un article et de solliciter mon opinion. C'est ainsi qu'il me fit parvenir un jour un texte intitulé « Les théologiens et la loi naturelle », paru dans *Lumière et vie*, en février 1996. Selon l'auteur, c'est la notion de loi naturelle « systématisée » par Thomas d'Aquin qui nous est parvenue. J'ai eu beau lire et relire cet article, je n'ai pas reconnu la notion thomiste de loi naturelle.

Pour s'en faire une juste idée, puisqu'elle est censée nous être parvenue et nous habiter à notre insu, il importe d'abord d'oublier les jolies métaphores qui nous la présentent comme étant « gravée par Dieu dans le cœur » de l'homme ou encore « écrite et gravée dans l'âme », comme dit Léon XIII, cité par le *Catéchisme de l'Église catholique* (§ 1954). Identifier Dieu comme graveur de cette loi crée l'impression d'une loi imposée de l'extérieur, comme la loi de l'impôt. Il n'en est rien.

Précisons que la notion de loi naturelle n'est pas une invention de Thomas d'Aquin : une abondante littérature païenne en faisait déjà mention, et les penseurs chrétiens, antérieurs au XIIIe siècle, s'en étaient largement inspirés. En élaborant sa propre synthèse, Thomas d'Aquin puise, selon son habitude, chez tous les prédécesseurs – païens, juifs, musulmans ou chrétiens – qui ont apporté quelque chose de valable. Voici, références à l'appui, l'essentiel de sa pensée sur le sujet.

Dans la *Somme théologique*, il consacre un long traité aux lois. Après avoir parlé de la loi en général, il aborde les espèces de lois : loi éternelle, loi naturelle, loi humaine, loi ancienne. La loi naturelle y est donc située par rapport à la loi éternelle, dont elle est une participation, puis les lois humaines sont situées par rapport à la loi naturelle, dont elles dérivent.

Si la notion de loi naturelle est bien vague dans nos esprits, à plus forte raison celle de loi éternelle. Pourtant, des païens comme Cicéron (-43) et Sénèque (65) en parlent. Pour l'un et l'autre, Dieu gouverne le ciel et la terre non pas selon le caprice, mais selon une loi, forcément éternelle, qui ne nous est connue que par la loi naturelle.

Après avoir étudié la loi éternelle, Thomas d'Aquin dit simplement : Ensuite, il faut étudier la loi naturelle – *Deinde considerandum est de lege naturali*. La traduction bien connue de Lachat est trop libre : « Après avoir traité de la loi éternelle, nous devons parler de sa participation dans les cœurs, la loi naturelle. » Remarquez l'ajout inopportun du traducteur : « sa participation dans les cœurs ».

De la nature à la loi naturelle

La loi de la jungle suppose, sans contredit, l'existence de quelque chose que l'on appelle la jungle : sans jungle, la loi de la jungle serait une chimère. De même, sans nature, la loi naturelle ou de la nature serait une création de l'esprit. Portons d'abord notre attention sur l'épithète *naturelle*, qui présuppose l'existence en chaque être – minéral, végétal, animal – de quelque chose que l'on appelle sa nature, et, dans l'être humain, l'existence de quelque chose que l'on appelle la nature humaine.

Beaucoup de gens le nient de bouche, mais ils en tiennent forcément compte dans leur vie. Litige de langage, dirait Saint-Exupéry. La nature qui nous entoure abonde d'êtres innombrables et fort différents les uns des autres : le cactus est différent du champignon, le tigre est différent de l'agneau, l'homme est différent de la bête. Les personnes qui entretiennent des plantes et des animaux s'informent des exigences de chacune et de chacun : personne ne se comporte de la même manière envers le tigre et l'agneau, envers la vipère et le lombric. C'est cet ensemble de besoins, de tendances, de qualités, de propriétés de chaque être qu'on appelle sa nature. Le fer rouille : c'est dans sa nature; la fourmi besogne : c'est dans sa nature; l'être humain, parle : c'est dans sa nature.

Le précepte fondamental de la loi naturelle

La loi naturelle contient plusieurs prescriptions ou préceptes hiérarchisés à partir d'un précepte fondamental ou premier, que Thomas d'Aquin dégage comme suit. Quand on observe les êtres de la nature : minéraux, végétaux, animaux et humains, il semble que chacun recherche ce qui lui convient et repousse – quand il en est capable – ce qui ne lui convient pas. C'est on ne peut plus évident chez les humains : il n'y en a pas un seul sur la terre qui met une tuque et des mitaines quand il fait chaud et qui les retire quand il fait froid; il n'y en a pas un seul qui boit quand il n'a pas soif et qui ne boit pas quand il a soif. Cette observation du sens commun se formule de la manière suivante : « Tout être désire ce qui lui convient – le bien – et il fuit ce qui ne lui convient pas – le mal[119]. » En prenant conscience de cette inclination fondamentale de sa nature – qu'il trouve nécessairement bonne, comme toute inclination naturelle –, l'être humain SE donne une règle de conduite, un précepte : Je dois faire ce qui convient [à ma nature d'être humain] et éviter ce qui ne lui convient pas. En d'autres mots, je dois faire le bien et éviter le mal.

L'être humain ne se sent pas obligé, contraint de l'extérieur; il reconnaît qu'il y va de son intérêt. Il n'y a pas un seul être humain qui ne soit d'accord avec ce précepte dans la conduite de sa vie – si ce n'est en paroles, parfois. Ce précepte est donc bien naturel. Il fait partie de la loi naturelle. C'est même le premier précepte de la loi naturelle; tous les autres s'y ramènent.

La loi morale naturelle commence à se constituer par cet acte de la raison humaine qui transforme en règle de conduite, en précepte, l'évidence, face à notre inclination naturelle fondamentale, qu'il est avantageux de faire le bien et d'éviter le mal. C'est pourquoi Thomas d'Aquin a cette formule fort étonnante, mais capitale : *Lex naturalis est aliquid per rationem constitutum* – la loi naturelle est quelque chose de constitué par la raison [humaine][120]. (Notez qu'il ne dit pas que Dieu commence à ce moment-là à écrire dans le cœur humain...) Ceux qui pensent que les lois biologiques, par exemple, font partie de la loi naturelle rencontrent là un bon sujet d'étonnement. Ces lois ne sont pas constituées par la raison, mais découvertes par elle à partir de l'expérience commune ou de l'expérience scientifique. Elles ne font donc pas partie de la loi naturelle dont on parle présentement, qui est une loi de l'agir humain.

Quand on lit les articles consacrés à la loi naturelle dans le *Catéchisme de l'Église catholique*, on ne trouve aucune référence aux inclinations naturelles. Les auteurs disent fort bien que c'est « la raison qui l'édicte » ou encore qu'elle est « établie par la raison », mais à partir de quoi? On n'en dit rien, et l'impression demeure qu'elle a été écrite « dans le cœur » par une main invisible, comme les mots *Mané, Thécel, Pharès* l'ont été sur une muraille pendant un festin du roi Balthasar (*Daniel*, V, 25-28).

L'inclination à conserver sa vie

Ce qui convient – et ce qui ne convient pas – doit être découvert pour chaque action particulière que l'on pose : manger, boire, se vêtir, parler, protester, se marier, élever des enfants. Comme la division est un moyen de faire progresser la connaissance, Thomas d'Aquin distingue, sous le premier précepte de la loi naturelle, de grands domaines de l'activité humaine en considérant d'autres inclinations de la nature humaine.

Tout d'abord, l'être humain ressent une puissante inclination à conserver sa vie. Tout le monde connaît le Malheureux de La Fontaine qui « appelait tous les jours la Mort à son secours ». La Mort entend ses gémissements et présente sa hideuse face. Le Malheureux lui hurle : « N'approche pas, ô Mort; ô Mort, retire-toi. » Suit une citation de Mécénas : « Qu'on me rende impotent, cul-de-jatte, goutteux, manchot, pourvu qu'en somme je vive, c'est assez, je suis plus que content. » Face à cette irrésistible inclination, l'être humain se donne comme règle générale de conduite de faire tout ce qui est nécessaire à la conservation de sa vie et un devoir d'écarter tout ce qui constitue une menace pour sa vie.

Le texte latin marque clairement la distinction à faire entre l'inclination naturelle et les règles de conduite que la raison humaine en dégage : *Secundum hanc inclinationem pertinent ad legem naturalem ea per quæ vita hominis conservatur et contrarium impeditur.* Ce n'est donc pas l'inclination elle-même qui fait partie de la loi naturelle, mais toutes les règles de conduite nécessaires pour que cette inclination atteigne son but : règles portant sur le boire, le manger, le sommeil, le vêtement, l'habitation, le travail, le jeu. L'être humain va-t-il se les « graver dans le cœur », se les « écrire dans l'âme »? Il est évident que ces métaphores sont maintenant inutiles, voire nuisibles à la compréhension de ce qu'est vraiment la loi naturelle.

Cependant, un être humain a beau prendre conscience de cette grande inclination à conserver sa vie et sa santé, se donner les préceptes correspondants, ce n'est qu'un modeste début. Les humains ne savent pas encore comment se nourrir pour conserver leur santé; ils ne savent pas quoi faire pour éviter les maladies ni quoi faire pour guérir plusieurs d'entre elles. Les

recherches se poursuivent, et les résultats sont souvent déce-
vants, parfois contradictoires. Quand les humains savent quoi
faire, la bonne conduite n'est pas encore assurée : pour se bien
conduire, il faut conserver la maîtrise de ses inclinations : amour,
peur, colère, tristesse, etc. C'est la vertu morale qui assure cette
maîtrise, car la loi naturelle n'est pas une vertu : elle n'est pas
« ce par quoi on agit[121] ». C'est la vertu morale qui est telle.
C'est pourquoi Cicéron dira que « la vertu n'est autre chose
qu'une nature achevée »[122], une inclination naturelle perfection-
née par l'habitude, domestiquée et rendue utilisable. L'animal,
à cause de son instinct, n'a pas besoin de vertu morale pour
bien agir; mais nous, parce que libres, nous en avons besoin.

L'inclination à l'union des sexes

Sous l'inclination fondamentale à faire le bien et à éviter le
mal, Thomas d'Aquin vient de distinguer une première inclination : l'inclination à conserver sa vie. Il distingue ensuite une
deuxième inclination, une inclination que l'être humain partage
avec les autres animaux : c'est l'inclination à l'union des sexes,
à laquelle pousse l'amour, et qui peut aboutir à la procréation
d'enfants. Reprenons ici la formule rapportée ci-dessus :
*Secundum hanc inclinationem pertinent ad legem naturalem ea
per quæ, etc.* L'inclination d'un sexe vers l'autre n'est pas un
article de la loi naturelle; mais, à partir de cette inclination, qu'il
trouve bonne comme toute inclination naturelle, l'homme se
donne des règles de conduite, qui devraient être autant d'articles de la loi naturelle. Inutile de dire que l'unanimité ne règne
plus dans la manière de gérer à l'avantage de l'être humain l'inclination d'un sexe vers l'autre. (Ci-dessous, nous en discute-
rons un cas célèbre tiré de l'encyclique *Humanæ vitæ*.) Les préceptes portant sur la conservation de la vie obligent chaque
être humain individuellement – mon voisin ne peut pas manger
pour moi –, mais il n'en est pas ainsi des préceptes portant sur
la propagation de l'espèce humaine – on peut laisser aux autres
le soin de s'en charger si l'offre suffit à la demande...

L'inclination à connaître

Les opérations dont l'être humain est le plus fier, ce sont les opérations de la vie intellectuelle – sciences et arts. Redisons avec Pascal : « Pensée fait la grandeur de l'homme. Toute notre dignité consiste en la pensée. » Thomas d'Aquin multiplie ses louanges à l'égard de l'intelligence : elle est quelque chose de divin; par elle, l'homme ressemble à Dieu; elle est ce qu'il y a de meilleur dans l'homme; rien n'est plus noble ni plus parfait que l'acte d'intelligence[123]. Il s'ensuit que la vérité, bien de l'intelligence, est également quelque chose de divin, et que, partant, le sage aime et honore l'intelligence, chose la plus aimée de Dieu parmi les réalités humaines : *Sapiens enim diligit et honorat intellectum, qui maxime amatur a Deo inter res humanas*[124].

Tout être vivant ressent son inclination la plus forte et trouve ses joies les plus grandes dans l'opération qui lui est propre. Or l'opération qui caractérise l'être humain, c'est l'opération intellectuelle. C'est de ce côté qu'il ressent sa plus forte inclination et qu'il trouve ses plus grandes joies[125]. À la condition, bien entendu, qu'on lui fasse goûter les plaisirs de l'esprit et qu'on l'y entraîne. Face à cette inclination naturelle, l'être humain se prescrit tout ce qui est nécessaire pour développer son intelligence.

L'inclination à vivre en société

Inutile d'insister sur la puissante inclination des humains à vivre en société. Pour mener une vie agréable, ils ont besoin de beaucoup de choses – biens et services – que la famille est incapable de leur procurer. De plus, même si l'homme n'avait pas besoin de ses semblables pour s'approvisionner en biens et services, il vivrait quand même en société parce qu'il a besoin d'amis. Aucun homme ne voudrait d'une vie comblée de tous les biens, mais dépourvue d'amis, disait Aristote.

Face à cette inclination, l'être humain se donne comme règle de conduite de faire tout ce qui est nécessaire pour vivre en paix avec ses semblables, rendant ainsi la société aussi efficace que possible comme instrument d'épanouissement de ses membres. Pour qu'une société fonctionne bien, la justice doit y régner. L'homme se donnera donc d'innombrables prescriptions en matière de justice et des autres vertus sociales.

Le sens des épithètes *universelle* et *immuable*

Le *Catéchisme de l'Église catholique* retient deux épithètes qui donnent à la loi naturelle des allures qui l'apparentent à la géométrie : *universelle* et *immuable* (§ 1956 et 1958). Universelle, personne n'y échappe; immuable, elle n'a jamais changé et elle ne changera jamais. Voyons comment Thomas d'Aquin rend beaucoup moins rébarbatives ces lourdes épithètes.

1) *Universelle*

Au sujet de l'épithète *universelle*, Thomas d'Aquin précise que la loi naturelle est universelle et universellement connue dans ses préceptes généraux seulement[126]. Ceux qui affirment que la loi naturelle est universelle et immuable devraient énumérer ces préceptes généraux : ils ne le font pas. Que la loi naturelle soit universelle, cela veut dire que tout être humain sait qu'il doit faire le bien et éviter le mal, sans savoir pour autant – ou pour si peu – ce qui est bien dans tel cas particulier; tout être humain sait qu'il doit agir selon la raison, sans savoir pour autant ce qu'exige la raison dans telle situation particulière; tout être humain sait qu'il faut s'exercer à la vertu et non au vice. Personne au monde ne dira : « Cet acte n'a pas de bon sens, donc je le pose. » Ce sont ces grands préceptes généraux qui constituent la loi morale « naturelle » entendue au sens strict, c'est-à-dire en tant que connue de tout être qui possède la nature humaine. Dès qu'on s'éloigne de ces grands préceptes généraux, la connaissance de la loi naturelle n'est plus universelle[127].

2) *Immuable*

Être immuable, c'est n'éprouver aucun changement. Thomas d'Aquin se demande si la loi naturelle peut changer[128]. Sa réponse va ressembler à celle qu'il vient de donner concernant l'universalité de la loi naturelle. Dans ses premiers préceptes, elle est immuable. Qu'est-ce à dire? On ne peut pas imaginer qu'il viendra un temps où les êtres humains décideront de ne plus vivre selon la raison; qu'ils opteront pour le vice au lieu de la vertu; qu'ils substitueront le mal au bien[129]. L'universalité et l'immuabilité de la loi naturelle ne couvrent rien d'autre que ces grands principes de la conduite humaine.

Paul VI et la loi naturelle

Examinons le problème posé par Paul VI dans *Humanæ vitæ* : « L'Église, rappelant les hommes à l'observation de la loi naturelle, interprétée par sa constante doctrine, enseigne que tout acte matrimonial doit rester ouvert à la transmission de la vie. » Si l'on entend la loi naturelle au sens strict, demander aux hommes d'observer la loi naturelle, c'est leur demander de faire le bien et d'éviter le mal, d'agir selon la raison, de pratiquer la vertu. Tout le monde est d'accord. Mais, si l'on englobe dans la loi naturelle tous les préceptes qui ont été dégagés dans chaque secteur de l'activité humaine pour vivre, prétendument, selon les inclinations de la nature humaine, l'unanimité ne règne plus.

Le verbe *interpréter* prête à confusion. S'il s'agissait d'une loi positive humaine, tout le monde comprendrait : le texte est devant les yeux, et les juristes en cherchent le sens. Ce n'est pas le cas ici : le code de la loi naturelle n'est pas là, sous nos yeux, avec, quelque part, cette prescription : « L'acte matrimonial doit rester ouvert à la transmission de la vie. » Cette prescription ne relève pas de l'*interprétation* de la loi naturelle : elle en est un article à observer, selon certains, pour gérer comme il se doit l'inclination d'un sexe vers l'autre.

Devant ce précepte, trois attitudes sont possibles. Première attitude : une personne n'est pas d'accord. Voici comment elle voit les choses. Affirmer que l'« acte matrimonial doit rester ouvert à la transmission de la vie », ce n'est pas un précepte de la loi « naturelle » entendue au sens strict, puisqu'il n'est pas admis de tous. D'ailleurs, les membres de la commission qu'il avait chargée d'étudier la question se sont prononcés majoritairement contre la position que Paul VI a adoptée dans son encyclique. On est en présence de ce que Thomas d'Aquin appelle une « conclusion » prétendument dégagée d'un précepte plus général de la loi naturelle. Le précepte plus général permet l'union des sexes pour certaines raisons, dont la procréation. Ajouter que cette union doit toujours rester ouverte à la transmission de la vie, c'est une précision qui n'est pas contenue dans le précepte général. Paul VI a tiré cette conclusion; la personne qui n'est pas d'accord tire la sienne en pensant qu'on ne doit même pas adhérer à un article de foi qui serait contraire à la conscience.

Pourquoi l'acte matrimonial doit-il rester « ouvert à la transmission de la vie »? Paul VI ne l'explique pas de façon convaincante. Et l'on ne peut s'empêcher de penser que la nature tient presque toujours cet acte fermé à la transmission de la vie : avant la puberté, après la ménopause, pendant 25 des 28 jours du cycle menstruel, fermé par l'infertilité naturelle. En fait, l'acte matrimonial est ouvert à la transmission de la vie pendant à peu près 5 % de la vie d'une femme. On pense aussi que l'art est appelé parfois à corriger la nature et à rendre fertiles des personnes stériles. Et l'on se dit : si l'art peut ouvrir « l'acte matrimonial à la transmission de la vie », pourquoi est-il immoral qu'il le ferme parfois? On pourrait objecter qu'il serait déraisonnable de mettre en terre une semence dont la germination a été rendue impossible. L'objection est facile à réfuter : l'acte matrimonial n'a pas pour seul but la procréation, car l'homme n'est pas une bête, dit Thomas d'Aquin[130].

Deuxième attitude : une personne est d'accord avec Paul VI, mais elle sait que l'action singulière est réglée par un précepte valable dans la plupart des cas seulement et non par un précepte absolu. Aux yeux de cette personne, il en serait de la conclusion de Paul VI comme de n'importe quelle autre conclusion tirée de quelque autre précepte universel de morale : dans son application à l'action singulière concrète, elle rencontrerait des exceptions. Dans son *Testament*, l'abbé Pierre, interrogé sur le sida, affirme : « S'il arrive que nous fautions, n'ajoutons pas le crime à la faute. Celui qui, dans la faute, se ficherait pas mal du risque de contamination et n'userait pas de préservatif, celui-là serait un criminel » (p. 108). À la page précédente, il avait rapporté les paroles d'un évêque consulté au sujet d'un ménage chrétien sans beaucoup de ressources, pour qui l'arrivée d'un troisième enfant aurait été catastrophique. Comme évêque, il rappelle la perfection évangélique; comme directeur de conscience, il dit à ce couple : « Recourez, sans vous culpabiliser, à des moyens anticonceptionnels, car votre premier devoir, c'est de maintenir la cohésion de votre ménage » (p. 107).

Troisième attitude : une personne est dans l'erreur non coupable. Pour un catholique, pourrait-on objecter, quand le pape a parlé, la question n'est-elle pas tranchée? En matière de foi, oui; en morale naturelle, non. En morale naturelle, le moraliste est tenu de convaincre en faisant l'évidence. Un ordre – même papal – ce n'est pas de la lumière; il n'éclaire pas la conscience, qui est un jugement de la raison. S'applique dans ce cas le principe de Thomas d'Aquin : « Un acte objectivement mauvais devient subjectivement bon si la personne qui le pose le pense bon[131]. » Si, selon Thomas d'Aquin, une personne qui pense faire une faute en s'abstenant de la fornication en fait une en ne forniquant pas raisonnablement, à plus forte raison en fait-elle une en s'abstenant d'utiliser un moyen artificiel de contrôle des naissances si elle pense, en conscience, qu'il convient d'en utiliser un dans tel ou tel cas.

Humanæ vitæ a convaincu bien peu de catholiques romains, mais elle en a troublé plusieurs chez qui la conscience n'a jamais joué le rôle que même Jean-Paul II lui reconnaît dans *Entrez dans l'espérance*. En évoquant Thomas d'Aquin, il écrit : « L'acte de foi au Christ serait indigne de l'homme au cas où, par extraordinaire, ce dernier serait en conscience convaincu de mal agir en accomplissant un tel acte » (p. 280).

Jusqu'ici nous avons rattaché tous les préceptes de la loi naturelle à quelque inclination naturelle. En réponse à une objection, Thomas d'Aquin va compléter sa pensée. Quelque chose appartient à la loi naturelle dans deux cas : 1) parce que la nature y incline; 2) parce que la nature [sans y incliner] ne suggère [cependant] pas le contraire[132]. Examinons le premier cas.

On dit d'une règle de conduite qu'elle appartient à la loi naturelle quand elle s'enracine dans une inclination de la nature humaine. Chaque fois qu'il parle d'une vertu, Thomas d'Aquin rappelle l'inclination naturelle que cette vertu va imprégner de raison. L'exemple de la vengeance est on ne peut plus étonnant. La vengeance est-elle une vertu spéciale[133]? (Il ne s'agit pas de la vengeance exercée par les tribunaux, mais de la vengeance que chacun doit parfois exercer dans la vie courante.) Thomas d'Aquin commence par rappeler que les vertus nous habilitent à gérer à notre avantage les inclinations naturelles. À chaque inclination naturelle correspond une vertu spéciale. Or l'être humain ressent souvent en lui-même une inclination à la vengeance, c'est-à-dire une inclination à repousser ce qui le blesse et à punir l'auteur de la blessure. Il importe qu'une vertu spéciale confère la maîtrise de cette inclination naturelle pour qu'elle ne pousse pas à commettre des actes répréhensibles.

Examinons le deuxième cas d'appartenance à la loi naturelle, à savoir « quand la nature [sans incliner vers une chose] ne suggère [cependant] pas le contraire ». Si la nature n'inclinait pas l'un des deux sexes vers le sexe opposé, sans incliner vers le même sexe, la raison serait en mesure de conclure quand même que l'union des sexes est naturelle et qu'il convient de promouvoir leur rencontre pour assurer la survie de l'espèce. Thomas d'Aquin donne l'exemple de la nudité. Selon lui, la nature n'incline pas l'être humain à se vêtir, mais la raison en voit la nécessité, et elle demande à l'art de fabriquer des vêtements. Il donne aussi l'exemple de la propriété privée. La nature n'y incline pas, mais la raison y trouve des avantages importants et elle promeut la propriété privée en lui indiquant des limitations[134].

***

Concevoir la loi naturelle comme étant gravée par Dieu dans le cœur de l'homme, c'est en cultiver une notion bien poétique. En fait, tout part des inclinations que l'homme découvre en lui-même : inclination à faire ce qui lui convient, à éviter ce qui ne lui convient pas; inclination à conserver sa vie et sa santé; inclination d'un sexe vers l'autre; inclination à connaître, à vivre en société, à rendre le dû, etc.

Ces inclinations naturelles ne sont pas la loi naturelle; mais, c'est à partir de ces inclinations que la raison humaine – et non la main de Dieu – élabore la loi naturelle, constituée de tous les préceptes que la raison humaine se donne pour vivre selon les inclinations qu'elle découvre dans l'être humain.

La loi naturelle contient quelques préceptes très généraux. Ces préceptes-là sont universels et immuables : faire le bien, éviter le mal, agir selon la raison, s'exercer à la vertu et non au vice. Tous les autres préceptes qui en découlent ne comportent pas ces deux caractères d'universalité et d'immuabilité. Ce sont des préceptes vrais dans la plupart des cas seulement et qui ont été dégagés des premiers préceptes, les seuls qui soient universels et immuables.

Qu'on accepte ou non la notion de nature, qu'on utilise ou

non la notion de loi naturelle, les problèmes que pose l'agir humain sont toujours les mêmes : il s'agit d'appliquer, dans telle situation particulière, dont les circonstances varient à l'infini, les préceptes lointains, « universels et immuables » de la conduite humaine. Cette application nous arrache à l'universel et à l'immuable pour nous plonger dans le particulier et le mouvant. Ainsi, entre le précepte universel et immuable – « Tu ne voleras pas » – et l'action singulière, s'interpose le principe propre de l'action singulière, qui est une règle vraie dans la plupart des cas seulement et que l'on dégage de l'expérience de la vie. Bref, la vie ne se déroule pas au niveau des principes universels et immuables, mais au niveau des principes propres, tirés de l'expérience de la vie. À ce niveau, il n'y aurait plus de certitude absolue, même si les principes éloignés devenaient des articles de foi: c'est l'espace de la conscience.

Chapitre 18

Écoles, églises, synagogues ou mosquées?

Après l'instauration de commissions scolaires linguistiques, la Coalition pour la déconfessionnalisation du système scolaire clame qu'il est grand temps d'abolir l'enseignement catholique et protestant, et d'instaurer l'école laïque. Cette Coalition, constituée surtout de syndicats, selon *Le Soleil* du 7 décembre 1998, estime qu'il revient aux divers groupements religieux de transmettre leurs croyances, « en dehors du curriculum scolaire et aux frais des parents ». Sans mettre ses gants... blancs, la présidente d'alors de la CEQ, plantée sur ses ergots, s'égosillait : « Les écoles ne sont pas des églises, ni des temples, ni des mosquées. »

Dans ce débat, comme dans bien d'autres, rien ne s'omet comme l'essentiel. En l'occurrence, les grands principes de base en éducation. J'en rappellerai quelques-uns que l'on trouve, d'abord, dans *La Charte internationale des droits de l'homme*, adoptée le 10 décembre 1948.

Le droit prioritaire des parents

Au sujet du rôle des parents dans l'éducation de leurs enfants, la *Déclaration universelle des droits de l'homme*, contenue dans la Charte, ne prête pas à discussion : « Les parents ont, par priorité, le droit de choisir le genre d'éducation à donner à leurs enfants[135]. » En conséquence de cette priorité et de ce droit : « Les États parties au présent Pacte s'engagent à respecter la liberté des parents et, le cas échéant, des tuteurs légaux de faire assurer l'éducation religieuse et morale de leurs enfants conformément à leurs propres convictions[136]. » De « faire assurer » et non pas d'assurer à leurs frais. La *Charte des droits*

et *libertés de la personne* du Québec tient le même langage :
« Les parents ou les personnes qui en tiennent lieu ont le droit
d'exiger que, dans les établissements publics, leurs enfants re-
çoivent un enseignement religieux ou moral conforme à leurs
convictions, dans le cadre des programmes prévus par la loi »
(Art. 41). La Charte québécoise ne dit pas « en dehors du curriculum scolaire et aux frais des parents ».

Une quinzaine d'années après l'ONU, Vatican II (1962-1965),
en se plaçant du point de vue naturel et moral, réaffirmait les
mêmes principes en établissant les parents premiers et principaux éducateurs de leurs enfants. C'est pour les parents un *devoir* de donner ou de faire donner à leurs enfants une éducation
conforme à leurs propres convictions morales et religieuses[137].

Pour remplir leur mission éducatrice, les parents ont besoin
d'aide. Les éducateurs sont donc mandatés par les parents : il
ne leur appartient pas – encore moins à l'organisme qui prétend les représenter – de décider de la confessionnalité ou de
la non-confessionnalité de l'enseignement. Les parents et les
éducateurs ont besoin de l'aide de l'État. L'État est responsable
du bien commun, que l'on peut décrire comme l'ensemble des
conditions requises pour que les membres de la société puissent développer toutes les dimensions de la personne humaine.
Il n'appartient pas à l'État, non plus, de décider de la
confessionnalité ou de la non-confessionnalité de l'enseignement. Cette responsabilité appartient aux parents.

La dimension religieuse de l'être humain

Pour développer toutes les dimensions de l'être humain ou
assurer le « plein épanouissement de la personnalité humaine »,
comme dit la *Déclaration universelle des droits de l'homme*
(Art. 26, § 2), il importe d'abord de définir ce que c'est qu'une
personnalité humaine pleinement épanouie ou d'identifier les
dimensions de la personne humaine. Elles se réduisent à qua-

tre : dimension corporelle, dimension morale, dimension intellectuelle et dimension religieuse. Toute autre dimension se ramène à ces quatre dimensions-là, ou bien elle n'en est pas vraiment une.

Personne ne conteste à l'être humain les trois premières dimensions : pour vivre heureux, on a besoin de santé, de vigueur, de courage, de justice, de tempérance, d'un certain bagage de connaissances et de quelques habiletés. Mais faut-il reconnaître à l'être humain une dimension religieuse? Pour le cardinal Jean Daniélou, c'est une évidence : « À travers la diversité des religions, ce qui s'exprime est une dimension de la nature humaine. C'est un aspect constitutif de l'homme que d'être religieux[138]. »

Tout le monde n'a pas ressenti l'importance de mettre Dieu dans sa vie; de vivre « sous l'œil de Dieu, près du fleuve géant ». Les personnes qui ont fait cette expérience comprennent *Le drame de l'humanisme athée* du jésuite Henri de Lubac. On parle beaucoup de notre monde « en quête de sens ». De multiples occupations peuvent donner un sens à une vie : une science, un art, un métier, un service, un sport. Cependant, ce qui importe par-dessus tout, ce n'est pas de plaquer un sens quelconque sur sa vie, mais de découvrir le sens de la vie pour le donner à la sienne. À cette dernière fin, l'enseignement religieux joue un rôle essentiel : c'est par lui qu'un être humain découvre ses potentialités les plus hautes et les joies attachées à leur développement.

À toutes les personnes qui n'ont pas découvert le sens de la vie, Vatican II concède, en des pages étonnantes, le droit à la liberté religieuse[139]. L'exercice de ce droit signifie l'absence de toute contrainte de la part des individus, des groupes sociaux et de quelque pouvoir humain que ce soit. En matière religieuse, personne ne doit être forcé d'agir contre sa conscience ni empêché d'agir selon sa conscience, en privé comme en public, seul ou associé à d'autres.

Il s'ensuit que l'État doit être neutre en matière religieuse. Neutre : d'un mot latin qui signifie « ni l'un ni l'autre ». Un État neutre en matière religieuse n'impose aucune religion, mais il n'en interdit aucune, non plus. À moins qu'il s'agisse de religions qui comportent des pratiques inacceptables dans le pays, comme le prévoit *La Charte internationale des droits de l'homme*[140], ou des pratiques contraires aux libertés et aux droits fondamentaux de la personne. Sous un État neutre, chaque citoyen a le droit d'entrer dans la religion de son choix, de quitter pour une autre celle dont il est membre ou de n'en embrasser aucune[141]. La neutralité de l'État en matière religieuse permet à l'école d'offrir un enseignement confessionnel, si les parents le désirent; un enseignement multiconfessionnel, quand le nombre le justifie.

On tend à remplacer *neutre* par *laïque*, comme si ces deux épithètes avaient le même sens. Le titre de la version abrégée du rapport Proulx, c'est *Laïcité et religions*. On y reviendra. L'adjectif *laïque* est opposé à *confessionnel* qui signifie, selon le *Petit Robert*, « relatif à une confession de foi, à une religion ». Si vous demandez à une personne à quelle confession religieuse elle appartient, elle pourra répondre, si elle comprend la question, qu'elle est catholique romaine, ou anglicane, ou musulmane, etc. Une école confessionnelle est dite telle parce qu'on y enseigne une religion déterminée : un cours sur l'histoire des religions ne rend pas une école confessionnelle. Comme il existe beaucoup de religions, une école peut être qualifiée de *confessionnelle* en référence à n'importe quelle des religions existantes.

Toujours selon le *Petit Robert*, l'adjectif *laïque* signifie « indépendant de toute confession religieuse ». On rencontre cette épithète accolée à État, à école, à enseignement, par exemple. Dans une école laïque, il ne se ferait pas d'enseignement confessionnel, c'est-à-dire d'enseignement portant sur une religion déterminée, comme le catholicisme romain, l'anglicanisme, l'islam ou le judaïsme. La laïcité exclut les confessions religieuses;

la neutralité ne les exclut pas : elle s'abstient seulement de prendre parti pour une religion ou pour une autre.

La neutralité de l'État permet à nos écoles multiethniques d'être multiconfessionnelles. Un peuple qui professe le droit à la différence doit trouver normal que, dans une école ou une commission scolaire, l'enseignement religieux puisse porter, si nécessaire, sur des religions différentes : catholicisme, anglicanisme, judaïsme, islam, etc. Personne ne trouve anormal qu'on donne dans un local un cours d'espagnol; dans un autre, un cours d'anglais; dans un autre, un cours de français, etc. Rien n'empêche qu'il en soit ainsi du point de vue des religions. En démocratie, la majorité – même qualifiée! – n'impose son choix que dans les cas où les choix multiples sont incompatibles : l'usage incontesté de n'avoir qu'un seul premier ministre force les minorités à renoncer à leurs candidats.

La Charte internationale des droits de l'homme stipule : « Dans les États où il existe des minorités ethniques, religieuses ou linguistiques, les personnes appartenant à ces minorités ne peuvent être privées du droit d'avoir, en commun avec les autres membres de leur groupe, leur propre vie culturelle, de professer ou de pratiquer leur propre religion, ou d'employer leur propre langue[142]. »

Après avoir établi le droit à l'enseignement confessionnel, des problèmes d'ordre financier et pédagogique surgissent. Avant de mettre à l'horaire un cours sur l'islam ou le bouddhisme, une commission scolaire verra si le nombre d'inscriptions le justifie et si elle a un instituteur compétent pour en assumer la responsabilité. Les hôpitaux ne disposent pas tous du même équipement ni du même personnel. Pour certains traitements, le malade doit se déplacer.

Le même 7 décembre 1998, *Le Soleil* rapportait des propos de la présidente d'alors de la CEQ : « L'école étant un important facteur d'intégration des minorités culturelles, il est urgent que la religion ne sépare plus les élèves, comme elle le fait à l'heure actuelle. » Bizarre comme raisonnement, car l'intégration ne supprime pas les différences : bien au contraire, elle les présuppose. Les bras, les jambes, les poumons sont des parties intégrantes du corps humain. Leur intégration au corps humain n'implique pas qu'on élimine les différences qui les séparent. On n'intègre pas de l'eau à de l'eau : on l'ajoute.

« Il est urgent que la religion ne sépare plus les élèves, comme elle le fait à l'heure actuelle », disait l'ex-présidente. Mais, si on remplace les commissions scolaires confessionnelles par des commissions scolaires linguistiques, c'est la langue qui, désormais, va « séparer » les élèves. D'ailleurs, il n'y a pas que la religion et la langue qui séparent : il y a la couleur, le sexe, la pauvreté, la richesse, le statut social, etc. Bref, toute différence sépare et constitue une cause de dissension.

Pour que rien ne sépare plus les élèves, il vaut mieux attaquer le mal à la racine. Exposer et faire accepter la notion de droit à la différence. C'est une notion que les enfants sont en mesure de comprendre. Lors de l'émission *Droit de parole* du 9 avril 1999, Anne-Marie Dussault recevait des jeunes de couleur et de religion différentes. Quand l'un d'eux se disait musulman, juif, catholique ou protestant, personne ne s'étonnait.

Une école pour les enfants

Le 20 novembre 1995, l'éditorial du *Soleil* prônait *L'école pour les enfants*. À la suite du *Conseil supérieur de l'éducation*, l'éditorialiste soulignait « le comportement irrationnel – à ses yeux – de beaucoup de parents non pratiquants qui inscrivent leurs enfants en enseignement religieux ». Qu'y a-t-il d'irrationnel dans ce comportement? On peut, sans être « pratiquant », apprécier la valeur de l'enseignement religieux catholique, par exemple, et vouloir en faire bénéficier ses enfants. Pour être rationnels, les parents qui se nourrissent mal doivent-ils inculquer leurs mauvaises habitudes alimentaires à leurs enfants? Les parents qui fument doivent-ils laisser, sans mot dire, leurs enfants fumer?

D'ailleurs, être « pratiquant », qu'est-ce que cela signifie? Bien des gens définissent le catholique pratiquant par la messe du dimanche, comme ils définissent l'éléphant par la trompe. Ce n'est pas ce qui ressort de la description du Jugement dernier dans *Matthieu*[143]. Les brebis sont à droite; les boucs, à gauche. « Venez les bénis de mon Père, dit le Fils de l'homme à ceux qui sont à droite, car j'ai eu faim et vous m'avez donné à manger, » etc. Dans sa première épître, Jean appuie Matthieu : « Si quelqu'un possède les biens de ce monde, voit son frère dans le besoin et lui ferme ses entrailles, comment l'amour de Dieu demeure-t-il en lui? » Les « bénis du Père » doivent bien avoir été des catholiques pratiquants. Pourtant, aucune des questions du Fils de l'homme ne porte sur l'assistance à la messe le dimanche.

Le rôle de l'école ne se limite pas à former des citoyens

Selon cet ex-éditorialiste, les « nouveaux venus [au Québec] s'étonnent du fait que l'école soit si décrochée de la vie réelle qu'elle serve les intérêts religieux au lieu de s'en tenir à son rôle civique ». Il y a deux grosses erreurs à extirper de cette courte affirmation. Tout d'abord, l'idée de « servir les intérêts religieux », comme on dit servir des intérêts étrangers. Les intérêts religieux que sert l'école confessionnelle sont tout d'abord les intérêts des jeunes qui s'inscrivent aux cours d'enseignement confessionnel et non les intérêts des responsables de l'Église catholique. La dimension religieuse est une dimension intégrante de la personne humaine, comme en est une la dimension corporelle. L'école qui développe la dimension corporelle ne sera pas dite au service d'intérêts étrangers – comme en seraient les intérêts des exploiteurs du sport –, car c'est aux jeunes tout d'abord que la santé va être profitable. Il en est ainsi de la dimension religieuse quand on reconnaît qu'elle fait partie intégrante de la personne humaine.

La deuxième erreur consiste à véhiculer l'idée que l'école devrait s'en tenir à son rôle « civique ». Parler ainsi, c'est limiter le rôle de l'école à la seule formation du citoyen. Pourtant, dans le citoyen, il y a d'abord l'être humain. Et le rôle de l'école, c'est de former des êtres humains complets et non pas seulement des citoyens pour l'État. Une école au service de l'être humain à développer fait une place à l'éducation religieuse comme elle fait une place à l'éducation physique et une place à l'éducation artistique.

Aux partisans d'une école qui s'en tient à son rôle civique, l'éminent philosophe indien Krishnamurti répond : « Évidemment, la société existe pour l'individu, et non l'inverse. La société existe pour que l'individu puisse se développer. Certes, l'État préférerait que nous soyons entièrement citoyens, mais c'est là la stupidité des gouvernements. De notre côté, nous voudrions remettre l'homme entre les mains du citoyen, car il est plus facile d'être un citoyen que d'être un homme. Être un bon citoyen, c'est remplir une fonction efficace dans le cadre d'une société donnée. L'efficacité que la société réclame du citoyen l'amène parfois à sacrifier l'homme au citoyen. Un bon citoyen n'est pas nécessairement un homme bon, mais un homme bon est nécessairement un bon citoyen[144]. »

Que les « nouveaux venus » au Québec se rassurent : nos écoles ne sont pas « décrochées de la vie réelle » parce qu'elles se soucient de la dimension religieuse des jeunes, une dimension constitutive de la personne humaine. Une école qui le fait est éminemment « pour l'enfant », quoi qu'en pense le brillant éditorialiste.

Le rapport Proulx

J'ai annoncé ci-dessus que je toucherais un mot du rapport du *Groupe de travail sur la place de la religion à l'école*, que l'on appelle plus brièvement le rapport Proulx. J'en ai lu la version abrégée : *Laïcité et religions*. Les deux mots principaux de ce titre ne me plaisent pas. J'ai dit ce que je pensais de la laïcité. Quant à la présence du mot *religions*, elle m'agace. J'aurais préféré *enseignement religieux*. L'enseignement religieux confessionnel a-t-il sa place à l'école? Voilà le problème.

Partons du principe qu'un droit ne peut pas être contraire à un autre droit. Si tel semblait être le cas, il faudrait conclure que l'un des deux droits n'est pas véritablement un droit. Par exemple, si vous avez un droit de passage à tel endroit, personne ne peut avoir en même temps le droit de vous empêcher de passer, sinon votre droit de passage n'est pas véritablement un droit.

Quand on lit, dans le mandat confié au Groupe de travail : « b) Clarifier les rapports entre les droits fondamentaux de la personne et les droits des parents à l'égard de l'éducation religieuse de leurs enfants » (p. 8), on doit se rappeler qu'il n'y a pas d'opposition entre ces deux catégories de droits – droits fondamentaux de la personne et droits des parents – quand ils sont des droits véritables.

Le même principe permet de débroussailler le passage suivant du rapport : « S'il devait reconduire ces dispositions dérogatoires [les droits des catholiques et des protestants], le gouvernement devrait apporter, sur le plan moral et politique, une justification nouvelle et crédible pour continuer de faire primer ainsi les droits et privilèges des catholiques et des protestants sur les libertés fondamentales et sur le droit à l'égalité » (p. 7).

S'il s'agit de droits véritables, ce serait injuste de les retirer aux catholiques et aux protestants : on ne doit jamais supprimer un droit véritable. Ce qui est injuste dans le système actuel et qui constitue des « privilèges » pour les catholiques et les protestants, c'est de ne pas accorder les mêmes droits à toutes les confessions religieuses. Les droits seraient ainsi respectés et les privilèges, abolis. Qui songerait à supprimer la sécurité d'emploi de ceux qui en jouissent pour abolir leurs privilèges et faire triompher le droit à l'égalité?

De plus, il est faux de dire que, dans la situation actuelle, « les droits et privilèges des catholiques et des protestants priment sur les libertés fondamentales ». Ils ne priment pas sur les libertés fondamentales : ils les respectent. La liberté de religion en est une, accordée par *La Charte internationale des droits de l'homme* et par la *Charte des droits et liberté de la personne* du Québec (Art. 3). Cependant, ils restreignent aux catholiques et aux protestants l'exercice de cette liberté fondamentale. C'est ici qu'il y a discrimination. On corrige la situation non pas en supprimant aux catholiques et aux protestants l'exercice de cette liberté fondamentale, mais en l'étendant aux autres.

Les auteurs du rapport ajoutent que les mêmes droits et privilèges des catholiques et des protestants priment sur « le droit à l'égalité ». Ils pensent régler le problème en recommandant « que les régimes pédagogiques de l'enseignement primaire et secondaire prévoient, en lieu et place des enseignements religieux catholique et protestant, un enseignement culturel des religions obligatoire pour tous » (p. 90, 5). Étonnante conception du droit à l'égalité! La Charte québécoise parle, il est vrai, d'un « Droit à l'égalité », mais, c'est un droit à l'égalité « dans la reconnaissance et l'exercice des droits et libertés » (Chapitre I.1). Le droit à l'égalité dans l'exercice du droit à la liberté de religion ne demande pas de supprimer le droit des catholiques et des protestants; il demande d'accorder le même droit aux autres confessions religieuses.

Depuis des millénaires, les penseurs distinguent une double

égalité : une égalité simple et une égalité proportionnelle. Le droit à l'égalité en matière d'enseignement religieux, ce n'est pas le droit de recevoir le même enseignement : c'est le droit d'avoir un enseignement conforme à l'exercice de sa liberté de religion. Cette bizarre conception de droit à l'égalité, qui a été « au cœur de la réflexion » du groupe (p. 7), déteint sur les recommandations qui ont été faites. Imaginez qu'on applique à d'autres matières d'enseignement le droit à l'égalité tel que le conçoit le rapport Proulx...

***

L'enseignement confessionnel a sa place à l'école parce que la dimension religieuse est non seulement une dimension intégrante de la personne humaine, mais la principale : celle qui donne non pas un sens à la vie, mais qui donne à la vie son sens. L'école doit offrir un enseignement confessionnel parce que son rôle n'est pas d'abord de former des citoyens pour l'État, mais de développer toutes les dimensions de la personne humaine. Au besoin, l'enseignement religieux doit être multiconfessionnel, car aucune majorité n'a le droit de priver une minorité d'un droit qui n'est pas incompatible avec le sien. Enfin, il appartient aux parents de décider de l'enseignement religieux qu'on donnera dans l'école où ils envoient leurs enfants. Bref, les premiers dans l'ordre actuel des choses – l'État, le MEQ, la CEQ – doivent passer au dernier rang; les derniers – les parents – doivent passer au premier.

Une école ne devient pas une synagogue parce qu'un rabbin y donne, deux ou trois fois par semaine, un enseignement israélite à un groupe d'élèves désireux de le suivre. Une école ne devient pas une mosquée parce que l'on permet à un représentant de la religion musulmane d'en faire autant. Pas plus qu'elle ne devient une piquerie ou un fumoir parce qu'une poignée d'étudiants s'y adonnent à certaines pratiques.

Chapitre 19

« Radiographie d'une mort fine »

Je m'apprêtais à mettre fin à ma séance de dépeçage de l'actualité quand mon chien m'est arrivé avec le livre de Charles Côté et Daniel Larouche, publié au début de l'an 2000, aux Éditions JCL : *Radiographie d'une mort fine*. Sous-titré : *Dimension sociale de la maladie au Québec*. Il s'agit bien d'une radiographie de la société québécoise; on y voit des choses qui échappent à l'œil.

Dédié « à tous ceux et celles qu'irritent les écarts entre les discours qu'ils entendent et la réalité qu'ils connaissent », cet ouvrage va choquer les auteurs de ces discours, dont les décisions ont des répercussions désastreuses dans le domaine de la santé des populations régionales.

Umberto Eco fournit l'une des deux épigraphes du chapitre premier – l'introduction : « Les livres ne sont pas faits pour être crus mais pour être soumis à l'examen. » Après avoir lu le livre, et relu bien des passages, j'avoue que les auteurs n'invitent pas leurs lecteurs à croire sans preuves, tellement abondent les données soumises à l'examen. Aucun avancé n'est gratuit; tout est basé sur des « données officielles publiées et vérifiables ». Il serait facile de porter un jugement de valeur sur cet ouvrage, mais il est presque téméraire d'en présenter un compte rendu, tellement le texte est dense et les propos, spécialisés. Cependant, sans être sociologue, on peut suivre assez facilement la trajectoire des auteurs et tirer beaucoup de profit à lire, relire et méditer ce savant texte.

De prime abord, les auteurs distinguent justement deux

notions du langage spécialisé : « système de santé » et « système de soins ». La plupart des lecteurs sont déjà étonnés – ils le seront davantage par la suite – d'apprendre que ces deux expressions ne sont pas interchangeables. Familiers avec le « système de soins », l'idée même d'un « système de santé » leur est tout à fait étrangère.

Le « système de santé », c'est *l'ensemble organisé de mécanismes, de fonctions et d'activités qui, à l'échelle d'une collectivité, contribuent à assurer la santé du plus grand nombre.* Font partie du « système de santé » les réseaux d'aqueduc, les systèmes d'égout, la collecte des ordures, l'épuration des eaux, les équipements sportifs, l'emploi, etc. Bref, le « le système de santé », c'est tout ce qui, de loin, prévient la maladie. Par contre, le « système de soins » ou le « système de services » évoque *l'ensemble organisé de fonctions instituées dans le but de stabiliser l'état ou de restaurer la santé des personnes affectées de certains problèmes organiques.* Atteint d'un cancer au poumon, on ne disserte pas sur le système de santé : on recourt au système de soins.

Cette distinction permet de comprendre le sous-titre de l'ouvrage : *Dimension sociale de la maladie au Québec.* C'est la santé entravée, sinon compromise davantage par le « système de santé » que par le « système de soins ». En effet, ce dernier peut être « efficace, moderne et performant » en dépit du premier. Il est très difficile, sinon impossible, pour un contribuable qui ignore la distinction entre ces deux notions, de percevoir que la redistribution des fonds publics peut détruire le « système de santé » de certaines régions au profit d'autres régions, tout en maintenant un *système de soins* efficace, moderne et performant.

MM. Côté et Larouche ne tardent pas à pointer du doigt leurs cibles : « ... ce livre parle des conséquences découlant des choix faits depuis la Révolution tranquille par les institutions responsables d'assurer des conditions comparables de santé et de développement à l'ensemble des populations régionales du Québec. [...] « ... certaines orientations décisionnelles majeures prises et maintenues *depuis le début des années 1970* sont, dans les faits, en train de défaire le Québec ». Ces propos de CC et DL ne sont pas des affirmations gratuites : leur justification va suivre, basée sur des faits et non sur des discours.

Au chapitre 2, CC et DL cherchent à identifier, puis à valider un indicateur du niveau de consommation de services – en santé physique – des populations régionales, puisque c'est entre les régions que le ministre répartit le financement des besoins de chacune. Par consommation de services, ils entendent l'ensemble des jours d'hospitalisation de courte durée; sont donc exclus les soins d'un jour et les troubles mentaux. L'ampleur des écarts de cette consommation ne manque pas d'étonner : *du simple au double*, entre la région de Laval et celle de la Gaspésie. Après avoir examiné différents indicateurs du niveau de consommation de services, ils constatent que le *niveau de revenu* est un indicateur *très nettement supérieur* à bien d'autres : plus le revenu d'une population est élevé, plus est faible sa consommation en services de santé. À l'échelle des populations régionales du Québec, il est vrai de dire : « riches et en santé » ou « pauvres et malades ». CC et DL comparent ensuite le taux d'inoccupation – chômeurs, assistés sociaux, handicapés, personnes âgées – et le revenu. Ils arrivent à la conclusion que, parmi tous les indicateurs connus, le taux d'inoccupation est un meilleur indicateur du niveau de consommation de services des populations régionales que le niveau de revenu.

Au chapitre 3, CC et DL cherchent à expliquer le niveau différent de consommation entre les régions : l'Outaouais et la Gaspésie, par exemple. Le niveau d'inoccupation, retenu au chapitre 2, comme indicateur principal du niveau de consommation des soins de santé, n'explique pas tout. Des phénomènes de divers ordres sont indissociables du niveau de consommation : la structure d'âge des populations, le stress, la malnutrition, l'environnement (insalubrité et pollution), les décisions médicales d'hospitaliser ou non, etc. Ce chapitre rend disponibles « les concepts aptes à mesurer et à expliquer entièrement le niveau de consommation de services des populations régionales ». *En théorie et logiquement*, avaient-ils précisé au début du chapitre.

Le chapitre 4 soumet à deux niveaux de vérification le modèle théorique développé au chapitre 3 : 1) vérification des éléments « sémantiques »; 2) vérification des relations « syntaxiques ». Les six variables exogènes décrites au chapitre 3 constituent les véritables facteurs explicatifs du modèle; elles en sont une vérification mathématique, c'est-à-dire qu'elles expliquent 100 % de la variance du modèle. Le taux d'inoccupation explique 82,7 % de la variance du taux de jours d'hospitalisation; l'historique du peuplement, 7,3 %; les pratiques professionnelles différentielles, 3,5 %; l'organisation des services, 2,7 %; la performance des établissements, 3,7 %; enfin, l'erreur du modèle, 0,1 %. Voilà pour la vérification dite *sémantique*. La vérification *syntaxique* va consister à mesurer les rapports de causalité existant entre les variables du modèle. Cette vérification couvre plus de vingt pages et fait appel à des connaissances de modèles d'analyse causale que je ne possède pas; je me garderai bien d'en tenter un résumé.

Le chapitre 5 développe le concept d'« état de santé des populations ». Le premier venu sait par expérience ce que signifie l'état de santé d'une personne et son propre état de santé; mais il peut facilement penser que CC et DL se permettent une jolie métaphore en parlant de l'état de santé d'une population – celle de la Gaspésie, par exemple, ou de l'Estrie. Selon eux, ce n'est pas une figure de rhétorique, mais un fait. Dans le cas d'un individu, on parlera de maladies; dans le cas d'une population, on parlera de morbidité, c'est-à-dire d'un ensemble de causes qui peuvent produire la maladie dans telle région plus que dans telle autre. (Le mot *morbidité* revient constamment dans le texte; le lecteur qui ne s'en forme pas une idée claire, la première fois qu'il le rencontre, devra y revenir pour bien comprendre la suite de la démonstration.) Dans le cas d'un individu, on parlera de mortalité; dans le cas d'une population, on parlera d'exode des citoyens ou, plus spécifiquement, de *désintégration démographique*.

Le chapitre 6 est coiffé d'un titre savant : *Certaines dysfonctions létales pour les systèmes sociaux*. Au haut de toutes les pages de ce chapitre, on lit, plus simplement : *Le rôle des idées*. Une dysfonction est un trouble dans le fonctionnement; *létal*, bien connu au Texas, vient du latin *letalis*, mortel. CC et DL vont comparer les systèmes biologiques aux systèmes sociaux. Certains troubles de fonctionnement peuvent affecter les deux. Les uns sont manifestes, les autres ne le sont pas. Ces derniers sont les plus redoutables, car ils évoluent à l'insu des sujets. Parfois, ils sont devenus irréversibles avant que des interventions ne soient entreprises pour inverser le processus. Il semble exister une certaine « parenté » entre le développement des cancers dans les organismes biologiques et la centralisation géographique des ressources vitales dans les collectivités humaines. Ainsi en est-il dans un pays où l'on constate l'existence de mécanismes objectifs qui drainent vers certains grands centres les ressources nécessaires à toutes les régions et à toutes les villes pour exister et prospérer : drainage de la production matérielle, financière et démographique.

Le thème du chapitre 7 est annoncé en dernière page du précédent. « Dans le cas de la société québécoise, il existe une certaine idéologie qui propose une orientation historique disposant explicitement du sort de la plupart des régions du Québec au profit de quelques-unes seulement. » Tout le chapitre est consacré à l'analyse du discours émanant de cette idéologie. CC et DL entendent démontrer objectivement *le caractère prioritaire des droits collectifs* sur les droits individuels : droit au travail, à l'éducation, à la santé, à un revenu décent... Le respect de ces droits individuels présuppose le respect des droits col-

lectifs. Or nous assistons à l'érosion progressive des droits collectifs au Québec depuis la Révolution tranquille.

Ce chapitre 7 contient des choses étonnantes pour le commun des citoyens. Au temps du premier ministre Trudeau, une
étude avait été commandée par le ministère de l'Expansion
économique régionale. Son mandat : proposer à l'État les orientations à retenir en matière de développement économique
régional pour le Québec. Selon CC et DL, le rapport de cette
étude constitue « un jalon de toute première grandeur pour
comprendre le but et l'objet des pratiques centralisatrices exer-
cées depuis lors par les deux paliers gouvernementaux, le pro-
vincial et le fédéral ».

Le vrai problème réside dans le fait que l'activité économique et, spécialement, les entreprises dynamiques se déplacent
du Québec vers l'Ontario et s'installent surtout à Toronto. Pour
mettre fin à l'hémorragie, il faut contrebalancer la concurrence
exercée par Toronto en créant au Québec un pôle d'attraction
aussi puissant. Ce doit être, évidemment, Montréal.

Le titre qui suit en dit long sur le « succès » de l'entreprise :
Autopsie du désastre. Dès 1983, la vérification des résultats
atteints permit de constater que 42 % de la population du
Québec habitaient dans une municipalité ayant subi une perte
sèche de ses effectifs démographiques globaux entre 1971 et
1981. La désintégration des collectivités locales et régionales
se pointait comme un phénomène social mesurable, dont il
fallait à tout prix enrayer l'expansion, à défaut de pouvoir l'inverser. Le titre suivant est désespérant : *Les faits sont accablants,
mais rien ne sera fait pour changer le cours des choses.*

Dans les dernières pages de ce bouleversant chapitre, CC
et DL exposent deux moyens – employés par ceux qui refusaient de changer le cours des choses – de faire disparaître
l'information sur les processus sociaux mettant en cause l'ave-

nir du Québec. Le premier touche la manipulation de l'information sur la démographie des populations régionales; il permit de gommer toute trace des mouvements démographiques témoignant de la progression constante de la désintégration des populations régionales, depuis les débuts de la Révolution tranquille. Le second moyen touche les données socio-économiques servant à caractériser l'état de pauvreté de ces populations : seuil de faible revenu, taille des familles, etc. On en arrive à déclarer pauvre une famille de Montréal et riche une famille de la Basse-Côte-Nord, les deux disposant du même revenu.

Le chapitre 8 a été pour moi l'un des plus troublants : *Un vieux fond d'orientation que la réforme de la santé n'a pas changé.* En d'autres mots, les décideurs ne changent pas de cap. Le cap, il est donné par le rapport de Higgins, Martin et Raynauld, dont il a été question au chapitre 7. Si le rapport de la commission Castonguay-Nepveu l'avait emporté sur l'autre, les moyens à mettre en œuvre auraient été diamétralement opposés : au lieu de renforcer les communautés les plus fortes en anémiant encore davantage les plus faibles, on aurait fait le contraire.

La réforme de la santé, opérée depuis 1993, n'a pas eu pour objet de faire autre chose, mais de faire différemment ce qui se faisait avant la réforme. CC et DL dénoncent les discours invoqués pour maintenir l'orientation Higgins, Martin, Raynauld : 1) la consommation de services lourds dans les régions découle des ressources disponibles; 2) l'utilisation de critères inadéquats aux fins de la répartition du financement. On en arrive au résultat aberrant suivant : plus la consommation de services est forte, moins on est subventionné; moins la consommation est forte, plus on est subventionné.

Le chapitre 9 : *Le salaire de l'inertie*, est un bilan. Après avoir parcouru cet ouvrage, on n'imagine pas que le bilan soit flatteur pour les décideurs. « Il ressort de ces analyses, affirment CC et DL, que, malgré les discours affirmant le contraire, le régime de santé du Québec n'a jamais agi comme s'il avait pour finalité d'améliorer l'état de santé et le bien-être des populations. » Ici, il importe de se rappeler la distinction posée dès le début entre un « système de santé » et un « système de soins ». On a développé un système de soins moderne et performant, sans se soucier de guérir le mal à la source.

Enfin, le chapitre 10 : *Conclusion*. *Enfin*, au sens logique du terme, selon *Le Petit Robert*! Et non au sens affectif! En matière de politique sociale, CC et DL affirment que les institutions politiques et administratives maintiennent, par les moyens utilisés, un cap sur des résultats diamétralement opposés aux objectifs prescrits par la Loi : « Au Québec, le problème ne consiste pas à mal faire les bonnes choses; il consiste précisément à *bien faire les mauvaises choses*. » On s'apitoie sur le sort du malade, mais on laisse intacts les mécanismes qui créent sa souffrance. *Dimension sociale de la maladie*, dit le sous-titre de l'ouvrage, qui se termine sur des « perspectives d'avenir ».

Les auteurs en voient deux. La première donne le frisson; je la cite en entier, puisqu'elle est déjà un résumé : « Selon un premier point de vue, les populations existent au service des intérêts politiques et ceux-ci, au service des intérêts financiers. Cette perspective a, semble-t-il, fondé les orientations de l'État au cours de la Révolution tranquille. Elle débouche maintenant sur une situation où l'existence même des populations rendues dépendantes, improductives et insolvables devient un fardeau économique qu'il faut supporter sous forme d'assistance sociale, d'assurance-chômage, de soins de santé, etc. Dans cette perspective, l'exode des jeunes – instruits de préférence – et des vieillards – riches de préférence – le suicide, la recrudescence de la mortalité et l'euthanasie logent objectivement du côté des *solutions* et non du côté des problèmes à résoudre. »

La deuxième perspective d'avenir présente des populations vouées à subir les conséquences multiples du non-emploi chronique dans un Québec hautement productif et affranchi des servitudes étatiques, l'État ayant progressivement disposé de son pouvoir de dépenser. La majorité des citoyens devraient être exclus du travail productif et rémunéré. L'essentiel de leurs préoccupations porterait alors sur des questions vitales comme : Quoi manger? Comment se vêtir? Où loger? Comment se chauffer?

Ces perspectives d'avenir me semblent un peu sombres. D'une part, les producteurs auront besoin de consommateurs; d'autre part, les pauvres deviendront plus dangereux qu'ils ne sont présentement. Leur part de la richesse collective, ils la revendiqueront de façon efficace. La richesse est là, on le sait. Le problème en est un de partage. D'ailleurs, quand ils décrivent l'avenir, les sociologues font-ils encore œuvre de sociologues?

Le dernier titre : *Que doit-on faire?* J'en attendais beaucoup, mais cette page et demie est avant tout un résumé du travail effectué. Sauf un court paragraphe : « Cet effort de vérité n'a cependant pas la propriété intrinsèque de changer le cours des événements. Seuls les femmes et les hommes compétents, qui y trouvent quelque vérité et qui le veulent suffisamment, peuvent poser les gestes qui permettraient de mettre fin à une orientation qui, de façon de plus en plus évidente, mène notre système social à un cul-de-sac, et le destin de nos enfants à des lendemains incertains. »

Radiographie d'une mort fine, sous-titré : *Dimension sociale de la maladie au Québec*, est un ouvrage solidement structuré, documenté on ne peut plus, et combien troublant pour tout lecteur qui se donne la peine de le lire attentivement et de le méditer. À une époque où le roman tapisse les vitrines de nos librairies; où les romanciers envahissent nos écrans de télévision, ce livre n'a que la faiblesse inhérente à son genre : MM. Charles Côté et Daniel Larouche ne pouvaient pas le présenter comme de la sociologie romancée...

Chapitre 20

Retour sur quelques notions clés

Chaque chapitre comportant une conclusion qui lui est propre, revenons simplement sur quelques notions clés que j'ai cherché à buriner au cours de ces pages.

À plusieurs reprises, la notion de droit a fait l'objet de précisions. Les gens ont toujours le mot *droit* à la bouche; tous les désirs sont des droits : droit à la santé, droit à l'enfant, droit de donner du sang... C'est abusif : à un droit véritable correspond un dû, une dette, un « devoir » (verbe). Le droit institue un créancier; sans débiteur identifié, le droit est vain, puisqu'on ne sait pas devant qui le revendiquer. Nous croulons sous les droits les plus exaltants, mais nous ne pouvons pas nous présenter devant un débiteur pour lui dire : « Acquitte ta dette envers moi; rends-moi mon dû. »

Souvent, j'ai rappelé la distinction entre le droit légal ou positif et le droit naturel ou moral. Un droit légal, c'est un droit inscrit dans une loi ou dans une charte : on peut le revendiquer devant les tribunaux. Un droit simplement moral ou naturel, c'est un droit que le législateur n'a pas jugé bon de sanctionner même si la raison le reconnaît. Le législateur ne doit pas sanctionner tous les droits naturels ou moraux. Et il lui arrive de sanctionner des droits contraires à la morale. En effet, un droit peut être légal et moral, légal et immoral, illégal et moral; simplement moral, si aucune loi ne le sanctionne. En critiquant l'affirmation voulant que l'État doive protéger « avant tout » les droits des citoyens, j'ai montré que le citoyen est débiteur avant d'être créancier. Il acquiert le droit à sa part du bien commun s'il acquitte d'abord sa dette envers la société en rendant un service utile et de bonne qualité. Adaptant La Fontaine, je dirais : « Le fabricateur souverain nous créa besaciers [...] Il fit pour nos devoirs la poche de derrière et pour nos droits la poche de devant. »

Sans chercher à blesser Brigitte Bardot ni Jacques Godin, j'ai refusé aux animaux les droits dont jouissent les humains. Tout dépend de la définition que l'on donne du droit. D'ordinaire, dans les débats sur cette question, on n'en donne aucune. Selon une certaine définition du droit, les animaux, voire les plantes et peut-être les éléments, ont des droits. Mais, selon une autre définition, seuls les humains en ont. Cependant, les animaux n'y perdent rien; bien plus, ils y gagnent, car la morale oblige les humains à faire davantage pour les animaux que ces derniers pourraient faire pour eux-mêmes si on leur concédait des droits et leur permettait de les exercer.

Souvent, j'ai distingué le point de vue légal d'avec le point de vue moral. Se placer du point de vue légal, c'est facile. Le législateur considère tout un peuple, puis il élabore et promulgue les lois susceptibles de le faire fonctionner le moins mal possible. Le moraliste, au contraire, s'adresse à chaque individu pour l'aider à prendre, *hic et nunc*, la décision qui lui convient, à lui. Sa règle de conduite, c'est le jugement de sa raison ou de sa conscience, qui prime tout, absolument tout.

Une autre notion on ne peut plus galvaudée, c'est la notion de discrimination. Le mot nous est servi tous les jours, dans des contextes les plus divers. Eh bien! il n'y a pas de discrimination à traiter différemment des situations différentes. Un couple hétérosexuel, c'est différent d'un couple homosexuel : les traiter différemment, ce n'est pas de la discrimination. On peut cependant étendre au couple homosexuel un avantage concédé au couple hétérosexuel, mais ce ne serait pas pour remédier à une situation de discrimination.

À propos de la peine de mort, j'ai rectifié une opinion communément répandue au sujet de la loi du talion. Cette loi n'était pas une incitation à la vengeance, mais une borne fixée à la vengeance – qui prend trop facilement deux dents pour une. Puis, j'ai dit qu'il valait mieux laisser courir dix-neuf meurtriers que de compter un seul innocent parmi les vingt condamnés qui marchent vers la mort.

Nous confondons dénonciation et délation, comme nous confondons xénophobie et racisme. La délation est une espèce de dénonciation; elle se distingue de la première par les motifs inacceptables qui l'inspirent. De même, il faut distinguer entre intervention et ingérence. L'ingérence est une intervention *indue* dans les affaires d'un pays. Elle est un crime, mais l'intervention justifiée est un devoir *moral* – tant que le droit international n'en fera pas un devoir *légal*.

Le cas de la Vénus de Guelph a permis de clarifier la notion d'égalité entre les hommes et les femmes. Si c'était faire progresser l'égalité que de permettre aux femmes de déambuler torse nu en public, comme font certains hommes, ce serait faire progresser l'égalité que de ne fabriquer désormais que des vêtements unisexes. Depuis des millénaires, les penseurs distinguent l'égalité simple – devenue simpliste dans le rapport Proulx – et l'égalité proportionnelle. C'est faire progresser l'égalité simpliste que de nier les différences et de se comporter comme si elles n'existaient pas.

La définition donnée de l'euthanasie la rattache à son étymologie grecque : une intervention qui vise à soulager les souffrances d'une personne atteinte d'une maladie dont l'issue fatale est imminente. Selon l'étymologie du mot, l'euthanasie est *directe* quand elle s'attaque à la souffrance pour la soulager; elle est *indirecte* quand elle contourne la souffrance et tue pour la faire disparaître. Le sens de ces deux épithètes est inversé. De nos jours, où abondent les moyens non seulement de calmer la souffrance, mais de la supprimer, il est inacceptable de donner la mort pour arriver à cette fin.

À propos du sacerdoce des femmes, la notion de discrimination a refait surface. J'ai dit qu'il n'y avait pas de discrimination à traiter différemment ce qui est différent. Or une femme ne diffère-t-elle pas d'un homme? Si, mais il y a discrimination quand on confie à un homme plutôt qu'à une femme – parce qu'elle est une femme – une fonction qu'elle est qualifiée pour remplir, peut-être mieux qualifiée. C'est de la discrimination selon le sexe.

Enfin, le retour au dédaigné. Un jour, un haut fonctionnaire du ministère de l'Éducation m'invite à dîner. À ce moment-là, le Ministère ruminait une réforme des cégeps. Quand j'eus mangé suffisamment – ventre creux n'a pas d'oreilles –, il m'interpella : « Que ferais-tu si on te confiait la tâche de réformer les cégeps? » Sans hésiter – j'ai plus de quarante années d'expérience dans l'enseignement à tous les niveaux : de la première année du primaire à la dernière du troisième cycle universitaire –, je répondis. C'est très simple; une sorte d'œuf de Colomb. Tu fais des programmes pour toutes les matières; tu les imposes à tous les cégeps, puis tu contrôles leur application par des examens uniformes venus de l'extérieur et corrigés à l'extérieur. Pour réformer aux niveaux inférieurs, il n'existe pas d'autre remède à appliquer. Le retour au dédaigné, dans l'enseignement, c'est, entre autres pratiques, l'examen uniforme sur les matières de base, examen préparé et corrigé à l'extérieur. Bref, comme on fait dans le sport.

NOTES

1. Cicéron, *Tusculanes*, Paris, « Les Belles Lettres », 1960, tome II, L. V, IV, p. 111.
2. Platon, *Théétète*, 174, a.
3. Platon, *Apologie de Socrate*, 30, e, 31, a.
4. Cicéron, *Tusculanes*, tome II, L. V, IV, p. 111.
5. Bertrand Russell, *Ma conception du monde*, Gallimard, Idées; 17, p. 7.
6. Paul Valéry, *Œuvres*, Gallimard, La Pléiade, II, 1960, p. 686.
7. Cicéron, *Des Lois*, Garnier-Flammarion, GF; 38, 1965, L. I, XV, p. 137.
8. *Op. cit.*, Petite Bibliothèque Payot; 40, p. 115.
9. Marc Oraison, *Le mystère humain de la sexualité*, Paris, Seuil, 1966, p. 15-16.
10. Nietzsche, *Le gai savoir*, Idées; 50, p. 35.
11. Fustel de Coulanges, *La Cité antique*, Hachette, 1964, p. 50-51.
12. Cicéron, *Des Lois*, Garnier-Flammarion, GF; 38, 1965, L. III, III, p. 181.
13. Ce n'est pas leur virginité qui étonnait – les prêtresses de Vesta faisaient vœu de chasteté –, mais leur attitude face à l'autorité paternelle.
14. Régine Pernoud, *La femme au temps des cathédrales*, Stock, 1980, p. 19-23.
15. Thomas d'Aquin, *Somme contre les Gentils*, III, 124.
16. Ambroise Bierce, *Le dictionnaire du diable*, Paris, Nouvel Office d'Édition, Poche-Club; 27, p. 31.
17. Par la suite, chaque fois que je mettrai, sans autre indication, un numéro de page entre parenthèses, il renverra à ce rapport.
18. F.A. Hayek, *Droit, législation et liberté*, vol. 2, PUF, 1981, p. 105.
19. Aristote, *La Politique*, Denoël/Gonthier, Médiations; 14, 1980, p. 154.
20. Bernard Montouo, *La voix du Souakoui*, Paris, « La pensée universelle », 1984, p. 139-141.
21. Léon XIII, *Rerum novarum* (Sur la condition des ouvriers), début.
22. F.A. Hayek, *Droit, législation et liberté*, tome 2, p. 118.
23. *Reader's Digest, Sélection*, Juin 1998, p. 100 et 102.
24. Lanza del Vasto, *Pour éviter la fin du monde*, La Presse, 1973, p. 35.
25. E.F. Schumacher, *Good Work*, Paris, Seuil, 1980, p. 60.
26. Louis Antoine, o.f.m.c., *Le chemin de saint François d'Assise*, Paris, Éditions Fleurus; 49, 1963, p. 30.

27. Albert Jacquard, *op. cit.*, Calmann-Lévy, 1996, Le Livre de Poche; 14367, p. 62-65.
28. *The New Republic*, April 8, 1996, p. 39.
29. Sénèque, *Lettres à Lucilius*, CVIII.
30. Albert Jacquard, *op. cit.*, p. 65.
31. Michel Serres, *Le contrat naturel*, Champs, Flammarion; 241, 1992, p. 65, 66, 67, 77.
32. Platon, *La République*, II, 369 et sq.
33. *L'actualité*, 1ᵉʳ mars 1998, p. 20.
34. Cicéron, *Des Lois*, GF; 38, L. I, XV, p. 137.
35. D'ordinaire, l'expression *droit naturel* est employée comme synonyme de *droit moral*. C'est ce que je fais ici, sachant bien, cependant, que l'expression peut signifier quelque chose qui n'est pas de la morale, à savoir les exigences de la nature sociale de l'être humain, c'est-à-dire les conditions de bon fonctionnement d'une société.
36. *Rapport mondial pour le développement humain*, publié par le Programme des Nations Unies pour le développement (PNUD), Paris, Economica, depuis 1990.
37. Sénèque, *Traités philosophiques*, II, Paris, Garnier, 1936, *De la brièveté de la vie*, VIII, p. 71.
38. E.F. Schumacher, *Good Work*, Seuil, 1980, p. 118-119.
39. Gaston Berger, *Étapes de la prospective*, Paris, PUF, 1967, p. 12-13.
40. *Op. cit.*, Gouvernement du Québec, Ministère de l'Éducation, 1979, p. 26, 2.2.1.
41. *L'Ecclésiastique*, XXX, 14-16.
42. Montaigne, *Les Essais*, Paris, Gallimard, 1965, Livre de Poche, tome 2; 1395-1396, p. 300.
43. *L'Exode*, 21, 23-25.
44. *La Bible de Jérusalem*, Les Éditions du Cerf, 1981, p. 107, f.
45. Saint Augustin, *Œuvres complètes*, Paris, Vivès, tome XXIV, 1870, p. 94.
46. Henri Grenier, *Cursus philosophiæ*, Québec, Le Séminaire de Québec, 1944, III, 1116.
47. Aristote, *Éthique à Nicomaque*, Paris, Garnier, 1961, p. 215.
48. Jean Piaget, *Le jugement moral chez l'enfant*, Paris, PUF, 1973, p. 270.
49. Thomas More, *L'Utopie*, trad. Marie Delcourt, Renaissance du livre, p. 26.
50. Jean Piaget, *Le jugement moral chez l'enfant*, PUF, 1973, p. 264-265.
51. *Matthieu*, 6, 12.
52. *Op. cit.*, p. 94.
53. *Matthieu*, 5, 43-46.
54. Thomas d'Aquin, *Somme théologique*, II-II, q. 25, art. 8 et 9.
55. *Ibid.*, II-II, q. 108, art. 2.
56. Pascal, *Pensées*, Paris, Nelson, 1949, p. 174-175.

57. Voltaire, *Dictionnaire philosophique*, Garnier-Flammarion, GF; 28, 1964, p. 298.
58. Henri Grenier, *Cours de philosophie*, Québec, tome I, 1944, 183, p. 255.
59. Paul Valéry, *Œuvres*, Gallimard, Pléiade, 1957, I, p. 907-923.
60. Cicéron, *Des devoirs*, Paris, Garnier-Flammarion, GF; 156, 1967, L. I, VII, p. 114; XVI, p. 130.
61. Cité par Pierre Bigo, *La doctrine sociale de l'Église*, 2ᵉ édition augmentée et mise à jour, Paris, PUF, 1966, p. 31, note.
62. *Ibid.*, p. 30.
63 René Dumont, *L'utopie ou la mort!*, Paris, Seuil, « Politique »; 67, 1974, p. 16.
64. Cicéron, *Des devoirs*, L. I, XVI, p. 130.
65. Hans Selye, *Stress sans détresse*, Montréal, La Presse, 1974, p. 107.
66. Pascal, *Pensées*, Paris, Nelson, 1949, p. 199.
67. Alain, *Propos*, Paris, Gallimard, Pléiade, 1956, p. 45.
68. Jean Rostand, *L'Homme*, Paris, Gallimard, Idées; 5, 1968, p. 119.
69. *Courrier international*, n° 310, 10 octobre 1996, p. 42.
70. Jean Rostand, *Carnet d'un biologiste*, Stock, 1959, Le Livre de Poche; 3246, p. 39.
71. Alain, *Propos sur l'éducation*, Paris, PUF, 1954, XL, p. 89.
72. *Ibid.*, XLI, p. 90.
73. *Ibid.*, XLII, p. 92, 93.
74. *Ibid.*, XXXV, p. 78.
75. Georges Duhamel, *Les voyageurs de « L'Espérance »*, Paris, Gedalge, 1956, p. 10.
76. Alain, *Propos sur l'éducation*, II, p. 3.
77. *Ibid.*, II, p. 5.
78. Jean Piaget, *Le jugement moral chez l'enfant*, Paris, PUF, 1973, p. 31.
79. Vatican II, *Les seize documents conciliaires*, Montréal & Paris, Fides, 1967, p. 198, 27, 3.
80. Ignace Lepp, *La morale nouvelle*, Paris, Grasset, 1963, p. 162.
81. *La morale nouvelle*, p. 163.
82. *La morale nouvelle*, p. 163.
83. Alexandre Soljénitsyne, *Le déclin du courage*, Paris, Seuil, 1978, p. 19.
84. Pascal, *Pensées*, Paris, Nelson, 1949, 320bis, p. 185.
85. Montaigne, *Les Essais*, Gallimard et Librairie Générale Française, 1965, Livre de Poche; 1397-1398, III, p. 309.
86. R.A. Gauthier et J.Y. Jolif, *L'Éthique à Nicomaque*, Louvain, Paris, 1958, tome I, L. V, chap. 14, p. 156.
87. Giorgio Del Vecchio, *Philosophie du droit*, Paris, Dalloz, 1953, p. 281.
88. Cicéron, *Des devoirs*, L. I, X, p. 120.
89. Alexandre Soljénitsyne, *Le pavillon des cancéreux*, Julliard, Livre de Poche; 2765, p. 584-585.

90. Erich Fromm, *Espoir et révolution*, Stock, 1970, p. 49.
91. Nietzsche, *Par-delà bien et mal*, Paris, Gallimard, 1975, 188, p. 111.
92. E.F. Schumacher, *Small is Beautiful*, Contretemps/Le Seuil, 1978, p. 306.
93. Alain, *Philosophie*, Paris, PUF, 1955, II, p. 338-339.
94. Martin Blais, *Une morale de la responsabilité*, Montréal, Fides, 1984, p. 62-69.
95. Voltaire, *Dictionnaire philosophique*, Garnier-Flammarion, GF; 28, p. 373.
96. Guy Durand, *Quel avenir?*, Montréal, Leméac, 1978, p. 112-113.
97. La Fontaine, *Fables*, Hachette, 1961, L. XII, XII, p. 279.
98. Sénèque, *Lettres à Lucilius*, Paris, Garnier, 1955, II, XC, p. 303.
99. Diogène Laërce, *Vie, doctrines et sentences des philosophes illustres*, Garnier-Flammarion, GF; 77, 2, p. 23.
100. Voici le mot à mot de Molière:
    Quand sur une personne on prétend se régler,
    C'est par les beaux côtés qu'il lui faut ressembler;
    Et ce n'est point du tout la prendre pour modèle,
    Ma sœur, que de tousser et de cracher comme elle.
    Les femmes savantes, Acte 1, Scène 1, 73-76.
101. *Jean*, XIII, 22-24.
102. *Le Nouveau Testament*, Montréal, Fides, 1959, p. 633.
103. Saint Paul, *Première Épître à Timothée*, III, 1-6.
104. *La documentation catholique*, 19 juin 1994, n° 2096. Il s'agit de la lettre apostolique *Ordinatio sacerdotalis*.
105. *Lettre du pape Jean-Paul II aux femmes*, Conférence des évêques catholiques du Canada, Concacan Inc., Ottawa, 1995, p. 17.
106. Giancarlo Zizola, *Le successeur*, Paris, Desclée de Brouwer, 1995, p. 184.
107. Casterman, Points de repère, 1967.
108. *La Documentation catholique*, p. 551.
109. L'épithète *dirimant* vient du latin *dirimere*, mettre fin. Un argument dirimant pulvériserait tous les arguments opposés.
110. *I Corinthiens*, XIV, 34-35.
111. *I Timothée*, 2, 11-15.
112. *I Corinthiens*, 11, 3-9.
113. Tite-Live, *Histoire romaine*, Paris, Hachette, 1867, XXXIX, 18, p. 161 165.
114. Aulu-Gelle, *Les nuits attiques*, Paris, « Les Belles-Lettres », 1978, L. X, XXIII, p. 182-183.
115. Valère Maxime, *Faits et dits mémorables*, Paris, « Les Belles-Lettres », 1997, tome II, 6, p. 181.
116. Régine Pernoud, *La femme au temps des cathédrales*, Stock, 1980, p. 23.
117. Abbé Pierre, *Testament*, Paris, Bayard Éditions, 1994, p. 23-24.

118. *Documentation catholique*, 1965, p. 1101-1104.
119. *Somme théologique*, I-II, q. 94, art. 2.
120. *Ibid.*, I-II, q. 94, art. 1.
121. *Ibid.*, I-II, q. 94, art. 1.
122. Cicéron, *Les Lois*, L. I, VIII.
123. Martin Blais, *Le chef selon saint Thomas*, Thèse de doctorat, p. 56-57.
124. Thomas d'Aquin, *Commentaires de l'Éthique à Nicomaque*, Marietti, L.X, leçon 13, 2134.
125. Thomas d'Aquin, *Somme théologique*, II-II, q. 179, art. 1.
126. *Ibid.*, I-II, q. 94, art. 4.
127. *Ibid.*, II-II, q. 49, art. 1.
128. *Ibid.*, I-II, q. 94, art. 5.
129. *Ibid.*, I-II, q. 94, art. 5 et 6.
130. *Somme contre les Gentils*, III, chap. 123.
131. *Somme théologique*, I-II, q. 19, art. 5.
132. *Ibid.*, I-II, q. 94, art. 5.
133. *Ibid.*, II-II, q. 108, art. 2.
134. *Ibid.*, I-II, q. 94, art. 5, rép. 3.
135. *Déclaration universelle des droits de l'homme*, art 26, § 3.
136. *Droits civils et politiques*, art. 18, § 4.
137. *Les seize documents conciliaires*, Montréal & Paris, Fides, 1967, « L'éducation chrétienne », § 3, 6, 7.
138. Jean Daniélou, *L'oraison, problème politique*, Paris, Fayard, 1965, p. 84-85.
139. *Les seize documents conciliaires*, « La liberté religieuse », § 2, 3.
140. *Pacte international relatif aux droits civils et politiques*, art. 18, § 3.
141. *Les seize documents conciliaires*, « La liberté religieuse », § 6.
142. *Pacte international relatif aux droits civils et politiques*, art. 27.
143. *Matthieu*, XXV, 31-46.
144. Krishnamurti, *Commentaires sur la vie*, Paris, Buchet/Chastel, 1975, I, p. 50-51.

DISTRIBUTEURS EXCLUSIFS

Distributeur pour le Canada et les États-Unis
LES MESSAGERIES ADP
MONTRÉAL (Canada)
Téléphone: (514) 523-1182 ou 1 800 361-4806
Télécopieur: (514) 521-4434

Distributeur pour la Suisse
TRANSAT S.A.
GENÈVE
Téléphone: 022/342 77 40
Télécopieur: 022/343 46 46

Distributeur pour la France et les autres pays européens
HISTOIRE ET DOCUMENTS
CHENNEVIÈRES-SUR-MARNE (France)
Téléphone: (01) 45 76 77 41
Télécopieur: (01) 45 93 34 70

Dépôts légaux
2ᵉ trimestre 2000
Bibliothèque nationale du Canada
Bibliothèque nationale du Québec

Québec, Canada
2000